图书在版编目(CIP)数据

学校课程的统整之道/刘喜红等著. —上海:华东师范大学出版社,2023

(课程育人新坐标丛书)

ISBN 978 - 7 - 5760 - 3845 - 3

Ⅰ.①学… Ⅱ.①刘… Ⅲ.①课程-教学研究-小学 Ⅳ.①G622.3

中国国家版本馆 CIP 数据核字(2023)第 080227 号

课程育人新坐标丛书

学校课程的统整之道

丛书主编　高　峰　杨四耕
著　者　刘喜红　等
责任编辑　刘　佳
项目编辑　林青荻
特约审读　陈成江
责任校对　刘伟敏　时东明
装帧设计　卢晓红

出版发行　华东师范大学出版社
社　址　上海市中山北路 3663 号　邮编 200062
网　址　www.ecnupress.com.cn
电　话　021 - 60821666　行政传真 021 - 62572105
客服电话　021 - 62865537　门市(邮购)电话 021 - 62869887
地　址　上海市中山北路 3663 号华东师范大学校内先锋路口
网　店　http://hdsdcbs.tmall.com

印刷者　上海商务联西印刷有限公司
开　本　787 毫米×1092 毫米　1/16
印　张　17.5
字　数　176 千字
版　次　2023 年 5 月第 1 版
印　次　2023 年 5 月第 1 次
书　号　ISBN 978 - 7 - 5760 - 3845 - 3
定　价　56.00 元

出版人　王　焰

丛书编委会

主　编　高　峰　杨四耕

副主编　刘喜红

成　员

高　峰　杨四耕　张　哲　刘喜红　徐建梅
姚耐孔　康朝霞　王志宏　刘　青　郭　涛
巴　川　张进亭　李建伟　王华月　关延杭

本书参编人员（以姓氏笔画为序）

王凤香　王华月　朱桂梅　刘喜红　芦钦霞
李　存　李建伟　李晓静　时红鹏　张　莉
张　鲲　张玉红　张冰凌　张进亭　张郑伟
赵丽君　黄　瑞　曹显阳　崔庆中　董乾坤
鲁　莹　樊彩萍

课程育人新坐标丛书　　高峰　杨四耕　丛书主编

学校课程的
统整之道

刘喜红 等◎著

华东师范大学出版社

·上海·

丛书总序

　　课程是生成性过程,课程变革需要激活包括教师和学生在内的课程实践过程,回归课程的生成性品格。课程的生成性品格客观上要求我们关注课程管理的生成性过程,彰显课程管理的过程性、境遇性、关系性和创造性。课程育人是不断生成的过程,它聚于目标、起于问题、成于制度、归于文化。

　　美国管理学大师彼得·德鲁克在《管理的实践》一书中指出:我们并不是有了工作才有目标,而是相反,有了目标才能确定每个人的工作。[①]他提醒我们:组织一定要当心"活动陷阱",不能只顾拉车不抬头看路,最终忘了自己的目标。泰勒指出:课程研制必须关注确定基本目标、选择学习经验、组织学习经验和评价学习结果等连续循环的过程。[②]按照怀特海的观点:过程是终极范畴,现实存在的"存在"是由其"生成"所构成的。[③]因此,目标是生成的,具有过程属性。我们必须用生成性过程观看待泰勒的课程研制原理,深刻理解"目标——内容——经验——评价"这个"合生"过程,而不是原子化地将它们作机械割裂的理解。事实也应该如此,过程是有目标的过程,课程开发不是漫无目的的"撒野",育人目标是内生于课程之中的,课程是基于育人目标导引的连续生成过程。

　　在课程变革过程中,学校课程管理要按照全面发展的要求,确立育人目标,基于此目标建构课程,推进立德树人根本任务的实现。可现实情况是,我们很多学

---

① 邱国栋,王涛.重新审视德鲁克的目标管理———一个后现代视角[J].学术月刊,2013,45(10):20—28.
② (美)拉尔夫·泰勒.课程与教学的基本原理[M].施良方,译.北京:人民教育出版社,1994:2.
③ (英)怀特海.过程与实在:宇宙论研究(修订版)[M].杨富斌,译.北京:中国人民大学出版社,2013:29.

校"有课程内容,无育人目标;有育人目标,无课程目标;有课程目标,无目标管理",由此造成了"课程离心化"倾向。在这些学校,课程不是为了育人,而是为了育分;不是为了育完整的人,而是为了育单向度的人。当然,这在本质上也取消了目标——人因此悄悄地消失了。

课程的价值实现要以人的发展为旨归,基于过程哲学的目标管理是在学校内部建立"过程——目标"合生体系,进而把所有人有机联系起来,使集体力量得以最佳发挥。学校课程变革应基于理性精神之诉求,按照过程哲学指引下的目标管理要求,围绕育人目标的实现来推进课程育人过程。首先,确定学校育人目标。育人目标的确立必须依据全面发展的要求,结合学校课程理念,清晰地刻画育人图像。清晰刻画育人图像应符合全面发展的意涵与要求,五育融合,切合实际,与学生的心理年龄和发展阶段相适应,表述应通俗易懂、生动形象。其次,厘定学校课程目标。学校课程目标是育人目标的年段要求和具体表现,它可以对照国家课程方案的总体要求,并与学校的特定实际有机结合。最后,建构学校课程体系。基于课程目标,建构学校课程体系:横向上,要求对学校课程进行逻辑梳理与分类,搭建学校课程框架;纵向上,要求按照年级与学期时间序列匹配课程,形成支持目标实现的课程设置。可以说,学校课程体系的建构是目标导引的理性精神照耀学校课程变革的过程,体现了育人目标同课程目标的完美结合,展现了把课程作为"跑道"和作为"奔跑"过程的有机结合。因为,"从关系和时间视域看,过程标志着现实存在之间的本质联系,标志着现实发生从过去经过现在流向未来"[①]。

由此观之,课程育人是充满人文情怀的目标驱动过程。学校应倡导团队成员通过他们自己的语言以及社会互动来形成并宣传有关育人目标和课程目标的独特界定,用这样的独特界定来驱动学校课程管理,进而确证育人目标在课程内容的丰富和课程实施的活性上得到落实。如此,在课程建设过程中,目标管理可以使组织成员对自己的"育人身份"产生特殊的认同感,而这种认同感可以由他的专业眼光来定位,并在课程开发中形成育人的敏感性、共识性和自觉性。

不同的时代,有不同的育人主题;不同的学校,有不同的育人取向。此时代的

---

① 杨富斌,等.怀特海过程哲学研究[M].北京:中国人民大学出版社,2018:253.

课程育人表现出有别于其他时代的鲜明特征,具有人本化育人、系统化育人和特色化育人等特点。学校课程深度变革必须回归教育初心,落实立德树人根本任务。对中小学来说,课程改革必须全面理解课程改革的国家意志、提升课程自觉,创造性地提出课程育人的新理念、新思路和新方法,为学校课程治理现代化贡献力量。

"课程育人新坐标丛书"是郑州市管城回族自治区推进"品质课程"项目的成果。全区 20 所学校围绕课程品质提升,在学校课程变革方面积极探索,取得了可喜的成效。他们的实践证明:课程育人是一种理念,必须推进学校教育哲学的同步变革;课程育人是一种机制,必须重构学校课程系统的结构和功能;课程育人是一种行动,必须在文化建设、课程设计、路径激活和管理更新上下功夫。课程育人是回归教育初心的行动路径和实践方略,是课程的工具属性与价值属性的统一,是内容增值和路径创新的统一。

杨四耕

2023 年 2 月 11 日于上海市教育科学研究院

目录

　　课程统整，既面向全体，又满足个体；既关注知识，又注重能力；既提升素养，又落实实践。关注课程价值，就是要关注多元价值的整合，注重儿童的发展与社会的发展相统一，注重把儿童的经验、社会、知识融合在一起。学校课程哲学就是以课程价值为行动基点，不断寻求新的发展和突破。学校根据已有的文化积淀，深入挖掘本土文化来丰富学校的课程价值，在传承和创新中实现课程价值的统整，成就生命的美好！

　　课程统整要打破学科间泾渭分明的"空气墙"，重构新型的课程形态。课程目标应从更广阔的视角覆盖儿童的生活与经历，将儿童知识、能力、价值观的形成变成一个线性的、连续的过程，将儿童看作一个具有社会性的人。立足儿童立场，通过对学校课程目标的统整，让儿童从课程中获得新的知识，关联儿童已有的生活经验,为儿童的发展提供有力的抓手,使儿童的未来更加绚烂多彩。

第三章 | **解构性:学校课程结构的统整**

课程结构应重塑儿童的课程场域,使儿童在课程学习过程中能有效联系学科知识和自身经验解决问题,让儿童得以激发自身潜能,获得自身学习能力。课程结构的解构应结合社会现实及学校具体情境,摆脱对于课程的固有印象,用统整与跨界的眼光重设课程、创生课程、实施课程。通过对传统课程的解构,扩大儿童的学习空间,构建更加灵动的课程体系,让儿童的思考更加真实且深入。

第四章 | **丰富性:学校课程内容的统整**

课程内容是由符合课程目标要求的一系列比较系统的间接经验与儿童的某些直接经验组成的,用以构成学校课程的基本材料。学校通过统整各种资源,对学科间进行内容的整合,对不同学科的共同主题进行统整,以不同的教学策略,不断实践、教研,最终实现知识的统整、经验的统整与社会的统整。丰富的课程内容为儿童创设一个多彩的世界,满足儿童的个性需求,为儿童插上梦想的翅膀。

梦之翼课程:让儿童梦想成真

第五章　｜　**生成性:学校课程实施的统整**　／161

　　课程实施是作为一个动态的过程而存在的,同时也在不断地生成。注重课程实施的统整,需要贴近儿童实际,更需要在场域中关注师生共同创造的过程和成果,积极地调动儿童学习的兴趣,促使儿童主动地成长,激活学习状态。课程在实施中要保证动态生成和多向互动,使儿童从中得到充分滋养,使教师的教育智慧焕发光彩,让儿童与教师一道收获生命成长幸福的美好旅程。

大巧课程:让每一位儿童和雅温润

第六章　｜　**合宜性:学校课程评价的统整**　／201

　　课程评价要融评于教,融评于学。在评价的过程中,要及时检查和反馈教师的发展情况,在激励的基础上进行相应的改进,也要以儿童为中心,遵循儿童的发展规律,坚持统整化走向,尊重儿童的个别差异,关注儿童的真实表现,捕捉其中的教育契机,设身处地站在儿童角度思考各项评价措施,并适时提出建议。通过课程合宜的评价,帮助儿童在真实的情境中探究和实践,使儿童进一步走向独立思考、心智自由。

第七章　┃　**嵌入性：学校课程管理的统整**　

学校课程管理应注意协调课程主体间的关系,将课程管理嵌入整个课程体系中,确保课程目标的落实。在课程统整理念下,增强资源统整意识,采取人本化管理,注重制度建设。在保证校长、教导处的领导核心地位的前提下,依托教研组良好的教研氛围优势,家长学生积极配合,让教师、家长也参与到管理体系中来,达到用课程管理规范课程,用课程实施让课程管理更好地嵌入课程体系的效果。"悦之城"课程就是以发挥多方资源为保障,注重幼儿、教师、家长的参与合作,统整教育资源,规范课程管理,确保幼儿园课程建设的科学、有效、可持续。

后记　┃　**统整：学校课程变革的智慧**

统整：学校课程变革的智慧

　　一直以来，我们都在不断探索什么样的课程是最适合儿童发展的，在课程建设中儿童什么样的状态是美好而动人的，当课程统整进入我们的研究视野，便为学校与儿童的生长提供了无限的可能。我们在对学校课程改革的道路上，立足国家课程体系，结合学校办学特点，基于儿童生命立场和学习需求，确立教师在课程统整中的主体作用，增强课程对学校和儿童的适切性，形成新的学校课程运行机制。特别是在国家课程的校本化实施和学校课程的个性化运作过程中，对国家课程进行相应改进、重组和统整，开发出符合儿童立场、促进儿童生长、丰富学校内涵的学校课程。与所有的教育改革课题一样，在推进课程统整的过程中，我们面临着巨大的挑战，但同时也发现其背后蕴藏着巨大的理论与实践价值，它的实践与探索也将赋予新时代的课程教学改革以崭新的含义。

　　20 世纪 20 年代，随着课程作为一个正式的研究领域，"统整"逐渐开始作为一种课程观受到关注。"课程统整之父"霍普金斯（L. T. Hopkins）于 1937 年发表的论著《课程统整：理论与实践》（*Integration：Its Meaning and Application*），标志着"课程统整"正式进入课程领域并作为一个独立的研究问题得到关注。[①] 关于课程统整的概念，不同学者依据不同的理念、视角有不同的定义，在这里我们采用学者欧用生的看法，他强调课程统整是以真实世界中具有个人和社会意义的议题作为组织中心，透过与知识的应用有关的内容和活动，使儿童将课程经验统整到他的意义架构中，并亲身经验解决问题的方法，达成经验和知识的统整。[②]

---

① 刘登辉. 课程统整的概念谱系与行动框架[J]. 全球教育展望，2020，49（01）：38—53.
② 欧用生. 从综合活动课程谈台湾课程统整的趋势[J]. 全球教育展望，2002（04）：14—20.

如果说课程是打造学校品牌的一张"名片",是学校教育的主要载体和核心内容,那么课程的统整设计与实施则是一个学校落实育人目标和打造学校品牌的出发点和落脚点,管城区的7所品质课程实验校结合本校的实际情况,积极引领教师实现学科内的统整与学科间的整合,推进国家课程的校本化实施,让师生成为课程建设的共同创生者,建构起一系列课程的统整,并从中凝练出具有实践意义的7个特点。我们从中不难看出,管城区的7所品质课程实验校在课程统整上执着的追求与探索。他们成就学校发展的可持续之路,闪烁着学校深厚的儿童立场和育人情怀。

一、不畏浮云遮望眼——学校课程价值的统帅性

课程统整首先需要对学校课程价值进行统整,马彩芳曾指出,当我们开展课程统整设计时,应该深入理解课程统整的定位与意义,应该对需要达到的教育目标、所欲统整的学科结构进行透彻分析,最终达到课程、教师、知识、社会以及更多方面的全面"融合"。[①]

课程统整致力于追求学科教学价值、育人价值与社会价值的统一。其中,学科教学价值是基础,育人价值是根本,社会价值是保障。它们如同三驾马车统帅着课程统整。课程统整也依托课程价值绽放出最绚丽的花朵。就学科教学价值而言,通过学科内部及学科间的有机整合建立起系统的学科知识体系,提高儿童利用不同学科知识表征、分析、解决问题的水平;就育人价值而言,课程统整在于关注儿童终身发展的内在需要、着眼于儿童个性的全面发展;就社会价值而言,课程统整致力于增强儿童认识、改造世界的能力。

1927年建校的管城区南十里铺小学在"和本教育"的引领和统帅下,以独特的课程理念与课程结构,科学地架构儿童在校的学习生活,从理念到场景、从课程到场域、从儿童到教师,不断地探索课程统整的方向。在实践过程中,学校以培养儿童核心素养为导向,以立德树人为目标,以"融创课程"为主要切入点,开展多学科整合课程,描绘出一幅幅多彩的图景。

---

① 马彩芳.关于中小学"课程统整"研究的文献综述[J].中学课程辅导(江苏教师),2014(10):25—26.

二、万紫千红总是春——学校课程目标的整全性

学校要培养什么样的人,就要开设什么样的课程。课程统整要有"儿童立场",要基于儿童的现在,为了儿童的未来,让儿童从课程中汲取充分的营养,凝聚发展的力量。因此,学校在设计课程体系时,要站在"整体育人"的高度来设计课程。将学科的育人价值围绕儿童作为整体的"人"而进行统整,将教师的"教"和儿童的"学"进行统整,将儿童整个学习的不同阶段进行统整,也是将实践活动和能力素养进行统整,最终为实现课程总目标服务。

管城区长青路小学基于学校办学基础、历史文化、立足自身的教育追求,统整出以培养"温润如溪、滔滔如江、灵动如泉、奔腾如河、包容如海"的"小河学子"为具象化育人目标,清晰地建构起学校"生命河"课程体系,与学校"教育犹如润泽生命的河水,润物无声,大爱无疆"的"润心教育"相呼应。南十里铺小学则借用学校的梧桐树,凝练出"高洁如桐、聪慧如桐、挺拔如桐、俊逸如桐、勤劳如桐"的"梧桐学子"的育人目标,贯穿"梧桐下"设计的始终,推动儿童深层次的发展。

三、横看成岭侧成峰——学校课程结构的解构性

课程统整的理论在发展中如海浪般千姿百态。比恩则认为课程统整有四个经典主题,即知识统整、经验统整、社会统整和课程设计统整,但是一般来说有知识统整、经验统整和社会统整三类。[①] 正所谓"统整是链接、是渗透、是关联",对学校课程结构的解构就是要在一定的课程理念指导下,将课程的各个构成要素加以排列组合,使得每一部分犹如一颗颗耀眼的珍珠,在动态的过程中实现课程目标的整体性。我们寻求一种统整的课程组织方式,镶嵌于主题情境中的知识更易于儿童进行积极主动的有意义的建构,并达成生活和社会经验的整合。[②]

管城区外国语小学"5I"课程之一的"I·创雅"课程就是统整设置的课程,立足回归儿童,注重与儿童的生活相关联,通过"奇妙创思""奇妙创意""奇妙创想""奇

---

① 张欣. 课程统整的操作模式研究[D]. 重庆:西南大学,2015.
② 孙丹儿. 我国综合科学课程内容统整研究[D]. 上海:华东师范大学,2010.

妙工匠""奇妙创造"五个"和创空间"来落实,使得课程的设计层次结构清晰,并形成了鲜明的特色。

四、百花齐放春满园——学校课程内容的丰富性

课程内容的统整并不是单纯地把学科内、学科间或儿童生活进行组合搭配,而是通过探寻其中的联结点并对其进行有机整合,从而启迪智慧,砥砺品格,铸就成长。课程内容能够有效衔接儿童的知识与经验,采用概念统整、主题统整、故事模式以及实做学习等不同的方式,关注儿童的学习需求和学习体验,强调儿童身体与情感的浸入,从而帮助儿童获得一个完整的科学认识和正确的价值观念,带领儿童体验多彩的世界。

"统整"所重视的就是知识和经验的结合。郑州市管城区区域内丰富的文化遗产体现了强大的文化生命力、向心力和凝聚力。区实验小学围绕"科技·梦想"这一主题架构起知识世界与生活世界的联系,构建了丰富多彩的"梦之翼课程"。学校通过"梦之德、梦之语、梦之思、梦之创、梦之美、梦之健"六大类课程和"梦想课堂、梦想学科、梦想社团、梦想文化、梦想节日、梦想之旅、梦想空间、梦想整合"八种实施途径,丰富了课程内容,将儿童的学习延伸到生活,延伸到社会。

五、观千剑而后识器——学校课程实施的生成性

不同地域、不同学校有着不同的环境、历史、学情和生情,因而每一所学校的课程总是在一定的场域中产生和实施。

我们主张课程的实施要符合儿童的认知规律,要使儿童在一系列统整后的课程中得到滋养。我们要关注儿童是否接受课程,是否激活儿童新旧知识的链接,是否保持儿童学习的积极性,儿童是否在学习中体验到喜悦和满足。因此,课程实施需要多样化,在实施中保证"多向互动"和"动态生成",体现出知识对儿童的可理解性和可建构能力。

工二村小学积极挖掘与开发以传承优秀民俗教育为中心的课程资源,重新设计生成了"民俗+"课程回归儿童视角,兼顾儿童个体内与个体间不同结构面向与

功能的个别差异,重视儿童的兴趣、动机、态度与目的,传递课程实施中生成的力量,协助儿童获得统整的学习经验。

六、秋水共长天一色——学校课程评价的合宜性

在我们看来,为了让儿童与课程美好地相遇,必须将课程理念转化为具体的课程行动。管城区的品质课程实验校坚持探索适合学校发展的、因地制宜的评价方式,从多个维度落实"展示即评价"的理念。统整课程的实施与评价是与这些传统的标准化的评价方式不相适应的。

从遵循儿童的发展规律出发,以分领域、分年龄段目标为评价视角,采用过程性和终结性等评价方式,管城区回民二小找到了适宜学校课程可持续发展的多元评价。他们在学习情境中观察儿童在各个环节中的学习情况,关注儿童的真实表现,捕捉其中的教育契机,寻找儿童的突出表现并以此带动其他学习活动的发展,适时提出建议,促进儿童学习水平的不断提高。让统整之美以多元化评价的形式"随风潜入夜,润物细无声",在不知不觉中滋养儿童品行、健全儿童人格。

七、天光云影共徘徊——学校课程管理的嵌入性

学校的教学管理与指导工作一般集中在教导处,实施课程统整以后,学校把管理层级延伸到教研组一级,具体来讲就是赋予教研组长以一定的教学管理权,使教研组成为学校教学管理的一个重要层级,由教研组长在教学的第一线实施质量监管,同时把管理与研究结合起来,发现问题及时反馈。教研组长既是带领教师进行学科课程统整、开展课堂教学、提高教学质量的领头人,又是教学质量的监管人,对全组教师的教学工作负有指导、管理的责任。学校充分依托教研组在教学工作中的基础性作用,将实施学科课程统整作为教研组的主要研究内容,加强群体研究,把提高教学质量的主动权下放到各教研组内。

郑州市管城区商城幼儿园建立健全了审议制度、考核制度、课程成果展示制度、推广制度四项基本制度。侧重评价的动态性、过程性,对幼儿发展、幼儿园课程实施、教师发展三个部分进行评价。加强安全保障,为课程的顺利实施设计了

多重保障。重视课程研修,加强教师队伍建设,建立科学合理的管理机制。对教师尤其是儿童等课程利益相关者进一步"增权赋能"。课程管理的嵌入过程也不是一蹴而就的和线性的,需要根据课程实际运行情况进行动态的调整,以逐渐完成课程管理制度间的磨合。

路漫漫其修远兮,正如参与课程建设的管城区南十里铺小学校长曹显阳所说:"在课程改革上,我们虽已有所行动,但仍需不断跋山涉水。我们将不断努力、不断学习,将理念化作行动,愿望变为现实。我们将一起携手在课程改革和课程统整上写下浓彩重墨的一笔。"

一个人可以走得很快,但一群人一定可以走得更远!本书中呈现的学校课程规划方案亦是在当前全面落实"双减"政策的背景下,郑州市管城回族区品质课程实验学校基于近三年来的课程改革的实践与探索。前行的路上,我们不断追寻课程统整的温度和深度;前行的路上,我们不断发展和完善课程统整的理论和实践意义。

(撰稿者:张冰凌)

第一章
统帅性：学校课程价值的统整

　　课程统整，既面向全体，又满足个体；既关注知识，又注重能力；既提升素养，又落实实践。关注课程价值，就是要关注多元价值的整合，注重儿童的发展与社会的发展相统一，注重把儿童的经验、社会、知识融合在一起。学校课程哲学就是以课程价值为行动基点，不断寻求新的发展和突破。学校根据已有的文化积淀，深入挖掘本土文化来丰富学校的课程价值，在传承和创新中实现课程价值的统整，成就生命的美好！

梧桐下课程：
让美好童年本真绽放

　　郑州市管城回族区南十里铺小学是一所有着厚重历史与现代活力的公立小学。学校坚持文化发现、文化自信、文化自立的教育逻辑，发现儒家"和"文化的教育价值，开创"和本教育"思想的教育理念。这里绿树环绕，一处一景，如诗如画！让每一个生命本真绽放是学校师生共同的教育理想！学校教师队伍充满活力，其中省、市、区级骨干教师 12 名，学校基础设施完善，教学环境优雅，教学设备齐全，拥有科技馆、天文馆、心理咨询室、多功能报告厅、录播教室、书法教室、美术教室和舞蹈教室等专用功能教室。学校以"汉字""经典诵读""八礼四仪"等传统文化为教育特色，并逐步确立品牌，具备了可持续发展的条件。学校先后荣获：全国新样态基地学校、河南省甲骨文特色学校、河南省中小学优秀儿童心理剧评比一等奖、河南省书画特色名校、郑州市文明校园、郑州市中小学研究性学习先进学校、郑州市中小学社会实践活动先进单位、郑州市教科研创新先进单位等称号。为了培养更加自信、阳光、健康的南十少年，学校整合校内外资源，传承学校的办学理念，我们依据《教育部关于全面深化课程改革落实立德树人根本任务的意见》和《中共中央国务院关于深化教育教学改革全面提高义务教育质量的意见》，推进学校课程建设，取得了不错的效果。

第一节　共享润泽生命的和本教育

一、学校教育哲学

我校教育哲学是"和本教育"。"和"是儒家思想的核心价值观,也是中华民族一脉相承的文化精髓。儒家创始人孔子,更是提出"君子和而不同""和合而生"等明礼倡和、和谐共生的教化伦理、政治伦理。先秦典籍《中庸》开篇即言:"和也者,天下之达道也,致中和,天地位焉,万物育焉。""和"文化深深镌刻在中华民族的文化基因、中国人的精神印痕之中,成为具有中国底蕴、中国气派、中国标识的文化底色和价值密码。

"和本教育"是和合共生的教育。"和"为和谐,是教育之根本目标;"本"即本真,是教育之基本路径。"和本教育"就是通过探索教育的本真,从而达到和谐的境界,以人为本,和合共生。

"和本教育"是遵循规律的教育。"和本教育"注重打好根基,发展主干,同时顺应儿童的成长天性,尊重教育规律,因材施教。

"和本教育"是追求本真的教育。以育人为本,以传承文化为本,以润泽生命为本,旨在对儿童生命发展负责,对社会发展负责。

"和本教育"是彰显特色的教育。孔子曰:"君子和而不同。""和本教育"注重不断寻求新的发展和突破,在传承中走向创新和特色发展之路。

基于此,在"和本教育"理念下,学校形成"和而不同,本真共生"的校训;"立己立人,合作致远"的校风;"享受教育,仁智双修"的教风和"乐学善思,笃志惜时"的学风。

基于上述教育哲学,我校提出如下办学理念:让每一个生命本真绽放!

我们的教育信条是:

我们坚信,

和谐是教育之本;

我们坚信,

学校是生命绽放的家园；

我们坚信，

和而不同是生命的本真状态；

我们坚信，

教师是生命成长的本真洞察者和发现者；

我们坚信，

让每一个生命本真绽放是学校教育的神圣使命；

我们坚信，

让美好童年在这里本真绽放是学校教育最舒展的姿态！

二、学校课程理念

依据上述教育哲学,学校的课程理念确定为:让美好童年本真绽放。这意味着:

——课程,立足生命的原野。课程的多维性决定着生命的丰富性,课程的整体性决定着生命的完整性。课程开阔孩子的视野,锻炼孩子的体魄,陶冶孩子的心灵,激发孩子的创造,让生命在课程中精彩绽放。

——课程,回归生命的美好。丰富的课程既开阔儿童的视野,锻炼儿童的体魄,又让儿童在传统文化中立下大格局,激发儿童的创造力,让生命在美好童年精彩绽放。

——课程,展现生命的和谐。"和若上善水,真如涧中石",好的课程主题和内容一定有鲜活的生命气息。学校开发以弘扬传统文化、民族特色、学校特色并举的开放课程,满足儿童的不同需求,最终让每一个孩子成为最好的自己,成就生命的和谐乐章。

——课程,促成生命的绽放。灵动的课程就在于创设适合不同儿童的学习情境,满足不同儿童的成长需要,激发不同儿童的兴趣点,给予课程生命的活力,促使儿童的生命之树本真绽放。

"十年树木,百年树人。"校园郁郁葱葱的梧桐树下,"和本教育"在这里落地、生根、发芽、结出累累硕果。自古以来,梧桐就代表着美好和祥瑞。它知音识音,沉静智慧;它高大挺拔,率直求真。而在现代,作为国家中心城市的郑州,高大挺拔、根深叶茂、姿态美丽的梧桐树则成为这座城市根深蒂固的活态文化,绿满郑州。然而梧桐在"南十人"的记忆中,不仅仅是树或者风景这么简单,它成了学校的一种文化图腾。

"和本教育"是尊重每一个孩子天性的教育。它以"和本"文化为根基,以"和本"元素为养分,以"梧桐"内涵为生命成长点,以"让美好童年本真绽放"为目标。我们认为,梧桐代表着包容接纳,代表着沉静智慧、代表着坚韧勇敢、代表着大气担当……它所蕴含的文化底蕴与学校"和而不同,本真共生"的教育理念适切相通。在传承梧桐丰富文化内涵的基础上,我们聚焦教育的内在要求和使命,结合学校的发展历史,提炼学校课程文化内涵,构建了具有学校文化特色的"梧桐下课程"模式。我们希望,学校的课程能够回归生命本真,让中华优秀传统文化的精髓浸润生命,让美好童年本真绽放!

第二节　助力本真共生的儿童成长

新时代,国家对义务教育发展提出了更全面、更规范、更精细的要求。《中共中央国务院关于深化教育教学改革全面提高义务教育质量的意见》指出:要坚持"五育并举",全面发展素质教育。基于此,学校在已有办学理念和课程理念指导下,明确了学校的育人目标。

一、我们的育人目标

我们培养"高洁如桐、聪慧如桐、挺拔如桐、俊逸如桐、勤劳如桐"的"梧桐学子"。具体如下:

(一) 高洁如桐——包容接纳,至诚高节

在中国文化中,梧桐最早是与高洁美好的人格联系在一起的。《诗经·大雅·卷阿》云:"凤凰鸣矣,于彼高冈。梧桐生矣,于彼朝阳",突出了梧桐的高洁。梧桐历代都被视为良木或良材,梧桐与崇高、高洁、坚强、奉献等道德人格相通,梧桐之德契合今天我们对全面发展人才的要求。

(二) 聪慧如桐——沉静智慧,勤学好思

"天然韵雅性,不愧知音识"。知音可以引申为对对象的深入理解。"梧桐知音"象征课程要准确了解课程实施的对象,因为只有"知人"方能"善育",才能引领儿童在课程中勤学好思。我们希望儿童能像梧桐一样,勤于学、善于思。要珍惜学习时光,心无旁骛求知问学,丰富学识。不仅要掌握基本技能,还要具备善于发现问题、解决问题的能力。

(三) 挺拔如桐——茁壮成长,率性求真

梧桐高大挺拔、枝叶如盖、遮阴蔽日,枝繁叶茂的梧桐象征着儿童要健康、全面地发展。"梧桐下课程"旨在帮助儿童在身心的成长过程中享受乐趣、增强体质、健全人格、锤炼意志。

（四）俊逸如桐——各美其美，美美与共

在中国传统文化中，凤凰和梧桐形成一种和谐共生、美美与共的关系：凤非梧桐不栖，梧桐因凤而圣。凤凰与梧桐这种和谐共生的关系，引申对美的执着与追寻。开花时节，梧桐满树皆紫，一朵朵、一簇簇的梧桐花装点了梧桐的枝丫，氤氲清香满城。认识美、爱好美和创造美是儿童教育的重要目标。通过梧桐的繁茂、梧桐花的烂漫，象征着培养爱好广泛、热爱生活、热爱美、欣赏美、能自己创造美的梧桐学子。

（五）勤劳如桐——吃苦耐劳，大气担当

梧桐从一粒种子，能够"亭亭五丈余，高意犹未已"，是因为它勤劳质朴、根基深厚。这象征儿童的学习，要像梧桐一样脚踏实地，厚积薄发。梧桐枝繁叶茂，而其不求巨臂擎天的闻达，但也有荫庇一方的坦荡，这种吃苦耐劳、大气担当的品质契合现代教育对人才的要求。

二、我们的课程目标

为了更好地落实"五育并举"的新时代育人目标，我们将"高洁如桐、聪慧如桐、挺拔如桐、俊逸如桐、勤劳如桐"的育人目标进行了细化，确立学校课程目标如下。（见表1-1）

表1-1 "梧桐下课程"目标表

年级 ＼ 育人目标	高洁如桐 包容接纳 至诚高节	聪慧如桐 沉静智慧 勤学好思	挺拔如桐 苗壮成长 率性求真	俊逸如桐 各美其美 美美与共	勤劳如桐 吃苦耐劳 大气担当
一年级	认识国旗 会唱国歌 看见老师 主动问好 互帮互助	坐姿端正 积极发言 及时作业 书写规范 喜欢看书	健康饮食 合理用眼 爱护牙齿 文明如厕 认真锻炼	不说谎话 乐观向上 不哭不闹 兴趣广泛 学会跳绳	早睡早起 按时到校 学会扫地 衣着整洁 整理书包
二年级	熟识礼仪 乐于助人 尊老爱幼 与人为善	基础扎实 思维敏捷 勇于创新 敢于实践	按时休息 爱护卫生 稳定情绪 爱好运动	持之以恒 兴趣广泛 勇探新知 个性张扬	尊敬师长 团结互助 勤劳自立 干净卫生

年级 \ 育人目标	高洁如桐 包容接纳 至诚高节	聪慧如桐 沉静智慧 勤学好思	挺拔如桐 苗壮成长 率性求真	俊逸如桐 各美其美 美美与共	勤劳如桐 吃苦耐劳 大气担当
三年级	阳光开朗 懂礼待人 爱学乐施 民族自豪 使命感强	善于观察 熟练操作 交流合作 发挥专长 热爱生活	预防近视 发展柔韧 勇于坚持 乐于交流 遵守规则	关注新闻 培养爱好 参加实践 树立目标 不言放弃	尊旗爱徽 用语文明 牢记队礼 协助合作 遵规守纪
四年级	爱国爱队 举止文明 礼貌待人 遵纪守法 遵守校规 约束言行	积极表达 敢于质疑 乐于探索 善于思考 积极实践 勤于阅读	尊重生命 疾病预防 正确姿态 发展力量 情绪积极 乐于合作	兴趣广泛 博学多才 乐于合作 专注力强 善于观察 关心他人	懂礼爱国 言行文明 规范队礼 认真听讲 严于律己 专心致志
五年级	唱正气歌 勤做家务 光盘行动 讲话文明 见师行礼	勤练好读 善思爱问 探究协作 创新表达 志向明确	爱好运动 良好姿态 发展体能 自信勇敢 控制情绪	培养爱好 乐于生活 创意赏美 关爱友善 团队协作	课上专心 作业独立 上下楼梯 礼让有序 整洁有礼
六年级	关心集体 爱护公物 明礼诚信 尊敬师长 爱国爱党	善于学习 勤于思考 勤学好问 勇于创新 勤于实践	良好姿态 健身能力 坚强意志 调节情绪 坚强勇敢	志存高远 意志坚强 兴趣广泛 志趣合一 个性张扬	热爱劳动 言谈大方 举止文明 责任担当 知行合一

南十里铺小学以"高洁如桐、聪慧如桐、挺拔如桐、俊逸如桐、勤劳如桐"的梧桐品质为媒介,架起了"梧桐少年"培养目标与学科领域间的桥梁,使培养目标有了具体化的实施途径。

第三节 建构呵护心灵的课程图景

为理清课程元素间的内部逻辑关系,使课程成为上承教育哲学,下启育人目标的载体,学校基于"和本教育"哲学,构建了"梧桐下课程"体系。

一、学校课程逻辑

依据学校实际和课程目标,学校建构了"梧桐下课程"逻辑架构,具体如下。(见图1-1)

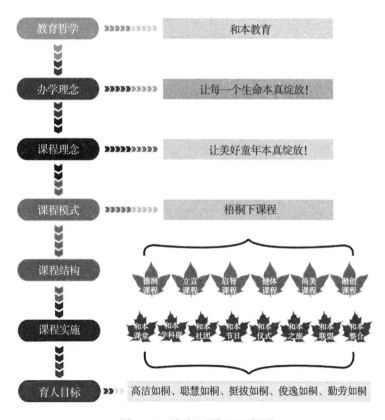

图1-1 "梧桐下课程"逻辑图

二、学校课程结构

根据多元智能理论,我们把学校课程统整为德润课程、立言课程、启智课程、尚美课程、健体课程、融创课程六大领域,具体如下。(见图1-2)

图1-2 "梧桐下课程"结构图

上图中,各板块课程具体表述如下:

(一)德润课程——自我与社会类课程

课程注重儿童品格、意志的培养,课程重心指向儿童核心素养中的责任担当。主要有德育主题活动、社会实践研学活动、八礼四仪和国旗下微型课程等。

(二)立言课程——语言与表达类课程

课程关注儿童学习语言运用的综合性和实践性,将学习和生活进行巧妙地联系,以"雅言""雅观""雅趣""雅文""雅用"五个维度诠释语言教育的真谛。课程的重心指向核心素养中的学会学习、文学素养和实践创新。立言课程主要包括:我们爱汉字、我们爱吟诵、原味历史、读写绘、整本书阅读、趣味小古文、文学赏析与

"BEST"英语课程等。

（三）启智课程——逻辑与思维类课程

课程以人人都能获得良好的数学教育,不同的人在数学上得到不同的发展为目标,倡导在"做数学、学数学、玩数学"中解决问题,体会数学知识之间、数学与其他学科之间、数学与生活之间的联系,旨在追求"善学善思、知行相长"的境界,使儿童在问题解决的过程中激发创造潜力、渗透合作意识、形成思维品质。启智课程主要包括:善学数学文化、善思拓展延伸、善用实践活动课程等。

（四）尚美课程——艺术与审美类课程

课程着重培养儿童优雅气质,提升文明素养,课程重心指向儿童核心素养中的人文底蕴。包括音乐、美术、绘画、书法、舞蹈、合唱、民乐等。

（五）健体课程——运动与健康类课程

课程注重给予儿童健康的知识、技能,发展儿童身心素养,培养儿童热爱生活的情感。此课程重心指向儿童核心素养中的健康生活。主要包括:幸福心理、活力足球、花样跳绳、动感啦啦操、快乐篮球课程等。

（六）融创课程——科学与探索类课程

融合与创新活动是促进儿童实践应用能力发展的重要途径,学校不断地创新工作思路,聚合家庭、社区、社会等多种力量,着力培养儿童创新精神、实践能力。课程主要包括:学科整合类课程、劳动课程、编程课程、科学探索课程等。

三、学校课程设置

根据"梧桐下课程"逻辑图,结合学校的办学特色及现有的课程资源,对德润课程、立言课程、启智课程、健体课程、尚美课程、融创课程六大课程的内容体系进行系统地构建,具体见表1-2。

基于整体建构理念的课程创新,使学校构建出一套生动的"梧桐下课程"图景,帮助"梧桐学子"在一幅幅美丽的课程画卷中,找到自己的位置,发现自己的潜能,提升自己的素养,最终实现让每一个生命本真绽放的教育追求!

表1-2 "梧桐下课程"设置表

	德润课程	立言课程	启智课程	尚美课程	健体课程	融创课程
一年级 上学期	劳动与习惯 我爱做少先队 争做文明儿童啦 入学仪式:我是儿童 学守则,讲规范	《三字经》 一起阅读吧 看图写话 我说你猜 识字小达人	我爱学珠算 加加减减有学问 有趣的拼搭 小猪盖房子 猜猜我是谁	绘画天地 奇妙的剪贴师 我是设计师 黏土变变变 节奏律动 柯尔文手势 音的长短	我是儿童 我爱跳绳 小小阅兵士 健康卫士 我和篮球交明友	找规律 五官兄弟 和小动物做朋友 魔法磁铁 热爱学校生活
一年级 下学期	劳动与习惯 我爱国旗 好大一个家 入队仪式:红领巾你好 新学期,新安排	《三字经》 小小朗读者 读写绘 动听讲故事 查字典小达人	我爱学珠算 我的存钱罐 有趣的七巧板 房屋整理小能手 我是图书管理员	手型添画 剪贴艺术 有趣的拓印 彩泥连连看 节奏律动 认识打击乐器 音乐的快慢 音的高低	我长大了 足球小子 拍球能手 健康卫士 活力啦啦操	传承中华文化 水与溶解 保卫植物 太阳和月亮 认识简单的劳动工具
二年级 上学期	劳动与习惯 讲红军故事 感恩老师 升旗之礼 感恩父母	《弟子规》 童话王国 留言条的语言艺术 我来我说 看图讲故事 Best words 解密植物 阅读训练营	我爱学珠算 口算小达人 神奇的拼搭 小小搭配师 文童校园	认识三间色 顶天立地 形形色色的背景 初级国画 阮它 快乐的音乐会 小红帽	烦恼快走开 我会跳绳 小小阅兵员 健康卫士 拍球达人	搭配 小预言家 磁铁的奥秘 动物世界 蔬菜种植能手

		德润课程	立言课程	启智课程	尚美课程	健体课程	融创课程
二年级	下学期	劳动与习惯 飘动的红领巾 团结就是力量 坐姿之礼 消防安全在心中	《弟子规》 童言童话 介绍我的好朋友 我的梦想 查字典魔术手	我爱学珠算 口算小达人 小小设计师 我是推理家 交通协管员	听听画画 剪刀添画 四格画 写意石头 阮它 力度记号 郊游 金孔雀轻轻跳	和煦恼交朋友 足球小子 神投手 健康卫士 活力啦啦操	美丽的轴对称图形 认识方位 生命之源 月亮之上 果实采摘与水果拼盘制作
三年级	上学期	劳动与感恩 讲红军故事 小小一滴水 言谈之礼 学习责任坚持	《增广贤文》 奇妙想象 观察物之美 名字里的故事 寻生活之美 Best animals 解密字母	列举表解决问题 计算小能手 生活中的测量 最佳方案	线的表现力 台历设计 皮影欣赏 图形拼接 天籁排箫 认识音符名 四分休止符 哦！苏珊娜	友谊天长地久 足球小子 神投手 健康卫士 活力啦啦操	时，分，秒 风雨的故事 动物的特征 空气的秘密 幼苗栽培
三年级	下学期	清明祭英烈 待人会感恩 待人之礼 勿忘国耻，圆梦中华	《增广贤文》 寓言宝库 记录"事"之趣 小导游带你之 high 探自然之奥秘 儿童小古文 100课 品味民间传说 民间故事会	列举表解决问题 竖式俱乐部 面积知多少 创意年历我来制	线描造型 贺卡设计 京剧欣赏 变废为宝 天籁排箫 反复跳跃记号 发声练习 祖国祖国我们爱你	亲爱的自己，你好 足球小子 功夫小子 健康卫士 炫彩啦啦操	花钟 年，月，日 科学 点亮小灯泡 奇妙的材料 植物知多少 病虫害的防治

	德润课程	立言课程	启智课程	尚美课程	健体课程	融创课程
四年级 上学期	劳动与感恩 抗日英雄的事迹 勤俭节约从我做起 成长仪式:阳光下成长 好习惯,益终身	《论语》 传奇神话 生活万花筒 走进历史人物 童年剪影 Best food 解密拼读 英语小达人	计算小行家 绘图能手 优化"专家" "亿"有多大	时间告诉我 纸品乐陶陶 城市美容师 剪纸 天籁之声 架子鼓 童心是小号的认识 拍巧达人	老师,您好 绳舞飞扬 传球能手 健康卫士 技巧达人	日期的奥秘 科学 食品检测员 多样的岩石 神奇的乒乓球 沙土培育
四年级 下学期	劳动与感恩 追寻红色足迹 对垃圾食品说"不" 观赏之礼 爱护校园环境	《论语》 探索未知 我的心儿怦怦跳 我是新闻播报员 探未来之奥秘 Best clothes 解密农场 阅读训练营	空间关系 图形变变变 妙趣平均数 午餐搭配	春节到 妙笔生花 花团锦簇 有趣的线造型 天籁之声 架子鼓 童音记号 少年阿凡提	爸爸妈妈,我爱 你们 足球小将 功夫小子 健康卫士 炫彩啦啦操	墨梅 科学 制作肺模型 蜿蜒的旅行 智慧小创客 蔬菜的分类号及营养成分
五年级 上学期	劳动与责任 红领巾心向党 学会宽容 行走之礼 在书香中快乐成长	儿童小古文100课 历史小故事 Best seasons 趣唱英文歌 黄金搭档	有趣的天平 猜猜我是谁 幸运大转盘 设计达人 思维数学	韵律游戏 飞行梦工厂 水墨植物 趣味人物 知音合唱 外婆的逻辑湾	谁的青春不迷茫 火力全开 功夫少年 健康卫士 小飞人	图形的艺术 宇宙的奥秘 热能考察之旅 生命的旅程 Scratch编程 种子的萌发

年级	学期	德润课程	立言课程	启智课程	尚美课程	健体课程	融创课程
	下学期	劳动与责任 传承红色基因 热爱大自然 游览之礼 阳光心理，健康人生	儿童小古文100课 品味中国经典 我是小演员 探寻文化遗产魅力 趣赏英文影片 阅读训练营	图解因数 设计包装盒 数学与艺术 天气预报员 代数思维	巨匠童心 彩云衣 团扇 水墨诗心 知音合唱 芭蕾基训 迷人的火塘 人声的分类	我的青春我做主 旋风小将 技巧达人 健康卫士 舞动青春	送元二使安西 植物王国 有趣的微生物 遗传变异之谜 简易编程游戏 种植向日葵
六年级	上学期	劳动与责任 抗美援朝英雄事迹 如何面对突发事件 用餐之礼 做祖国的接班人	《史记》 名人故事记 变形记 小小演讲家 艺术之旅	生活中的百分数 节约水资源 确定起跑线	光影变幻 纸魔方 秦陵兵马俑 水粉静物 优美和声 京剧小戏迷	未来你好 灌篮高手 功夫少年 健康卫士 大力水手	竹节人 植物角的奥秘 把光请进来 人造彩虹 编程侦测模块 探秘土壤
	下学期	传承红色基因，向国旗敬礼 面对挫折，勇于克服 毕业仪式：再见母校 我的理想	《史记》 漫步世界名著花园 真情流露 依依惜别毕业会 Best past 趣演英文短剧	大树有多高 始于一点 筑梦师 让自行车跑起来	素描写生 标签设计 水粉风景 灵动舞蹈 优美和声 民族乐器分类 明天会更好	再见母校 旋风小将 技巧达人 健康卫士 舞动青春	美丽的圆 探秘地球 认识地球 保护家园 八大模块的综合运用 校园管家

第四节 拥抱多彩多元的美好未来

课程实施是课程理念落地的过程,也是师生共同成长的过程。学校从"和本课堂""和本学科""和本社团""和本节日""和本仪式""和本之旅""和本联盟""和本整合"八个方面实施课程,落实学校课程目标。

一、打造"和本课堂",提升学校课程实施品质

"和本课堂"是教师通过整合各项教学资源,创设和谐课堂环境,提高课堂效率、增强课堂效果,"和本课堂"生成儿童智慧,提升道德修养,教师获得职业幸福感,有助于学校品牌的塑造,促进社会精神文明建设。学校从学生生命成长的角度出发,运用情境创设、网络教学、多元评价、拓展延伸等来优化课堂教学,打造"和本课堂"。

(一)"和本课堂"的内涵和实践

"和本课堂"中的"和"是课堂要达到的目标和过程的和谐统一;"本"既是课堂展开的出发点和路径,也是课堂遵循的价值真谛和关照原点。在"和本教育"体系下,以"和本"教育理念为引领,创设了"梧桐下课程"体系。在"和本课堂"文化形态的引领下,学校加强教学常规的规范化、精细化管理,深入开展创新教学方式和学习方式的研讨与实践,以教科研为先导,以教学活动为载体,通过课堂诊断、课型研讨、课题研究等活动,逐步形成了对"和本课堂"文化的理论与行动共识,具体实施策略如下:

以课堂诊断为手段,把脉"和本课堂"。学校课程中心选取不同学科、不同年龄段、不同教龄教师的常态课,从学习目标、学习资源、学习过程、学习氛围、学习效果等不同的维度进行课堂观察,汇总相关数据,提炼优秀课堂的共性特质,加强对课堂问题的梳理,为基于问题改进的课堂教学实践与研究提供具体参考。

以课题研究为引领,深化"和本课堂"。为保障"和本课堂"落地生根,学校双管齐下,坚持校本教研与课题研究两手同抓。各教研组充分发挥同伴互助的力量

抓好校本教研,做到常规教研不松懈,主题教研有实效,即时教研重反思。加强专项课题引领,引导教师从教学中的具体问题入手进行小课题研究,通过对一个问题的持续关注与实践反思,形成有效的课堂教学策略,从而促进"和本课堂"建构向纵深发展。

以教学活动为载体,提质"和本课堂"。"和本课堂"文化要转化为具体的教学行为才能促使课堂改变真实发生。学校以"四种课堂"为抓手,即新教师亮相课、骨干教师展示课、行政推门调研课、各级比赛公开课,开展以课例为载体的教学实践研究,将磨课、研课纳入青蓝培养工程,纳入教师专业发展规划,常态化开展学科及全校性课例观摩研讨活动,集思广益、互相切磋、共同提高。在实践—研讨—反思—再实践—再反思的行动研究中,不断增强"和本课堂"的教学效果。

(二)"和本课堂"的评价标准

在"和本课堂"的建构实践中,学校基于对"和本"理念的内涵解读,设计了《"和本课堂"评价标准》。(见表1-3)

表1-3 "和本课堂"评价标准

评价维度		评价要素	权重	等级		
				A	B	C
学习目标制定"和"		学习目标紧扣课程标准,凸显学段目标,贴合学情,重难点恰当,关键问题把握准确。	10%			
学习情境创设"和"		情境的创设、任务的提出符合学科特点,简洁明了。	10%			
学习过程生成"和"	问题启发智慧	自主学习:能独立思考,探究问题有主见,能总结提炼学习所得。	20%			
		合作(探究)学习:组织有序,讨论热烈,同伴协作,帮扶到位,按时完成小组分配的学习任务。				
		思维状态:善于思考质疑,能提出个人观点,见解独到、有价值,并引发儿童思考。				
		参与状态:精神饱满,兴趣浓厚,学习投入,状态良好。				
	展示发展智慧	展示状态:大胆自信,表达简洁,答疑解惑正确,征求意见谦虚。	25%			
		交流状态:尊重同学和老师,清晰表达自己的观点,耐心听取别人意见,质疑研讨诚恳,评价客观公正。				

评价维度		评价要素	权重	等级		
				A	B	C
		教师点拨：及时整理提炼儿童生成的问题；适时、适度指导儿童的学习活动；矫正纠错、提炼总结，体现智慧型指导。				
	运用成就智慧	练习设计注重层次性、针对性和科学性。练习过程适度增加相关的深化内容，并进行拓展。	10%			
儿童发展成长"本"		课堂氛围轻松、愉悦，儿童的个性、潜能、尊严得到充分发展，师生关系和谐融洽，课堂充满人文关怀。	5%			
知识获取愉悦"本"		知识掌握：扎实掌握当堂知识，目标达成度高。	10%			
		方法运用：学会解决问题的方法，形成有效的学习策略，养成良好的学习习惯。				
		能力形成：儿童发现问题、解决问题、综合运用等各方面的能力得到增强。				
		情感发展：学习过程愉悦，思想情感积极向上。				
教学效果评估"本"		课堂充满生命活力，儿童全情参与，个性张扬；采用发展性多元评价；教师收获教学机智，淬炼教学智慧。	10%			
总评						
总体建议						

二、建设"和本学科"，丰富学校课程内涵

"和本学科"是在基于课程标准的前提下，根据儿童的兴趣爱好、个性特长，对基础型课程相关内容的有效拓展。通过采用多样化的实施方式，有效拓展其中的相关知识，充实儿童的学科知识，拓展儿童的学科技能，提升儿童的学科素养。

（一）"和本学科"的建设路径

根据学科师资力量，倡导教师在国家课程校本化实施的基础上总结经验，以学科为原点，设计学科特色"1＋X"课程群。"1"是教师所教授的国家基础性课程，"X"是指教师根据国家课程开展的拓展性课程，是基础性课程的延伸。"和本学科"依据学科课程，研发丰富的学科延伸课程，形成了具有特色的学科课程群，分

别是"雅致语文""善思数学""BEST 英语""跃和体育""幸福心理""雅韵音乐""雅趣美术"七大课程群。

"雅致语文"课程群建设。依据《义务教育语文课程标准（2022 年版）》文件精神，结合我校语文学科的实际情况，学校提出以"雅致语文"为核心的语文学科理念。众所周知，国学是我们民族文化的精髓，承载着道德伦理观、人生价值观，构成了中华传统文化的核心价值体系，是中华文化最深厚的根基，是数千年来先人留给我们最宝贵的文化遗产。因此，"雅致语文"课程以传承中华传统文化为课程理念，根据学生不同的年龄特征，通过开设关于"字""词""文"不同形式的课程，培养儿童树立牢固的核心价值观，正确的人生观，提高他们的人文素质，思想道德水平。

"善思数学"课程群建设。在不断的教学实践中，学校明确提出"善思数学"的学科理念，依据《义务教育数学课程标准（2022 年版）》提出的课程目标"以学生发展为本，以核心素养为导向，进一步强调使学生获得数学基础知识、基本技能、基本思想和基本生活经验，发展运用数学知识与方法发现、提出、分析和解决问题的能力，形成正确的情感、态度和价值观。"[①]因此，"善思数学"课程旨在追求"善学善思、知行相长"境界的同时，通过开设数学实践活动类、思维拓展类和数学文化类课程，使儿童在学习知识、实践操作的过程中提升数学学科素养。

"BEST 英语"课程群建设。B-brave to talk（勇敢说）、E-encourage to do（大胆做）、S-smart to learn（会学习）、T-try to act（敢尝试）："BEST 英语"课程从儿童的学习兴趣、生活经验和认知水平出发，倡导尝试、体验、实践、参与、合作与交流的学习方式和任务型的教学途径。基础性课程主要面向全体儿童，通过英语学习使儿童形成初步的综合语言运用能力和人文素养。"BEST 英语"课程是教师在保证完成教学基本任务的前提下，增加灵活丰富的教学内容以满足不同层次儿童的需求。基于此，我校英语学科课程内容分为：Best 系列课程、解密系列课程以及拓展型课程。具体包括：趣唱、趣读、趣赏、趣演英文课程、单词小达人、阅读训练营及黄金搭档。

---

① 中华人民共和国教育部. 义务教育数学课程标准（2022 年版）［S］. 北京：北京师范大学出版社，2022：2.

"跃和体育"课程群建设。"跃和体育"以《义务教育体育与健康课程标准（2022年版）》为依据,在体育课程实施过程中坚持"健康第一"的指导思想,以儿童发展为中心,激发儿童的运动兴趣,增进儿童健康,培养儿童终身体育意识和能力。以体育与健康为基础课程,从"运动参与、运动技能、身体健康、心理健康与社会适应"四个方面构建体育学科课程群。

"幸福心理"课程群建设。"幸福心理"以《中小学心理健康教育指导纲要（2012年修订）》为依据,结合儿童本身的心理需求而打造的课程。该课程遵循儿童的心理健康发展规律,适合儿童的心理健康发展需求,贯穿低、中、高三个学段,将心理健康教育始终贯穿于教育教学全过程。在各学科教学中遵循心理健康教育的规律,将适合儿童特点的心理健康教育内容有机渗透到日常教育教学活动中,通过多种途径开展幸福心理健康专题教育,开设心理健康教育课,包括团体辅导、心理训练、问题辨析、情境设计、角色扮演、游戏辅导和心理情景剧等。

"雅韵音乐"课程群建设。"雅韵音乐"课程依据《义务教育音乐课程标准（2022年版）》的理念、目标及教学要求,提高儿童的音乐素养。结合校本课程和本教育理念,音乐课程与中国传统文化相结合,将器乐阮它、排箫、合唱、舞蹈律动等纳入音乐课程体系。以音乐审美为核心,以人文主题为单元,以音乐要素为线索,突出音乐实践,强调能力培养,精心设计编创活动,凸显教学重点,关注评价机制,把激发儿童学习音乐的兴趣贯穿始终。

"雅趣美术"课程群建设。"雅趣美术"课程依据《义务教育美术课程标准（2022年版）》,以儿童兴趣为基点,以有趣、乐趣为课程灵魂,侧重孩子们想象力与动手实践的发展,力求让每个孩子在快乐学习中感受美、体验美、创造美,拥有儒雅的气质,丰富的内心,高雅的美术素养。根据学校实际情况,结合儿童不同学段的认知水平,雅趣美术的构建主要以素描、线描、水粉、国画、书法为主要内容,以每周两节连排的方式由美术组教师组织实施。

（二）"和本学科"的评价要求

为保障各学科课程群的实施效果,学校以"提升儿童学科素养"为中心,从学科课程理念、学科课程开发、学科教学改革、学科团队建设和学科学习质量五个维度的表现给予综合评价。（详见表1-4）

表 1-4 "和本学科"建设评价表

指标维度	指标	指标内容	优秀	良好	合格	不合格
学科课程理念 (16分)	课程理念	有课程规划,能体现课程方案理念、学校的办学思想,以及科学的质量观、学生观、课程观、教学观和评价观,内涵丰富,表述准确、简明。				
		对学生全面发展、学校内涵建设和教育人本价值有深入思考,能体现自律意识、民主意识。				
	课程开发	能根据学校已有的特色项目、学科优势和教师特长开发校本课程,开展重点学科建设和特色活动,体现课程实施的自觉性和创造性。				
	运行机制	有健全的课程管理制度,职责明确,流程规范,管理高效。				
		建立学校、家庭、社区联动机制,引导家长、社区理解、支持和参与学校教育改革,形成互动合作局面。				
学科课程开发 (16分)	学习内容	基础型课程:在学科课标、教材、教学等方面有针对性地校本化实施,体现有效性;拓展型课程:课程丰富多样,满足学生兴趣爱好和个性发展,体现选择性;探究型课程:引导学生自主体验和合作学习,体现过程性。				
学科教学改革 (24分)	教学指导	校长及学校其他领导坚持深入课堂教学第一线,有计划、有目的地听、评课;能深入教研组、年级组,研究分析课堂教学中存在的问题,对课堂教学的指导具有针对性和有效性。				
	课堂教学	发挥课程的整体育人功能,把握学科课程标准,落实目标要求,注重以学定教、因材施教,运用现代信息技术,学生满意度高。				
学科团队建设 (22分)	校本研修	有健全的听评课制度,定期举行教学观摩、研讨活动,团队、个人能针对课程实施中的实际问题开展教学反思与研究,形成有质量的研究成果。				
	梯队建设	有促进各层次教师专业发展的计划和校本培训措施。教师专业特长得到发挥,教学风格鲜明。				
学科学习质量 (22分)	学生发展和质量监控	积极拓宽儿童学习渠道,充分满足儿童多样化学习需求。为儿童创设实践的资源和条件,开展丰富的社会实践活动。				
		儿童有学习兴趣、较好的学习方法和一定的学习能力。儿童健康水平持续提升,学业成绩良好,普遍具有艺术、科技、体育等某一方面的爱好。				
等第						

三、创设"和本社团",发展儿童兴趣特长

社团是满足儿童个性需求,发展儿童兴趣特长,实现儿童全面发展、灵动生长的重要平台。结合我校实际情况,整合校内外教育资源,学校开展了丰富多彩的社团活动,并以"和本社团"课程为载体实现常态化实施。学校坚持过程性、多元性、激励性、综合性的原则,以评价为导向,促进社团发展优胜劣汰与自然选择。

(一)"和本社团"的主要类型

"和本社团"在"和本教育"理念的基础上,由教师指导,以儿童的实践形式为主,充分发挥儿童的自主性,旨在让每一个生命本真绽放。我们在设置"和本社团"时根据学科特征进行分类,具体社团课程结构如下。

"快乐语文社团"和"BEST英语社团"均是"立言课程"的重要组成部分,它包括儿歌、汉字、写作、成语、古诗词、小古文、历史、文学素养、群文阅读、经典文学赏析、课本剧、经典诵读和英语场景词汇、原味阅读、英文儿歌、趣味配音和英语童话剧等,注重儿童学龄特点,注重激发儿童学习的兴趣,实施听、说、读、写等语言素养的训练,实现人文素养的全面提升,成为智慧灵动的南十少年。

"趣味数学"社团是"启智课程"的重要组成部分,包括计算、数学游戏、数学阅读、优因数学、数学思维和数学主题研究课程等,注重激发儿童的数学学习兴趣,培养数学应用能力,提高儿童逻辑思维水平。

"我爱运动类"社团是"健体课程"的重要组成部分,学校结合自身特色,开展花样跳绳、活力啦啦操、吸引力足球、男女篮球等特色社团,注重激发儿童参与体育活动的兴趣;心理剧社团作为"健体课程"的重要组成部分,注重加强对儿童心理问题的疏导,旨在打造身心健康的南十少年。

"艺术素养类"社团是"尚美课程"的重要组成部分,包括舞蹈、合唱、国画、排箫、写意水墨画、书法等社团,从表演艺术等维度全面发展儿童的艺术特长,培养儿童的审美能力、艺术素养和生活情趣。

"科学园地类"社团是"融创课程"的重要组成部分,包括快乐学编程、科学素养、我们爱劳动等特色社团,提升儿童的科学素养,挖掘儿童的学科潜能,锻炼儿童的创造能力和动手能力,成为创新型南十少年。

(二)"和本社团"的评价标准

为保障社团课程实施效果,建立学校社团动态循环发展机制。学校坚持过程

性、多元性、激励性、综合性的评价原则,建立了社团考核评比机制,以评价为导向的良性竞争体制,促进社团发展优胜劣汰与自然选择。以下是学校"和本社团"评价标准。(见表1-5)

表1-5 "和本社团"评价标准

项目	"和本社团"指标	评分	评价方式
社团机构与管理	1. 社团管理体制完善,机构设置合理,制订符合儿童实际的社团建设实施方案。	10分	实地检查 资料核实 座谈调查 活动展示 期末评估
	2. 建立、健全并严格执行社团各项规章制度。	5分	
	3. 社团人数适中,规模适度,成员资料档案齐全。	5分	
	4. 指导老师认真负责、重视管理。	10分	
	5. 社团要突出儿童的自主性和创造性,使儿童在社团活动中自治自理、健康发展。	10分	
	6. 社团活动地点固定,环境良好,有相应的文化建设。	5分	
实施情况	7. 社团活动期间,组织有序、秩序井然、记录完整。社团活动后有书面总结和反思。	5分	
	8. 社团活动内容丰富,形式生动,体现实践性和综合性,有利于培养和锻炼儿童多方面的素质,体现校园文化。	15分	
	9. 活动有成果展示,社团成员或集体活动成果显著。	15分	
	10. 活动取得预期的效果,儿童满意度高。	20分	

四、做活"和本节日",浓郁课程实施氛围

节日文化与我们民族源远流长的悠久历史一脉相承,是一份宝贵的精神文化遗产。特别是许多节日与孩子们的生活息息相关,儿童对其有着浓厚的兴趣。因此,这些节日都是极其宝贵的课程资源,我们要把这一宝贵的文化资源带进课堂、融入课堂,让儿童感悟节日文化品位,陶冶情操,提高素质修养。

(一)"和本节日"的课程设计

"和本节日"课程分为中华传统节日课程、美好主题节日课程和校园节日课程三类。

中华传统节日课程。中华传统节日是中华传统文化重要组成部分和生动表

现形式,它蕴含着中华民族的民族精神和民族情感。中华传统节日课程是通过主题活动、实践活动等,让儿童了解中华民族多彩的文化与精神内涵,使传统文化得以传承与发展。中华传统节日课程设置内容具体如下。(见表1-6)

表1-6 中华传统节日课程设置表

实施年级	传统节日	课程目标	实施方法
一至六	春节	1. 知道春节是我国的传统节日及具体日期,了解节日的来历; 2. 收集有关春节的节日习俗资料,感受春节的欢乐气氛; 3. 参加丰富多彩的春节活动,发现春节的文化意义,并诵读诗文、写对联等。	主题队会 校本课程 节日课程
一至六	元宵节	1. 知道元宵节的具体日期,了解元宵节的由来及风俗习惯; 2. 知道汤圆是元宵节的节日食品,了解吃汤圆的特殊意义和汤圆的不同种类、不同吃法; 3. 知道元宵观灯的起源,灯的种类和灯谜的来历,试着制作灯笼。	主题队会 校本课程 节日课程
一至六	清明节	1. 通过查阅资料和调查访问的形式了解清明节的来历,并搜集相关的诗文对联,增强对清明节文化的了解; 2. 知道清明节原是祭祀祖先的节日,通过外出踏青、扫墓等活动,让儿童亲身经历、体验、感受春光的明媚; 3. 了解革命烈士的感人事迹,增强儿童的爱国主义情感。	主题队会 校本课程 节日课程
一至六	端午节	1. 通过了解端午节习俗及含义,培养儿童热爱中华民族,热爱生活的思想感情; 2. 了解屈原的故事,向儿童宣讲中华民族气节。	主题队会 校本课程 节日课程
一至六	中秋节	1. 了解中秋节的来历、传统故事、传统活动,培养儿童对传统节日的兴趣; 2. 积极参与中秋节的文化活动,从不同的途径搜集节日的信息,了解中华民族的民俗风情、节日特色; 3. 调动儿童的各种感官,从活动中加深对节日的喜爱之情。	主题队会 校本课程 节日课程
一至六	重阳节	1. 了解重阳节的由来传说; 2. 了解重阳节的风俗习惯,激发儿童热爱家乡、热爱祖国的情感,体会家庭欢乐、生活甜美的幸福; 3. 了解尊老敬老是社会文明的行为,教育儿童要从小尊老敬老,奉献爱心。	主题队会 校本课程 节日课程
一至六	腊八节	1. 知道农历十二月初八是我国的传统节日——腊八节,了解腊八节的来历和习俗; 2. 搜集有关腊八节的资料,让儿童感受中国的传统文化; 3. 知道制作腊八粥的主要材料,尝试制作腊八粥。	主题队会 校本课程 节日课程

美好主题节日课程。美好主题节日课程是通过主题队会、实践活动等,让儿童亲近自然、接触社会,初步了解有关节日的风土人情、感受人与人之间互相关爱、热爱自然等良好的社会情感,美好主题节日课程设置内容具体如下。(见表1-7)

表1-7 美好主题节日课程设置表

实施年级	主题节日	课程目标	实施方法
一至六	元旦 (1月1日)	1. 了解元旦的来历,感受元旦的欢乐气氛; 2. 积极参与元旦的环境布置,初步具有空间审美能力; 3. 能积极主动承担任务,与同伴合作,在集体面前大胆表演,表现自己。	举行班级新年联欢庆祝活动
一至六	学雷锋 (3月5日)	1. 了解雷锋的光荣事迹,学习雷锋的助人为乐精神; 2. 加深儿童对雷锋精神的认识和理解,促使儿童自觉主动地在学习生活中时刻关注雷锋精神,长期形成学雷锋的氛围。	1. 制作雷锋宣传手抄报 2. 学雷锋做好事 3. 评选"小雷锋" 4. "学雷锋"征文评比
一至六	劳动节 (5月1日)	1. 知道五月一日是国际劳动节,知道身边的人都是劳动者,他们用劳动为大家服务; 2. 了解劳动节的来历,激发儿童尊敬和热爱劳动人民的情感; 3. 培养儿童的动手能力,参与到家务劳动中去,体会劳动的快乐和收获。	1. 学唱歌曲《劳动最光荣》 2. 诵读歌颂劳动的诗词文章 3. 参观工厂 4. 学做家务
一至六	儿童节 (6月1日)	1. 知道六一儿童节是儿童自己的节日,能感受到国家、社会对儿童的关心; 2. 学会一些简单的小制作,乐于和同学一起做有趣的游戏,感受与同伴共庆节日的快乐; 3. 知道不同国家的儿童节有不同的庆祝方式,了解其他国家儿童的生活。	1. 制作"儿童节"的手抄报 2. 开展"庆六一"文艺汇演
一至六	教师节 (9月10日)	1. 了解教师节的来历,懂得感恩老师、尊敬老师; 2. 通过学习、交流,了解我们的民族是一个具有尊师重教光荣传统的民族。	1. 制作"教师节"手抄报 2. 给老师写封信 3. 诵读歌颂老师的诗词和文章

实施年级	主题节日	课程目标	实施方法
一至六	国庆节（10月1日）	1. 了解国庆节的来历，培养儿童爱国情怀； 2. 知道我国的全名，为自己是中国人而自豪； 3. 用自己的方式表达对祖国妈妈的热爱。	1. 观看电影《开国大典》 2. 制作"庆国庆"手抄报 3. 学唱《我和我的祖国》
一至六	建队日（10月13日）	1. 了解建队节的来历，让儿童更加热爱自己的组织，自觉维护少先队组织的神圣与光荣； 2. 增强儿童的社会责任感，做"四有"好少年。	1. 搜集小英雄的故事 2. 制作"我与祖国共成长"手抄报 3. 学唱红色歌曲 4. 评选"优秀少先队员"活动
一至六	全国消防日（11月9日）	1. 了解全国消防日的来历，了解消防知识。学习火灾的严重危害及知道学习消防知识的重要性； 2. 了解学校的防火重点区域，学习学校的防火注意事项； 3. 了解家庭火灾的原因，学习预防家庭火灾的注意事项； 4. 学习到公共聚集场所时应注意的消防安全事项及发生火灾时的逃生方法； 5. 培养儿童自我生存能力，使儿童安全、健康地成长。	1. 进行消防安全知识讲座 2. 制作消防安全手抄报 3. 学校进行消防安全疏散演练 4. 开展"消防安全"主题队课

　　校园节日课程。学校将四大校园文化节（劳动节、艺术节、体育节、读书节）作为校本与综合实践活动课程，认真研究开发，提升组织实施水平，让学生播种希望、体会光荣；走进阳光、苗壮成长；走近艺术、绚丽绽放；浸润书香、幸福成长。开展以下四种节日：（1）开展春之"光"——"播种美好　体验劳动"劳动节。春季通过举行各项劳动为主题的校园劳动节系列活动，丰富校园生活，促进学生全面发展，弘扬劳动精神。（2）开展夏之"声"——"走进艺术　绚丽绽放"艺术节。每年夏季举办为期一个月的魅力艺术节，每班组织一场文艺展演并评选表彰才艺班级，才艺小明星、小画家等。（3）开展秋之"果"——"走进阳光　苗壮成长"体育节，舞动健美的双翼。每年秋季举行为期一个月的阳光体育节。各班在人人参与

的基础上选拔运动员参加学校比赛,评选表彰阳光体育班级及体育运动之星。
(4)开展冬之"润"——"浸润书香 幸福成长"为主题的读书节。进行师生共读、亲子共读、诵读、演讲、绘本展评等活动和书香班级、书香家庭、读书星的评选,激发学生的读书热情,培养学生爱读书的好习惯。

(二)"和本节日"的课程评价

节日是文化的一种独特体现,节日文化可以为儿童的全面发展提供充足的养料。我国的各种节日具有浓厚的地方特色与生活气息,积淀了丰富的文化底蕴,承载了深厚的优秀传统文化。我校"和本节日"课程设置了以下评价标准:

活动预案有实效。要想把节日活动搞得有声有色,一定要有高质量的活动方案。方案设计目标要明确,主题要清晰。根据儿童的年龄及认知特点,活动形式要多种多样,以趣味性为主,让儿童全员参与其中。

活动组织有创意。节日活动就是为了让儿童都能积极参与进来,而不断增加创意、增强趣味性。因此,节日文化活动的组织要做到分工明确,责任到人,更基于学校的文化特色,突出创意,张扬个性、鼓励创新。

活动宣传有影响。总结节日文化活动组织的有效举措及效果,并利用微信公众号、新闻媒体及时宣传推广,不断丰富课程建设经验积累,增强课程品牌的区域影响力。

评价方式多样化。节日课程多在节日当天或集中一段时间内实施,节日活动的内容不同,评价形式也各异。根据每个节日活动内容和活动形式的具体安排,课程中心采用相应的形式予以评价。如儿童节、劳动节、学雷锋日等参与体验类活动主要从儿童参与活动的态度、情感等方面进行整体评价;元宵节、端午节、中秋节等探究类活动,主要以班级为单位进行汇报式评价,或进行小制作、手抄报等展示性评价。评价的方式要多样化,将定量评价和定性评价相结合,形成性评价与终结性评价相结合,自评与他评相结合,课内评价与课外评价相结合。评价的主体要做到多元化,建立儿童、教师、家长等共同参与、交互作用的评价主体,以多渠道的信息反馈促进儿童的发展,使儿童、教师、学校和课程的发展成为评价的主要部分。评价的行为要以鼓励性为主,教师要善于发现儿童的闪光点,让儿童看到自己成功的每一个足迹,树立学习、做人的信心,形成良好的个性品质。

五、落实"和本仪式",推进儿童养成教育

"和本仪式"课程的目标是以仪式为载体,注重让儿童体会爱国、爱家、爱校的意义。除此之外,仪式活动在儿童习惯养成的发展过程中发挥着重要的作用。

(一)"和本仪式"的主要做法

"和本仪式"课程通过活动,让儿童寻真知,让儿童养美行。基于此目标,学校设置了"和本仪式"之"八礼四仪"课程,用六年的小学学习生活为儿童的一生做好铺垫。具体课程设置如下:

"八礼"课程养美行。好的习惯是儿童一生的财富,对儿童的未来起着决定性作用。由于文化素质、家教观念等方面存在差异,儿童的行为习惯和养成教育良莠不齐,如若从小养成好习惯,优良素质便如天性一样坚不可摧。因此学校所设置的"八礼"课程旨在培养儿童好习惯,收获一生好品质,在各类各项教育活动中以细微处入手,时时讲礼仪,处处显礼仪,随时随地皆礼仪,切实做到播下一种行为,收获一种习惯;养成一种习惯,收获一种人生。(见表1-8)

表1-8 "八礼"课程设置表

实施年级	课程主题	课程内容	课程目标	实施方法
一至六	仪表之礼	1. 着装礼仪; 2. 红领巾的佩戴; 3. 坐姿礼仪; 4. 站姿礼仪。	面容整洁 衣着得体 发型自然 仪态大方	表演剧 演讲 诵读
一至六	仪式之礼	1. 升国旗时脱帽、注视国旗行队礼,唱国歌声音响亮; 2. 参加入学、入队、毕业等仪式活动时,着装整洁,少先队员佩戴红领巾或队徽; 3. 仪式活动中按规行礼,肃立倾听,不随意交流、走动; 4. 春节向师长拜年; 5. 清明祭扫不穿鲜艳衣服。	尊重礼俗 遵守秩序 严肃庄重 积极参与	表演剧 演讲 诵读
一至六	言谈之礼	1. 礼貌:态度要诚恳、亲切;声音大小要适宜,语调要平和沉稳,尊重他人; 2. 用尊敬的语言; 3. 不用带侮辱性的绰号称呼别人,不说脏话、谎话;	用语文明 心平气和 耐心倾听 诚恳友善	表演剧 演讲 诵读

实施年级	课程主题	课程内容	课程目标	实施方法
		4. 在校园和公共场所讲普通话； 5. 会倾听。		
一至六	待人之礼	1. 尊敬师长； 2. 尊敬长辈； 3. 友爱伙伴。	尊敬师长 友爱伙伴 宽容礼让 诚信待人	表演剧 演讲
一至六	行走之礼	1. 走路抬头挺胸，行走时要专心，不要东张西望，不要边走边吃东西或者看书，更不能在马路上玩耍； 2. 过路口时，一定要走斑马线，注意看交通信号灯，注意避让机动车； 3. 遇到熟人要打招呼，互致问候，不能视而不见；需要交谈，应靠路边或到角落谈话，不能站在道路当中或人多拥挤的地方； 4. 行走互相礼让，主动给长者让路，主动给残疾人、有需要的人士让路； 5. 向别人打听道路，先用礼貌语言打招呼； 6. 乘坐交通工具时，应主动给老人、孕妇、小孩让座。	遵守交规 礼让三先 扶老助弱 主动让座	表演剧 演讲 诵读
一至六	观赏之礼	1. 观看电影等准时入场，对号入座，不随意走动，不高声讲话； 2. 瓜皮果壳放入垃圾袋，自觉带离场馆或丢入垃圾箱中； 3. 不能站立在通道观看，观看结束有序离场，不拥堵通道； 4. 在观赏植物时，不折树枝或者花。	遵守秩序 爱护环境 专心欣赏 礼貌喝彩	表演剧 演讲 诵读
一至六	游览之礼	1. 外出游览要跟好家长、老师，不掉队。不踩踏草坪，不采摘花果，不乱扔果皮纸屑； 2. 同学之间不互相追逐打闹、不乱喂动物。吐痰和口香糖用纸巾包好丢入垃圾箱； 3. 不乱写乱画，在公共厕所便后要及时冲水，不随地大小便； 4. 不攀爬景区设施，不触摸文物，在长椅上尽量不躺卧，为他人留有空间； 5. 排队等候留意1米线； 6. 在不允许拍照的地方不拍照，在有关闭闪光灯标志的地方自觉关闭闪光灯；	善待景观 爱护文物 尊重民俗 恪守公德	表演剧 演讲 诵读 歌舞融合

实施年级	课程主题	课程内容	课程目标	实施方法
		7. 不用酒店内的床单、毛巾擦鞋； 8. 给当地人或国外友人拍照先征求对方同意。		
一至六	餐饮之礼	1. 用餐前,帮父母放好餐具,帮忙端饭菜,让客人或长辈先就座； 2. 用餐时,等长辈动筷后,自己才动筷子； 3. 不点评菜的好吃与否； 4. 给别人夹菜的时候要用公共筷； 5. 吃饭时不要太响,特别是喝汤不能发出"咕噜咕噜"的响声； 6. 吃饭时,如果要打喷嚏,要转过头去,用手帕捂住鼻子,嘴巴;剔牙的时候应该用手捂住嘴； 7. 自己用完餐后,招呼大家慢用； 8. 珍惜粮食,不挑食,能吃多少就盛多少,不要浪费。	讲究卫生 爱惜粮食 节俭用餐 食相文雅	表演剧 演讲 诵读 歌舞融合

"四仪"课程寻真知。仪式是文化传承的内容,也是社会基本价值观建立与持续的方式。学校仪式活动是学校全体师生共同创造、长期积累的文化理念的载体,是一种规范文化,学校"四仪"课程旨在"活动育人",在仪式教育活动中体现庄严神圣,发挥思想政治引领和道德价值引领作用,创新方式方法,与学校特色和儿童个性展示相结合。具体课程内容设置如下。（见表1-9）

表1-9 "四仪"课程设置表

实施年级	课程内容	课程目标	实施方法
一年级	入学仪式	为了给一年级新生营造充满温馨的大家庭氛围,表达对新生入学的热烈欢迎,使孩子初步了解自己的学校,激发新生热爱学校的激情,让孩子们在学校大家庭里愉快地学习、生活,让家长了解我校的发展方向、理念,以及家校合作注意事项,形成教育合力,为孩子的终身发展、可持续发展奠定坚实基础。	主题活动 仪式课程
一年级	入队仪式	在"少先队建队日"来临之际,为培养儿童的主人翁意识,开展队前教育活动,激发儿童对少先队组织的热爱,培养	主题活动 仪式课程

实施年级	课程内容	课程目标	实施方法
		新生的爱队意识,积极争取加入少先队组织,为能当上一名光荣的少先队员而感到自豪,同时增强学校少先队组织力量,促进我校红领巾事业的蓬勃发展。	
四年级	成长仪式	通过举行成长仪式,制作班级许愿瓶,给父母书写一封信,为老师系上蓝丝带等一系列活动,激发队员热爱学校、热爱集体、感恩父母、感恩老师的思想感情,培养队员自主参与、创新合作的主人翁精神。	主题活动仪式课程
六年级	毕业仪式	通过隆重的毕业仪式展示六年来的教育成果,学会欣赏他人,学会感恩同学、老师、学校及一切。以"同窗情深、师恩难忘、感恩母校"为主旨对儿童进行"感恩教育",给小学生活画上圆满句号,展望美好未来。	主题活动仪式课程

（二）"和本仪式"的评价要求

学校的仪式课程是以活动形式开展的短时课程,为确保仪式教育获得实效,学校从活动目标的准确性、活动预案的周密性、活动组织的有序性、活动成果的有效性、活动意义的建构性五个维度进行评价。（见表 1-10）

表 1-10 "和本仪式"评价表

课程名称					
评价项目	评价标准		评价等级		
			A	B	C
活动目标	准确:适合儿童身心发展的实际水平,与育人目标一致,有明确的导向性和时代性,达到儿童情感态度价值观的转变,增强自我教育能力。				
	具体:目标具体,可操作性强。				
	周密:对活动不同阶段的各种情况考虑全面,对突发状况有相应的措施和保障手段。				
活动预案	明晰:责任落到岗,任务落实到人,流程牢记在心。				
	科学:仪式主题鲜明、立意新颖、寓意深刻,有时代性、科学性、针对性、实效性、教育性。				

评价项目	评价标准	评价等级		
		A	B	C
活动组织	有序:活动有序,层次清晰,重点突出,时间安排合理。			
	合理:方法手段恰当有效,能针对目标,确保儿童主体能动性的发挥。			
活动成果	有效:解决儿童身心发展和成长中遇到的共性问题,让儿童贴近社会现实、贴近实际生活、贴近身心发展规律。			
活动意义	建构:能够面向全体儿童,关注儿童的个性和差异,注重培养儿童的实践能力,创设生动、活泼、有效的教育氛围,让儿童在感悟和体验中成长。			
总评				
备注	评价结果采用等级制,共分为 A、B、C 三个等级,A 为优秀,B 为良好,C 为待努力。			

六、推行"和本之旅",落实研学旅行课程

研学旅行是以学校为主体,根据儿童的年龄特点,结合现阶段的学习规律、认知发展规律、学科教学内容需求,选择一些有区域特色的场地,通过集体旅行、集中食宿的方式走出校园去探究学习的一种体验式学习,也是儿童的综合实践活动。通过研学旅行,可以扩展儿童的视野,丰富他们的知识,把课堂学的知识能够更加灵活地运用到实际的问题中,集体的生活方式也会加深对自我的认识。通过合作交流,增强儿童的集体意识,改善儿童对社会、他人和周围环境的认知。研学旅行是基础课程的有益补充。学校以"和本之旅"为主题,广泛开展研学旅行实践活动。

(一)"和本之旅"的设计与实施

中国的文化与山水从来都是一体的。我国地大物博,历史悠久,孕育了很多有文化底蕴的城市。每个城市都有各自的文化、美食、历史等。古往今来,中华大地上的美景因诗词而出名,又因美景而广为流传,因此学校研发了"跟着诗词游中国"的研学课程,以年级为单位进行序列化的实施,让儿童在旅行中了解各个城市的诗词文化,传承发扬诗词文化。具体"和本之旅"活动安排见表1-11。

表1-11 "和本之旅"课程设置表

实施年级	课程地点	课程目标	实施方法
一年级	开封	1. 开阔儿童的视野,丰富儿童的课外生活,增加儿童对开封文化的认知。 2. 让儿童认识到开封深厚的历史文化底蕴,发扬我国优良传统。 3. 七朝古都都有哪几个朝代? 4. 汴京八景都有哪些? 位于开封什么地方?	研学旅行
二年级	洛阳	1. 开阔儿童的视野,丰富儿童的课外生活,增加儿童对洛阳文化的认知。 2. 参观洛阳博物馆,探索镇馆之宝,了解洛阳城千年盛衰荣辱史。 3. 走进伟大发明——活字印刷术和造纸术,亲手实践古代工艺,传承先贤智慧。 4. 了解经典民间艺术知识,学习剪纸,传承非遗。 5. 研学龙门石窟,了解佛教造像技艺,探究文化输出与文化输入。 6. 在民俗博物馆了解河洛人民"洛阳古多士,民俗犹尔雅"的民俗特色。 7. 通过了解文物修复知识,亲手参与修复过程,学习匠人精神,增强儿童文明意识。 8. 通过动手实践制作自己的唐三彩,增强民族自豪感和文化自信。	研学旅行
三年级	西安	1. 开阔儿童的视野,丰富儿童的课外生活,增加儿童对西安文化的认知。 2. 通过诗词的赏析,结合诗词原创的讲解,了解关于西安诗词文化的历史典故,激发儿童对传统诗词的兴趣与热爱。 3. 欣赏民间艺人表演,学习非物质文化遗产表演,并动手制作剪纸,感受与体验古代文化魅力。 4. 参观历史博物馆,聆听专业讲解,了解五千年文明魅力。 5. 古城墙上骑自行车环游,感受别样古都文化,提升环保理念,植入绿色出行理念。	研学旅行
四年级	南京	1. 六朝古都,十里秦淮。到南京中国科举博物馆,了解在江南贡院参加过科举考试的历代名人轶事。 2. "藕花深处田田叶,叶上初生并蒂莲。"让孩子带上诗,参观水生花卉科普园,来一场玄武湖生态探秘之旅! 3. "开笔礼""成童礼""君子养成记"都是大成殿为弘扬传统文化而精心打造出来的亲子研学旅游产品。通过对于礼乐的学习和践行,来体会礼乐背后的仁心和文明。 4. 到有"地学教科书"之称的栖霞山,认识各类地质奇观。	研学旅行

实施 年级	课程 地点	课程目标	实施方法
五年级	石家庄	1. 了解石家庄的著名景点。 2. 尝试制作或绘画石家庄的美食、手工作品。 3. 收集整理石家庄相关历史故事、红色故事等。 4. 查找石家庄当地的著名人物及事件。	研学旅行
六年级	北京	1. 走进故宫博物院,学习宫廷文化,传习中国传统文化博大精深的底蕴。 2. 邂逅颐和园的辉煌、恢宏与精致,感受南北造园艺术之大成。 3. 走进古代中央最高等级学府——国子监。 4. 攀登明长城,领略祖国大好河山。	研学旅行

（二）"和本之旅"的课程评价

活动实施要全方位。一是要确保儿童人身安全。活动前要对儿童进行安全学习教育。要让儿童懂得在旅行过程中上下车要有序,不得推搡拥挤,车辆行驶中不得随便走动。在旅游区要注意道路,做到走路不看景,看景不走路。在景区内不乱吃小吃,防止病从口入。二是要保护财产安全。要求儿童保管好自己的手机、相机等电子产品及现金。在景区拍照时要防止相机脱落损毁,注意脱下的衣服、放下的包等物品,装钱的包要背在前面。

活动过程要有文化教育。出行前对目的地文化的了解有利于儿童在旅行过程中更为深入地体会、感悟旅行的意义,带着问题去旅行,在旅行中思考、寻找,能够让儿童在此次旅行中有更大的收获。

活动效果要有反馈评价。研学旅行结束之后,年级对各班旅行进行全面总结和分享。班级召开主题班会总结,弘扬正气,树立典型,反思活动中的不足,为下次活动提供有效信息,年级收齐反馈材料交教导处。学校根据家长和儿童的反馈,了解活动的效果。具体分享包括:每个年级上交 10 张有代表性的照片;儿童通过自身的体验写出活动感想,每班选两篇上交教导处;每班上交一篇导游词;每班把收集的相关研学旅行之地的古诗词整理成册上交教导处。

七、创设"和本联盟",丰富周末大讲堂

周末大讲堂,是学校积极探索家校联系的一种新途径、新方法。学校充分利

用家庭教育这块宝地,对儿童进行培养,以达到学校教育和家庭教育的和谐。各年级充分利用优秀家长资源,每月开展周末大讲堂系列活动,发挥自身职业优势,为儿童带来别具特色的全新课堂。学校会从参与程度、教学内容,教学效果三方面进行评价。

(一)"和本联盟"的课程设计与实施

为了弥补学校教育资源的不足,拓宽孩子的视野,增长孩子的见识,学校邀请热心教育事业的家长走进课堂,发挥职业优势,为孩子们讲述社会大百科,形成别具特色的家长讲堂新局面,完善社会、家庭、学校三位一体的教育体系,促进儿童全面发展。"和本联盟"课程设置内容如下。(见表1-12)

表1-12 "和本联盟"课程设置表

实施年级	课程内容	课程目标	实施方法
一年级	生命成长	1. 知道生命是宝贵的,珍爱生命、注意安全; 2. 懂得活动中要注意安全,避免造成伤害事故; 3. 在生命中做有意义的事。	课堂讲授 合作讨论
二年级	传统习俗	1. 了解我国春节、端午、中秋等几个主要传统节日的来历和习俗,感受我国独特的民族文化; 2. 体会民风民俗对人们生活的影响,激发儿童的民族自豪感。	课堂讲授 视频观摩
三年级	保护自己	1. 了解身体结构,保护好自己的身体; 2. 明白健康文明的生活方式有利于个人的身心健康,养成良好的生活习惯; 3. 知道养成好的生活习惯,坚持锻炼身体,才能保持身体健康。	课堂讲授 合作讨论 感悟引领
四年级	珍惜时间	1. 知道时间是宝贵的,学会珍惜时间; 2. 在实践中学会提高学习效率,做时间的主人; 3. 能有计划、科学地安排和运用时间。	课堂讲授 合作讨论 感悟引领
五年级	朋友之间	1. 通过感受朋友给彼此带来的快乐和帮助,认识到友谊的重要性,学会珍视朋友之间的友谊; 2. 能够在关爱和理解的基础上,学会与朋友之间建立健康的友谊。	口语交流 事例分析 感悟学习
六年级	感恩教育	1. 让儿童了解感恩,让儿童懂得为什么感恩; 2. 让儿童懂得怎样感恩; 3. 通过活动让儿童学会如何做人。	课堂讲授 深思回忆 写出感恩

（二）"和本联盟"的课程评价

学校大力倡导家校共育,充分利用优秀家长资源,每学期开展"家长大讲堂""周末大讲堂"等一系列活动,发挥家长职业优势,为孩子们带来别具特色的创新课堂。具体"和本联盟"课程评价内容如下。(见表1-13)

表1-13 "和本联盟"课程评价表

评价指标	评价标准	分值	实际得分
讲学目标	有分级目标。符合儿童特点,体现层次性;目标具体、明确,具有可操作性。能纠正不良行为,并将良好行为扩展到家庭、社区。	15分	
讲学内容	能创造性地讲授。为儿童自主学习提供时间和空间;能用探究、体验等学习方式学习。积极开动脑筋,勇于质疑。能收集相关资料和信息。	30分	
讲学方法	教学方法符合儿童年龄特点,主题内容新颖、独具特色,恰当运用案例,理论联系实际,深入浅出,环节安排合理,层次清楚,能讲授引导相结合,儿童收获大;整合课堂能激发和调动儿童的学习兴趣。	25分	
讲学表现	组织、应变、讲授能力强,专业知识丰富;语言准确清晰、简练、生动,能吸引儿童兴趣,整个教学过程能使用普通话;教态自然、亲切,精神饱满,仪表端庄大方。	10分	
讲学效果	儿童反馈良好,能从本节课中有所思有所悟,丰富儿童课外知识,开阔儿童眼界,增长生活经验。	20分	
建议		总分	

八、聚焦"和本整合",增强综合实践能力

学校通过"和本整合"课程的实施,落实《中小学综合实践活动指导纲要》,以培养学生核心素养为导向,以立德树人为目标,让学习真实发生、深度发生。"和本整合"课程设置主要以"农科院课程"为主,进行多学科整合课程。

（一）"和本整合"的主题聚焦和实施路径

一、二、三年级设置种植蔬菜类为主题,按年级开展劳动学习。在项目中,儿童首先在各年级语文老师的带领下进行相关绘本教学。如《安的种子》《观察日

记》,然后再由劳动教师带领学生自选种子,并亲历播种、长叶、开花和结果的劳作过程,感受劳动之美。这样的学习主题明确、知行合一,把走向自然、回归生活、感悟人生融为一体。四、五、六年级则以"朵朵葵花向南开"为主题,各年级可以学习向日葵名称由来、生长环境、向阳之谜等相关知识,并在科学老师指导下进行向日葵种植活动,围绕播种、移植、养护、加工等开展科学学科小课题研究,从中获得最直接的感知和技能。

此外,课程还开展"二十四节气""油菜花开金灿灿""豆蔻年华"等主题活动,让每一个儿童亲历播种、开花、结果等植物生长的全过程,感受生命的成长历程。课程通过学校"农科院"基地探究与农历节气结合,让儿童经历学科整合的项目学习,通过观察、访问、调查,倾听自然声音,绘写自然笔记,亲近传统文化,感知节气之美。这种跨学科的整合,打破了原有课程学科间的壁垒,形成了一套较为科学的、基于国家课程又丰富国家课程的课程体系。

"和本整合"课程大致基于三条建设路径。路径一:学科内整合。"和本整合"课程以国家基础性课程为依托,创造性地将国家课程校本化。改变以往一节课40分钟的固定时长,改变按统一教材内容与进度的实施方式。以此整合出的时间,用于学生填充延伸同学科类的其他知识内容。路径二:跨学科整合。"和本整合"课程根据学生的学习需求,打破学科间的界限,以实际需求连接和推动不同学科的融合,使学生建立系统的知识体系,感受学科间的联系。路径三:课内外整合。学以致用是各学科教学的目标。"和本整合"课程设置利用地域优势、学校特色、独特资源等方面充分整合,来培养学生理解、综合运用知识解决问题的能力。

(二)"和本整合"课程的评价要求

"和本整合"课程对儿童的评价以学以致用为原则,重视儿童活动过程和实践,重点关注儿童的参与度、思维度和活动成果的独特性三方面。主要通过量化手段,对儿童进行分等划类的评价方式,引导儿童对活动中的各种表现进行"自我反思性评价",经过讨论、协商、交流等方式,完成师生之间、同伴之间的评价。(见表 1 - 14)

表 1 - 14　"和本整合"课程评价表

评价内容	分值	评价等级		
		学生自评	师生互评	教师评
参与活动的课时与态度	10分			
学习中的感悟和情感体验	10分			
传统文化知识的积累情况	20分			
活动独特性	20分			
创新精神和实践能力发展情况	20分			
学习收获或成果	20分			
教师综合评价等级				

　　和若上善水,真如涧中石!"和本教育"哲学思想引领下的"梧桐下课程",让每一个儿童在学习中体验成长的快乐,以润物无声浸染润泽儿童。"百年南十育英才,和本教育润童心",梧桐树下,梦在前方,路在脚下。我们坚信:课程以儿童为本,童年因课程而真,师生因课程美美与共,校园因课程和合共生!课程改革与建设永远在路上,为儿童提供多元、个性、灵动、适切的课程,是教育者的使命,让我们在爱中共同成长、共同进步、共同享受生命的本真绽放!

　　　　　　　　　　(撰稿者:曹显阳　赵丽君　黄五一　李娜　王曼　张莉)

第二章
整全性：学校课程目标的统整

　　课程统整要打破学科间泾渭分明的"空气墙"，重构新型的课程形态。课程目标应从更广阔的视角覆盖儿童的生活与经历，将儿童知识、能力、价值观的形成变成一个线性的、连续的过程，将儿童看作一个具有社会性的人。立足儿童立场，通过对学校课程目标的统整，让儿童从课程中获得新的知识，关联儿童已有的生活经验，为儿童的发展提供有力的抓手，使儿童的未来更加绚烂多彩。

生命河课程：
给予每一个孩子温润的滋养

郑州市管城回族区长青路小学位于管城回族区南部，是一所具有近百年历史的学校。校园环境优美，教育教学设备先进，拥有一支师德高尚、活力四射、团结奋进的教师队伍。学校现有 23 个教学班，在校学生 932 人，其中外来务工子女占 60%以上；专职教师 49 人，研究生学历 5 人，中小学高级教师 2 人，区级骨干教师 3 人。学校先后荣获"河南省教育系统先进家长学校""河南省教育系统卓越家长学校""郑州市文明学校""郑州市绿色学校""郑州市红领巾示范学校"等荣誉称号。目前，学校正处于转折发展阶段，上升空间大，潜力足，前景可期。学校力求借助课程的巨大力量，最大限度地推进师生的共同发展。我们依据《教育部关于全面深化课程改革落实立德树人根本任务的意见》和《中共中央国务院关于深化教育教学改革全面提高义务教育质量的意见》，明确学校课程改革的方向，促进和实现儿童全面发展。

第一节 找寻润泽心田的课程意旨

学校的教育哲学是学校课程框架的灵魂。它贯穿于课程体系形成的整个过程,引领课程模式的构建,并始终对学校课程的发展起着"润物无声"的指导作用。

一、学校教育哲学

教育的本质是对生命的滋养,对心灵的润泽。教育的过程犹如泉水润物无声,既温柔婉转又充满力量。儿童就是一粒神奇百变的种子,它的萌芽、成长、绽放都离不开教育之水的灌溉。"润心教育"应运而生,它像水一样缓慢而优雅地浸润儿童的心灵,影响儿童的品格;潜移默化地唤醒儿童纯真鲜亮的生命观和价值观。

我们希望教师具有水一般博大宽容、坚韧灵动、纯净自然、光明磊落、刚柔并济的性情;希望儿童在学校能够得到心灵的浸润,涵养温润美好的性格。希望"润心教育"是"智"的教育,能够启迪师生智慧,使其聪敏善思,富有远见;也希望"润心教育"是"仁"的教育,能够培养师生品质,使其博爱至善、遇见美好。

基于"润心教育"之哲学,我们提出"让每一个生命温润美好"的办学理念,旨在通过"德"与"智"相互融合的教育,将儿童培养成为品性高雅、求知求美、善于表达、思维活跃、朝气蓬勃、自立自强、全面发展的人。

基于"让每一个生命温润美好"的办学理念,我们从教育观、学校观、儿童观、课程观等方面,确定了我们的教育信条:

我们坚信,

教育是对生命的滋养;

我们坚信,

学校是润泽心灵的地方;

我们坚信,

生命是一条川流不息的河；

我们坚信，

每一个孩子都是温润纯洁的小水滴；

我们坚信，

让每一个生命温润美好是教育的神圣使命；

我们坚信，

给予每一个孩子温润的滋养是教育最美的图景。

二、课程理念

每一个孩子都是温润纯洁的小水滴，每一颗小水滴都有与众不同的大大梦想，都有色彩斑斓的生命轨迹。在这汪湛蓝的小水滴中，流淌着一股清泉，荡漾着一层涟漪。"润心教育"就是要让每一个孩子温润而充满朝气，让每一个孩子个性鲜明，灵气十足。因此，我们的课程理念确定为：给予每一个孩子温润的滋养。具体内涵如下：

课程即温润的滋养。学校的课程价值追求的就是生命的滋养。课程的开展过程也是生命成长的历程。因此，生命呈现出来的所有场景都是课程，比如探索足迹、人际关系、生活体验等。学校的课程注重从这些具体场景入手，发现、探索、研发，让儿童在课程中，生命得以丰盈，童心得以滋养。

课程即个性的生长。儿童不是成人的缩影，而是具有独特的生理、心理特点的独立自然人。[①] 学校设置的课程必须基于儿童的成长规律，尊重孩子的认知特点，符合儿童的成长规律，并且关注每个孩子的个性差异，为每个孩子提供展示自己的舞台，使小学阶段的学习成为孩子生命过程中一段美好的旅程。

课程即美好的给予。课程是儿童全面发展、健康成长的途径和载体，课程设置的适切性与否，直接关系到儿童对于课程的接受程度和习得成效。我们为每个生命提供了丰富的课程，让其在生长中与美好相遇，并在与课程的对话中，给予生命美好的体验和温暖的陪伴。

总之，教育是涓涓细流，润物无声、润泽心田；教育是浩荡的江河，奔流不息、

---

① 周爱国.陈鹤琴论儿童与儿童教育[J].江苏教育学院学报(社会科学版)，1995(02)：135—136.

虚怀若谷。教育若想植根、生长在儿童心中,那么课程一定是其最温润的滋养。儿童作为独立的生命个体,也会在课程的滋养中遇见更好的自己。因此,我们将"润心教育"下的学校课程模式命名为"生命河"课程。

第二节　创建和合共生的成长家园

《教育部关于全面深化课程改革落实立德树人根本任务的意见》指出:"立德树人是发展中国特色社会主义教育事业的核心所在,是培养德智体美全面发展的社会主义建设者和接班人的本质要求。"①学校培养什么样的人,是学校办学理念的细化和落实,也为学校的课程理念指明了方向。基于学校办学理念和课程理念,我们明晰了学校的育人目标。

一、育人目标

我们培养温润如溪、灵动如泉、奔腾如河、滔滔如江、包容如海的"小河学子",具体如下:

温润如溪的儿童:懂审美,爱生活;

灵动如泉的儿童:善思辨,爱探索;

奔腾如河的儿童:乐创新,爱运动;

滔滔如江的儿童:会表达,爱阅读;

包容如海的儿童:谨而信,泛爱众。

二、课程目标

为了实现五育并举的育人目标,我们将温润如溪、灵动如泉、奔腾如河、滔滔如江、包容如海的育人目标进行细化,形成各年级课程目标。(见表2-1)

---

① 申继亮.把握育人方向　创新育人模式——解读教育部《关于全面深化课程改革落实立德树人根本任务的意见》[J].基础教育课程,2015(03):10—12.

表 2-1 "生命河"课程目标表

育人目标 / 课程目标 / 年级	温润如溪 懂审美 爱生活	灵动如泉 善思辨 爱探索	奔腾如河 乐创新 爱运动	滔滔如江 会表达 爱阅读	包容如海 谨而信 泛爱众
一年级	喜欢艺术活动,乐于参与艺术表演,并能从中获得美的享受。懂得自己的事情自己做,学习整理生活用品和学习用具。	在观察、操作等活动中,能提出一些简单的猜想。表达自己的想法。体验与他人合作交流解决问题的过程。培养儿童收集证据的意识和能力,激发儿童探究自然现象的兴趣。	具有积极参与体育活动的态度和行为,对体育课表现出学习兴趣。初步掌握简单的技术动作,输出简单的动作术语。形成正确的身体姿势,基本保持正确的身体姿势。	大声说,让别人听得见;注意听别人说话;会使用礼貌用语;对交流有兴趣,感受交流的快乐。学会朗读文章,注意停顿,读懂句子所表达的意思。养成阅读的习惯。能做简单的英语表演,会唱简单的英文歌。	爱学校,爱班集体,爱父母,爱老师,爱同学,爱校园环境。讲文明,懂礼貌,养成良好的生活行为习惯,懂得基本的道德规范和文明礼仪。诚信友善宽厚待人,知错就改,自己的事情自己做。
二年级	认真学习艺术技能,积极参与艺术活动,并感受艺术带给自己的愉悦感受。明确劳动的责任,懂得平凡劳动需从一点一滴做起,懂得劳动者和劳动成果的道理。	能对调查过程中获得的简单数据进行归类。在观察、操作等活动中,能提出一些简单的猜想。在教师指导下,初步尝试讲述自己的探究过程与结论,并与同学讨论、交流,初步体验、反思自己的探究过程、方法。	具有积极参与体育活动的态度和行为,对体育课表现出学习兴趣,初步掌握简单的技术动作,输出简单的动作术语,形成正确的身体姿势。知道身体各主要部位的名称和自己身体的变化。建立和谐的人际关系,具有良好的合作精神和体育道德。	能用恰当的语气与他人交流,避免使用命令的语气。朗读文章、读句子时想象画面,能用自己的话说说画面内容。阅读时逐步做到集中注意力,不出声,不唇读,不指读,能就自己感兴趣的内容与同学交流。在图片的帮助下,能听懂和读懂英语小故事,加强语音意识训练。	爱学校,爱班集体,爱父母,爱老师,爱同学,爱校园环境。讲文明,懂礼貌,养成良好的生活行为习惯,懂得基本的道德规范和文明礼仪。诚信友善,宽厚待人。遵守学校纪律,积极参加集体活动。知错就改,自己的事情自己做。

育人目标 课程目标 年级	温润如溪 懂审美 爱生活	灵动如泉 善思辨 爱探索	奔腾如河 乐创新 爱运动	滔滔如江 会表达 爱阅读	包容如海 谨而信 泛爱众
三年级	掌握一门乐器或艺术表演才能，初步形成一定的艺术欣赏能力，乐于动手探究。寻找家务劳动小岗位，学做家务。培养主动做好家务的意识，锻炼劳动技能。	在从物体中抽象出位置的过程中，发展空间观念。体验数据中蕴含着的信息，会独立思考，表达自己的想法。大胆进行实践，探索寻求解决问题的规律和方法，形成初步的科学意识。	体会生活中的科技产品带来的便利，通过发明、小创造，方便生活。增强体质，掌握和应用基本的体育与健康知识和运动技能。掌握正确的保健知识。培养运动的兴趣和爱好，形成坚持锻炼的习惯。	能把了解到的信息清楚明白地讲给别人听，听别人讲话的时候，能有礼貌地回应，让别人把话讲完，尽量不打断别人；朗读文章，能边读边想象画面。学习略读，粗知文义。能感受课外阅读的快乐，乐于与大家分享课外阅读的成果。	爱学校，爱班集体，爱父母，自觉遵守行为规范和学校纪律，养成良好的学习、生活习惯。诚信友善宽厚待人。积极参加集体活动。做事有责任心，能持之以恒。积极参加社团活动，传承中国优秀传统文化。
四年级	学习和认知各种艺术的技能并自然地运用，初步理解艺术的创作背景和相关文化。欣赏名家作品，感悟经典，有一定的欣赏美鉴赏美的能力。明确家务劳动小岗位，展示家务劳动小技能，在集体劳动实践中体会劳动的光荣与快乐。	在观察、实验、猜想、验证等活动中，发展合情推理能力，能进行有条理的思考，能比较清楚地表达自己的思考过程与结果。会独立思考，体会一些数学的基本思想。知道科学研究需要事实与证据，以及体验怎样获得事实与证据。	能用简单实验器材做简单的观察实验。体会生活中的科技产品带来的便利。增强体质，掌握和应用基本的体育与健康知识和运动技能。掌握正确的保健知识。培养运动的兴趣和爱好，形成坚持锻炼的习惯。具有良好的心理品质，提高对个人健康和群体健康的责任感。	能与同学交流自己的创作，能设身处地安慰他人；朗读文章，能抓住关键语句，初步体会课文表达的思想感情；学习从不同角度提出问题，能自主运用提问策略进行阅读。能感受阅读带来的快乐，分享阅读成果。开展单元整体教学设计研究及实践的同时，突出 let's talk 板块的对话课模式和词汇教学模式。	爱学校，爱班集体，爱父母，自觉遵守行为规范和学校纪律，养成良好的学习、生活习惯。诚信友善宽厚待人。积极参加集体活动。有责任心。明辨是非，具有规则和法律意识。积极参加社团活动，传承中国优秀传统文化。理解践行社会主义核心价值观。

育人目标 课程目标 年级	温润如溪 懂审美 爱生活	灵动如泉 善思辨 爱探索	奔腾如河 乐创新 爱运动	滔滔如江 会表达 爱阅读	包容如海 谨而信 泛爱众
五年级	自己的艺术技能逐步提升，敢于展示，对于经典艺术作品有一定的欣赏能力和热爱之情，能将对美的感悟能力，从艺术作品扩展到日常生活中。感受劳动快乐，学习劳动技能，激发参加劳动的积极主动性。主动承担家务劳动，参与职业体验，感受父母的辛苦，尊重任何职业的劳动者。	初步形成数感，感受符号的直观作用。在观察、实验、猜想、验证等活动中，发展推算能力。学会独立思考，体会一些数学的基本思想。探索一些图形的形状、大小、位置的关系，体验简单图形的运动过程。在合作与交流、探究中，大胆想象，尊重他人劳动成果。在探索的过程中，感受数学思想的博大精深，树立民族自信心。	对微观和宏观事物感兴趣，敢于在猜想和想象中寻找科学证据。了解对心理健康的作用，发自内心喜欢体育活动。认识身心发展的关系，通过眼睛体现人的心理状态。儿童在和谐平等有益的运动环境中感受到集体的温暖和情感的愉悦。在不断的体验进步或成功的过程中自强，增强自信心。培养坚强的意志品质和爱运动的习惯。	能列出讲解的提纲，按照一定顺序讲述，能根据听众的反应对讲解的内容作调整。听人说话能抓住要点；默读有一定的速度，学习浏览，扩大知识面，根据需要搜集信息；根据阅读目的，选用恰当的阅读方法。通过较系统、较大量的英语分级读物阅读，提高儿童的英语水平，扩大知识面，培养情操，养成阅读习惯。	具有良好的爱祖国、爱人民、爱家乡、爱学校的思想情感和良好品德，孝亲敬长，有感恩之心，遵守社会公德和文明行为习惯，具有规则意识和民主法治观念，有积极向上的人生态度和良好的心理素质。愿意为集体服务，勇于承担责任，能持之以恒，能明辨是非，顾及他人感受，积极参加各项社团活动，传承中华优秀传统文化，理解、建立民族自信。
六年级	自身所学的艺术乐于展示，提高艺术方面的综合素养和水平，积累艺术文化底蕴，保持对艺术学习的	进一步认识到数据中蕴涵着信息，发展数据分析观念。能探索分析和解决简单问题的有效方法，了解解决问	对微观和宏观事物感兴趣，敢于在猜想和想象中寻找科学证据。了解运动对心理健康的作用，发自内	播报、评论热点新闻，提出自己的观点，尊重他人观点；默读有一定的速度，能联系上下文和自己的积累，推想阅读中有关的词句的意思。	具有良好的爱祖国、爱人民、爱家乡、爱社会的思想情感和良好品德，孝亲敬长，有感恩之心，遵守社会公德和文明行为习惯，

育人目标 课程目标 年级	温润如溪 懂审美 爱生活	灵动如泉 善思辨 爱探索	奔腾如河 乐创新 爱运动	滔滔如江 会表达 爱阅读	包容如海 谨而信 泛爱众
	热爱之情，善于发现生活中的真善美，并乐于创造真善美，有生活情趣和业余爱好。 学习和践行"勤以立志，俭可养德"的美德，培养爱惜劳动成果、勤俭节约的好习惯。	题方法的多样性。会独立思考，体会一些数学的基本思想。经历数据的整理和分析，掌握简单的数据处理技能。通过探究活动，培养儿童勇于尝试、不怕失败、尊重事实的态度，以及坚持不懈的研究精神。	心喜欢体育活动。认识身心发展的关系。儿童在和谐平等有益的运动环境中感受到集体的温暖和情感的愉悦，在经历挫折和克服困难的过程中，增强抗挫能力，在不断的体验进步和成功的过程中自强，增强自信心。培养坚强的意志品质，健康阳光地成长。	受到修养作品的感染和激励，向往和追求美好的理想。英语开展单元整体教学设计研究及实践的同时，突出let's read板块的课题、课型研究和小学高年级儿童写作训练模式等主题的研究及应用。	具有规则意识和民主、法治观念，初步形成积极向上的人生观、价值观。有正确的价值取向和为人处世的基本原则。愿意为集体服务，做事有责任心，能持之以恒，能换位思考，了解国情，珍视国家荣誉，初步具备世界眼光。

"生命河"课程的育人目标是基于国家课程标准，从"润心教育"哲学中孕育而出的，是对儿童学习结果的期待。我们在厘清育人目标的基础上，细化各年级的育人目标，最终形成课程目标。"生命河"课程目标，指明了课程的方向、效果、广度、深度等，明确了儿童需要具备的核心素养，推进了课程育人功能的长足发展。

第三节 丰富形态各异的课程体系

为了实现温润如溪、灵动如泉、奔腾如河、滔滔如江、包容如海的育人目标，提升课程品质，构建富有学校文化特色的课程模式，我们整体构建了学校课程体系。

一、学校课程逻辑

基于"润心教育"的哲学和"给予每一个孩子温润的滋养"的课程理念，我们整体构建了"生命河"课程体系，为儿童设置了丰富的课程内容，提供了多样的课程体验。以期儿童在课程的滋养中，积蓄力量，做更好的自己。（见图 2-1）

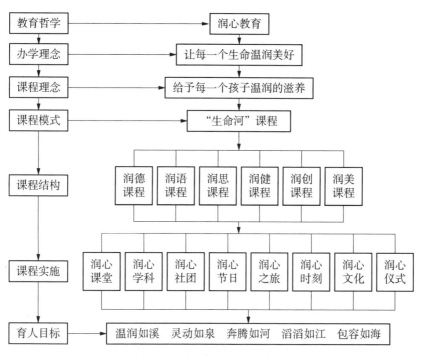

图 2-1 "生命河"课程逻辑图

二、学校课程结构

规范的课程体系设置,有助于提升儿童核心素养。我们根据多元智能理论,把"生命河"课程分为润德课程、润语课程、润思课程、润健课程、润创课程和润美课程六个领域。(见图2-2)

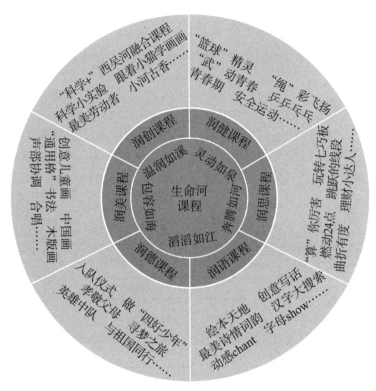

图2-2 "生命河"课程结构图

上图中,六个板块内容如下:

润德课程即品德与习惯养成课程,旨在通过丰富的课程教育,促使儿童养成良好的品格和行为习惯,让儿童关注自我与社会的关系,认识社会、参与社会,适应社会,培养有爱心、有责任心、有担当的合格公民。

润语课程即语言与表达课程,主要培养儿童的表达能力,让语言润泽儿童的心灵,使儿童心智明朗、心性爽朗。润语课程需要创造"时间和空间",或在中华诗词中,或在文化作品中,或在国外语言的熏陶中,感受语言的魅力。

润思课程即逻辑与思维课程,让趣味性的课堂慢慢地渗透到教学中,让儿童在课堂中展示自我,体会数学的奥秘,培养儿童的逻辑思维能力。

润健课程即体育与健康课程,是以儿童为中心的课程,每个孩子都是一滴与众不同的水精灵,其价值就是释放他们的天性,润健课程是让孩子们在自由的空间中经历身体与心理变化的历程。孩子们在润健课程中探索体育的乐趣。

润创课程即科学与探索课程,润创课程引导儿童了解科学学科、信息技术学科、劳动学科知识,启发儿童的质疑精神,并在动手实践中,开拓儿童的发散性思维,提高儿童的操作水平,同时让儿童获得成功的体验和喜悦。"润创课程"注重学科素养的培养,自主创造力的培养,激发孩子创造探索的欲望,让孩子们在活动中收获,在收获中成长。

润美课程即艺术与审美课程,艺术的真实性是艺术创作、审美价值追求的一个重要原则,该课程是让儿童在艺术的氛围中受到熏陶,对儿童的人格形成、情感陶冶以及能力的增强都有着重要的作用。

三、学校课程设置

除了国家课程外,我们依据"生命河"课程结构以及不同年龄阶段儿童的认知规律和成长需要,从1—6年级,分十二个学期设置"生命河"课程。(见表2-2)

我们将"生命河"课程体系按照各学科的逻辑关系进行梳理、分类,保障课程内容不交叉,不重复,并在此基础上,依据学校环境资源、儿童需求,按照年级和学期进行课程设置,形成形态丰富各异的课程体系。多彩的课程种类,满足了儿童不同的课程需求,更加充分地为儿童的发展提供了适切的课程选择。

表2-2 "生命河"课程设置表

学科／学期		润德课程	润语课程	润思课程	润健课程	润创课程	润美课程
一年级	上学期	入队仪式 认识新伙伴 学会文明礼貌用语	最美诗情词韵 全学科阅读之绘本天地 创意写话 实践活动	数字大街 有趣的拼搭 我的一天 数学乐园	快快排队 "篮球"精灵 跳房子 坐立行我最美	厨房大探秘 嗅觉与味道 借助太阳辨方向 会"飞"的"蝴蝶"	儿童线描画 吹墨画 美丽的线条 建筑的线条 运动的线条
一年级	下学期	手拉手 科学小眼睛 寻找校园春天	最美诗情词韵 全学科阅读之萌芽剧场 话故事 创意写话 实践活动	"算"你历害 玩转七巧板 井井有条 摆一摆,想一想	老鹰捉小鸡 "篮球"精灵 抽陀螺 文明如厕	溶解的秘密我的植物"宠物" 观察校园植物 神奇的月亮制作风车	儿童线描画 可爱的动物 动物的新衣 我和国我的家 走进大自然
二年级	上学期	少先队检阅 做"四好少年" 圆梦	最美诗情词韵 全学科阅读之童话故事 创意写话 实践活动	算出精彩 方寸之间 我的时间我做主 搭积木	丢手绢 "绳"彩"飞扬 滚铁环 阳光运动	好玩的磁铁 动物小侦探 小小辩论赛 一起来建"游乐堡"	创意儿童画 神秘的丛林 线描剪贴画 画里的故事 毛毛虫大冒险
二年级	下学期	孝敬父母 科学小同号 我自立	最美诗情词韵 全学科阅读之童话故事 创意写话 实践活动	算盘表示数 小小设计师 小小调查员 生活中的质量单位	捕鱼 "绳"彩"飞扬 跳皮筋 饮食健康	射箭比赛 四季大转盘 理想家园 享受科技造纸术	创意儿童画 大自然的故事 动物的家 动物的生活 动物世界

学科\学期		润德课程	润语课程	润思课程	润健课程	润创课程	润美课程
三年级	上学期	播种梦想 设计队标 寻梦之旅	最美诗情词韵 全学科阅读之童话旅行 创意作文 实践活动 Fantastic World	巧思妙算 三五成群 分门别类 一举多得	小鸟飞飞 足球小将 踢毽子 运动前后饮食	冰糖的秘密 昆虫的奥秘 一周气象播报 自制橡皮筋吉他 神奇的"小针" 制作风转子	水墨线描画 水墨动物的家 水墨晕染 基础技法干画法
	下学期	学习雷锋好榜样 学习日常安全知识 五月端阳	最美诗情词韵 全学科阅读之寓言故事 创意作文 实践活动 Fantastic World	神机妙算 天南地北 面面俱到 时光抽屉 学以致用	地滚球 足球小将 抖空竹 用眼卫生	点亮小灯笼 黄瓜成长记 土壤里的世界 小小建筑师 静电魔法 自制旋转飞行器	水墨线描画 水彩蘑菇 水墨场景 色彩基础技法湿画法
四年级	上学期	英雄中队 集体过生日 十五月圆月	最美诗情词韵 全学科阅读之神话传说 创意作文 实践活动 Happy English Club	攻城拔寨 七彩墙壁 食物知多少	送鸡毛信 "武"动青春 踩高跷 营养不良与肥胖	弹珠实验 流星雨 制作肺模型 岩石身份证 简易温度计 创意编程	中国画 水墨春天 水彩瓶 石韵 山山水水（一）

学科 学期	润德课程	润语课程	润思课程	润健课程	润创课程	润美课程
下学期	诚信伴我行 防灾逃生 智慧之花	最美诗情词韵 全学科阅读之科学 探秘 创意作文 实践活动 Happy English Club	超市最佳收银员 朱世杰	冲过站墙 "武"动青春 抢花炮 呼吸道传染病的预防	种子发芽实验 虹吸实验 我是小导游 太阳能的一生 我们的游乐器材 创意编程	中国画 彩墨花鸟 蔬果飘香 墨荷 山山水水（二）
五年级 上学期	祖国发展我成长 学习时代先锋 春节	最美诗情词韵 全学科阅读之民间故事 创意作文 实践活动 Language show	百变未知数魔幻空间 跳跃的线段	神枪手 "鱼"跃龙门 板鞋 青春期	体积变化之谜 食物知多少参观和访 问种植园 制作星座模型 时间记录器 创意编程	木版画 黑白童趣 黑白画鱼 彩色木版画 梅兰竹菊
五年级 下学期	消除烦恼我能行 自护自救互助 走访优秀共产党员	最美诗情词韵 全学科阅读之四大名著 创意作文 实践活动 Language show	百里挑一 读刘徽	贴烧饼 "鱼"跃龙门 汤秋千 轻度损伤的自我处理	春天的生物 小小气象站神奇的 气象 参观气象馆 变废为宝 创意编程	木版画 版画的构图 黑白动物 人物木版画 彩色木版画

（续表）

学期 学科	润德课程	润语课程	润思课程	润健课程	润创课程	润美课程
六年级 上学期	与祖国同行 信任中成长 用法律保护自己	最美诗情词韵 全学科阅读之历史故事 创意作文 实践活动 SO-easy English Club	夺宝奇兵 创意空间 中华小当家	螃蟹追讨 乒乓乒乓 竹竿舞 识别危险源,远离危险源	水中隐形 追寻祖先的足迹 健康快车 动手做乐器 阳光小屋 创意编程	木版画 蘑菇房子 多样的蘑菇版画的刀法 刻刀的痕迹
六年级 下学期	日行一善 学会感恩 祖国在我心中	最美诗情词韵 全学科阅读之漫步世界名著花园 创意作文 实践活动 SO-easy English Club	模拟便利店 走近祖冲之	鸭子过河 乒乓乒乓 拔河 安全运动促健康	钻木取火 养好小金鱼 病虫害研究 绿水青山 雨具的改进 参观科技馆 创意编程	木版画 海底世界 神奇的海底 版画的印制 绝版版画

第四节 滋润生命成长的精彩课堂

学校以课程理念为引领,以核心素养和学科课程标准为依据,以多元的评价体系为支撑,建构"润心课堂",建设"润心学科",创设"润心社团",做活"润心节日",推行"润心之旅",聚焦"润心时刻",营造"润心文化",举行"润心仪式",全面推进课程的实施与评价。

一、建构"润心课堂",提升课程有效实施

"润心课堂"从儿童认知特点出发,以滋润生命成长为根本,创设课堂情境,采用不同的方法去激发和保持儿童的学习兴趣,让课堂活起来,真正地学以致用,潜移默化地引导儿童去思考,去探索,去创造。儿童在"润心课堂"中,经历得以丰盈,生命得以滋养。

(一)"润心课堂"的要求

"润心课堂"是充满温润和活力的课堂,是目标丰盈、内容生动、过程灵动、方法灵活、主体互动的课堂,具体内容如下:

"润心课堂"的学习目标丰盈。"润心课堂"的学习目标,立足儿童身心发展规律、经验情感,激发儿童潜在的学习动力。学习目标的确定是基于对课程标准的深度解读,对学习材料的精准把握,对学情的正确分析,对生活的融会贯通。在一定活动的引领下,使儿童在学习过程中充分体验与感知,主动思考问题、解决问题,形成正确的学习方法,从而达到良好的学习效果。

"润心课堂"的学习内容生动。"润心课堂"依据学科课程特点和学生发展需求,设置富有吸引力的学习内容。每节课的学习内容都密切关注学科知识的生成与建构,体现学科素养和方法,促进知识与生活的融通,加强实践与创新的融合,实现情感、态度、价值观的转化,促进心灵与生命的成长。"润心课堂"在实践中,不断完善教学环节,丰富教学内容,发展教学灵性,让每节课都多姿多彩,让每一名儿童都能收获满满。

"润心课堂"的学习过程灵动。课堂学习中学生带着明确的任务,在自主学习

的基础上,以学习小组为单位进行交流展示,启发思考。教师通过设置有针对性的教学情景,对学生的学习效果及时研判,针对学生不能解决的共性问题进行点拨,帮助学生归纳系统性知识,延展学习内容。教师还要力争让学生在学习过程中充满灵性,力求让学生的情感丰富、思维敏捷、追求创新。

"润心课堂"的教学方法灵活。"润心课堂"不是模式化和一成不变的,其精髓是灵活多变,浸润变通。这要求教师在课堂中提高对学生学习状态、学习过程、学习方法、学习态度和学习效果的关注度,及时调整自己的教学方法,以灵活多变的教学设计和教学智慧滋养学生心灵,促进生命成长。

"润心课堂"的教学主体互动。"润心课堂"是师生双主体交往、联动、共同发展的互动过程,在教师引导下,师生建立学习共同体,共同探讨研究问题,让课堂充满活力。

学校坚持以教育科研为先导,以课例为载体,以教学活动为抓手,推进"润心课堂"的有效实施,教导处组织各学科教研组围绕学校"润心课堂"的核心进行学习、反思、创新,对课堂始终存在的问题进行课题立项,进一步实践研究,同时借助"小河成长课",开展多层次的课堂教学活动,提升学校"润心课堂"的品质,促进教师的专业发展。

(二)"润心课堂"的评价标准

为了发现儿童在学习过程中的表现及其存在的问题,全面评估儿童学业质量和水平,加强教师对"润心课堂"的理解,丰富教师课程经验,促进教师专业发展,我们以"润心课堂"理念为核心,从学习目标、学习内容、学习过程、教学方法、教师素养等方面进行课堂评价,采用多维的评价方式,制定了"润心课堂"评价表。(见表2-3)

表2-3 "润心课堂"评价表

学科		课题		
班级		教师		
评分项目	具体评分标准			评价结果
	教师教学		学生学习	
学习目标丰盈(20分)	1. 学习目标符合课程标准,体现学科核心素养。 2. 学习目标清晰、具体、易于理解,便于操作实施。		学生明确本节课学什么,怎么学,学到什么程度。	

评分项目	具体评分标准		评价结果
	教师教学	学生学习	
学习内容生动（20分）	1. 学习内容紧扣学习目标,从服务学生的学习出发,创造性地使用教材,适度整合相关学科知识,丰富学科知识体系。 2. 学习内容体现学科的思想性和内在逻辑性,注重情景化、生活化、活动化。	学生能深度学习所学知识,会构建知识框架,会联系生活实际。	
学习过程灵动（30分）	1. 能结合教学内容设计教学程序,对所使用的教学模式有选择地进行取舍,做到模式和内容的有效结合,摒弃形式主义,注重实际效果。各教学环节衔接自然,不生搬硬套。 2. 能创设教学环境,引导儿童生疑、质疑,并通过独立思考、小组合作等有效方式解疑、释疑,培养儿童发现、提出问题和分析、解决问题的能力。 3. 注重学法指导,能结合教学内容指导儿童高效地完成学习任务,并举一反三,指导儿童运用学习方法解决其他问题。 4. 尊重儿童主体性,恰当地选择教学内容、教学时机,指导儿童自学、小组合作、展示交流,并相机进行点拨、引导,使儿童真正掌握知识,形成技能,积累活动经验。	学生注意力集中,积极参与各环节学习,敢于质疑,大胆实践,积极交流,勇于展示个性化观点。	
教学方法灵活（20分）	1. 教师能根据学习内容,帮助学生选择合适的学习方法,并体现学习方法的灵活性、多样性。 2. 教师从关注"教"走向关注"学",注重学法和策略指导,帮助学生掌握学科思想方法。 3. 教师能适时有效地介入课堂,精讲点拨、变式拓展,鼓励不同层次的学生进行个性展示,发展求异思维。	学生课堂学习参与面广,乐于合作交流,善于观察思考,能通过多种学习方式激活思维、突破障碍、加深理解。	
教学效果（10分）	1. 教师能对学生的学习效果进行评估,对共性问题进行总结。 2. 教师能根据目标设计针对性的教学评价,及时反馈点拨。	不同层次的学生学有所获,相关能力和情感、态度、价值观得以较好发展,在学习评价中目标达成度较高。	
总体评价			

二、建设"润心学科",丰富学校课程内涵

随着课程改革的进一步深化,单一的国家课程、校本课程、学校课程"线状"建设与实施已经不能满足社会发展对教育的要求。"润心学科"以"给予每个孩子温润的滋养"为课程理念,结合学科特点,统整、组合、优化课程体系,在已有传统学科的基础上,推进拓展课程的建设与实施,丰富学校课程体系,使课程文化富有更深的内涵,以培养温润、灵动、包容的"小河娃"。

(一)"润心学科"的建设路径

"润心学科"旨在通过学科课程矩阵来确定课程与学校育人目标之间的相互对应,分析课程对育人目标达成的支持度,优化课程体系,构建学科课程群。

"朗润语文"课程群。"朗润语文"课程群旨在培养儿童的语文核心素养,让语文润泽儿童的心灵,使儿童心智明朗、心性爽朗。语文课程创造"时间和空间",让语文在儿童心中活起来,形成有温度、有情怀的教育。我们立足校情、生情,依托课标,围绕语文学科"诵读、阅读、表达、实践"四个关键能力,拓展研发"朗润语文"课程群,课程设置如下。(见表2-4)

表2-4 "朗润语文"课程设置表

类别 学期	诵读	阅读	写作	实践
一年级上学期	最美诗情词韵	绘本天地	创意写话	汉字大搜索
一年级下学期	最美诗情词韵	萌芽剧场	创意写话	我要查字典
二年级上学期	最美诗情词韵	童话故事	创意写话	我会查字典
二年级下学期	最美诗情词韵	童话故事	创意写话	汉字王国
三年级上学期	最美诗情词韵	童话旅行	创意作文	传统节日
三年级下学期	最美诗情词韵	寓言故事	创意作文	我的植物朋友
四年级上学期	最美诗情词韵	神话传说	创意作文	西吴河探索 走进秋天
四年级下学期	最美诗情词韵	科学探秘	创意作文	书签传情
五年级上学期	最美诗情词韵	民间故事	创意作文	读写绘
五年级下学期	最美诗情词韵	四大名著	创意作文	名人故事

类别 学期	诵读	阅读	写作	实践
六年级上学期	最美诗情词韵	历史故事	创意作文	寻源大运河
六年级下学期	最美诗情词韵	漫步世界名著花园	创意作文	走过六年

"博思数学"课程群。基于数学学科基础知识的开发,"博思数学"课程群由"数与代数""图形与几何""统计与概率""综合与实践"四方面构建而成。"趣中学,学中悟"的"博思数学"课程群,不仅提升了儿童的综合素养,张扬了儿童的个性,还培养了儿童的逻辑思维能力。(见表2-5)

表2-5 "博思数学"课程设置表

类别 学期	博思运算	博思创意	博思统计	博思实践
一年级上学期	数字大街	有趣的拼搭	我的一天	数学乐园
一年级下学期	算你厉害	玩转七巧板	井井有条	摆一摆,想一想
二年级上学期	算出精彩	方寸之间	我的时间我做主	搭积木
二年级下学期	算盘表示数	小小设计师	小小调查员	质量单位
三年级上学期	巧思妙算	三五成群	分门别类	一举多得
三年级下学期	神机妙算	面面俱到	时光抽屉	学以致用
四年级上学期	格子乘法	折纸的几何	小小理货员	一亿有多大
四年级下学期	燃动24点	四边形的内角和	巧算平均数	食物知多少
五年级上学期	百变未知数	魔幻空间	跳跃的线段	旅游策划员
五年级下学期	数学游戏	包装小达人	曲折有度	小小检测员
六年级上学期	喝不完的奶	你来描绘我来画	中华小当家	确定起跑线
六年级下学期	省钱小能手	理财小达人	升了还是降了	剪大洞

"趣学英语"课程群。"趣学英语"课程群,主要以学校英语学科拓展课程为教学媒介,全面有效实施国家课程。拓展课程既是提高语言实际运用水平的过程,又是磨砺意志、陶冶情操、拓展视野、丰富生活经历、开发思维能力、发展个性和提

高人文素养的过程。"趣学英语"课程从听说读写、文化探究与学习实践出发，分为趣味视听、趣味书写、趣味汇演、趣味畅读四个板块进行构建。（见表2-6）

表2-6 "趣学英语"课程设置表

学期＼类别	趣味视听	趣味书写	趣味汇演	趣味畅读
三年级上学期	动感 chant	字母 show	Let's do	Let's talk
三年级下学期	动感唱吧	魔变词卡	动作操	Start to read
四年级上学期	主题儿歌	书写小达人	最佳拍档	我爱听绘本
四年级下学期	经典儿歌	我秀书写	我是小演员	我爱读绘本
五年级上学期	我是小歌手	主题手抄报	Show Time	主题绘本
五年级下学期	影视金曲	花样手抄报	经典情景剧	经典绘本
六年级上学期	英语趣配音	最佳创作展	小小演说家	好书阅读
六年级下学期	我是小歌手	思维导图展	润彩小剧场	好书分享

"探奇科学"课程群。教育的核心是培养儿童的自主创造力。"探奇科学"课程注重儿童科学素养的培养。"探奇科学"课程诱发孩子的好奇、好问，激发操作探索的愿望，引导儿童在"趣、疑、动、思"的环境中进行探究，获得科学经验，从而培养孩子的科学素养。趣——创设新奇环境，激发儿童好奇探究的愿望。疑——创设问题情境，引发孩子发现问题、聚焦问题。动——创设动手操作的环境，满足孩子实验验证、解疑释惑的需求。思——创设感悟思考的环境，启迪孩子不断发现问题、解决问题。（见表2-7）

表2-7 "探奇科学"课程设置表

学期＼类别	多彩物质	奇妙生物	太空之旅	独具匠心
一年级上学期	厨房大探秘	嗅觉与味道	借助太阳辨方向	会飞的"蝴蝶"
一年级下学期	溶解的秘密	我的植物"宠物"	神奇的月亮	制作风车
二年级上学期	好玩的磁铁	动物小侦探	小小辩论赛	一起来建"游乐堡"

类别 学期	多彩物质	奇妙生物	太空之旅	独具匠心
二年级下学期	射箭比赛	四季大转盘	理想家园	享受科技造纸术
三年级上学期	冰糖的秘密 神奇的"小针"	昆虫的奥秘	一周气象播报	自制橡皮筋吉他 制作风转子
三年级下学期	点亮小灯笼 静电魔法	黄瓜成长记	土壤里的世界	小小建筑师 自制旋转飞行器
四年级上学期	弹珠实验 流星雨	制作肺模型	岩石身份证	简易温度计 投石机
四年级下学期	种子发芽实验 虹吸实验	我是小导游 我说智慧园	太阳能的一生	我们的游乐器材
五年级上学期	体积变化之谜	食物知多少	制作星座模型	时间记录器
五年级下学期	春天的生物	小小气象站	神奇的气象 参观气象馆	变废为宝
六年级上学期	水中隐形	追寻祖先的足迹	登上健康快车	动手做乐器 设计阳光小屋
六年级下学期	钻木取火	养好小金鱼 病虫害研究	绿水青山	雨具的改进 参观科技馆

"跃动体育"课程建设群。"跃动体育"的价值在于释放儿童的天性,让儿童在自由的空间中感受身体与心理的变化,在"跃动体育"课程中探索体育的乐趣。儿童天生爱动,"跃动体育"课程帮助他们在体育活动中产生持续、稳定的态度体验,调动内在的学习动力,发挥运动能力。(见表2-8)

表2-8 "跃动体育"课程设置表

类别 学期	善激趣 （体育游戏）	跃技能 （体育运动技能）	知民族 （民间体育活动）	享健康 （体育与健康知识）
一年级上学期	快快排队	"篮球"精灵1	跳房子	坐立行我最美
一年级下学期	老鹰捉小鸡	"篮球"精灵2	抽陀螺	文明如厕
二年级上学期	丢手绢	"绳"彩飞扬1	滚铁环	阳光运动
二年级下学期	捕鱼	"绳"彩飞扬2	跳皮筋	饮食健康

学期＼类别	善激趣 （体育游戏）	跃技能 （体育运动技能）	知民族 （民间体育活动）	享健康 （体育与健康知识）
三年级上学期	小鸟飞飞	足球小将1	踢毽子	运动前后饮食
三年级下学期	地球滚	足球小将2	抖空竹	用眼卫生
四年级上学期	送鸡毛信	"武"动青春1	踩高跷	营养不良与肥胖
四年级下学期	冲过战壕	"武"动青春2	抢花炮	呼吸道传染病的预防
五年级上学期	神枪手	"鱼"跃龙门1	板鞋	青春期
五年级下学期	贴烧饼	"鱼"跃龙门2	荡秋千	轻度损伤的自我处理
六年级上学期	螃蟹追逃	乒乒乓乓1	竹竿舞	识别危险源远离危险
六年级下学期	鸭子过河	乒乒乓乓2	拔河	安全运动促健康

"美之绚"课程群。"美之绚"课程由本校美术教师团队根据学校发展，结合多年的美术教研经验而创建。它由"趣味线描画、创意儿童画、水墨线描画、中国画、木版画"等课程组成。丰富的课程对于陶冶儿童情操，提高美术文化素养，培养创新精神和实践能力，促进儿童德、智、体、美全面发展，具有重要作用。"美之绚"课程群切实加强了学校美育工作，普及和发展学校美术教育，激发了儿童学习的兴趣，培养了儿童在生活中发现美、欣赏美、创造美的能力。（见表2-9）

表2-9 "美之绚"课程设置表

学期＼类别	表现形式	造型	设计	欣赏	探索
一年级上学期	儿童线描画	吹墨画	美丽的线条	建筑之美	运动的线条
一年级下学期	儿童线描画	可爱的动物 毛毛虫	动物的新衣	我的国，我的家	走进大自然
二年级上学期	创意儿童画	神秘的丛林 创意猫头鹰	线描剪贴画	画里的故事	毛毛虫大冒险
二年级下学期	创意儿童画	大自然的故事 长颈鹿	动物的家	动物的生活	动物世界

类别 学期	表现形式	造型	设计	欣赏	探索
三年级上学期	水墨线描画	水墨动物	动物的家	水墨晕染	基础技法干画法
三年级下学期	水墨线描画	水彩花卉 水彩蘑菇	水墨场景	色彩的笔触	基础技法湿画法
四年级上学期	中国画	水墨春天	彩墨瓶	石韵	山山水水（一）
四年级下学期	中国画	彩墨花鸟	蔬果飘香	墨荷	山山水水（二）
五年级上学期	木版画	黑白童趣	黑白画鱼	彩色木版画	梅兰竹菊
五年级下学期	木版画	版画的构图	黑白动物	人物木版画	彩色木版画
六年级上学期	木版画	蘑菇房子	多样的蘑菇	版画的刀法	刻刀的痕迹
六年级下学期	木版画	海底世界	神奇的海底	版画的印制	绝版版画

（二）"润心学科"的评价要求

学科课程群建设,需要通过建立评估体系来保证其有效实施,"润心学科"应具有以下几项标准:

课程哲学内容丰盈。学科课程哲学指向清晰,与学校教育哲学保持一致,能体现学校的办学理念,并具备其独有特色。

课程目标指向清晰。学科课程群目标指向应根据学科课程标准及学校育人目标需要进行设计,并将目标定位高于学科课程标准。

课程内容丰富多维。学科课程群,除规定的国家课程外,拓展类课程应丰富多彩,以儿童需求为主,为儿童的全面发展搭建平台。

课程实施科学高效。课程实施的方法得当,措施有力,充分体现儿童的主体地位,且有利于儿童兴趣的激发。教师教学效率高,教学效果好。

课程评价规范全面。课程评价做到多元,全面统合过程性评价和终结性评价,发挥评价的诊断性和激励性功能,对儿童的学习情况进行整体评估,根据标准进行评分,评出规范课程、优质课程、精品课程。（见表2-10）

表 2-10　"润心学科"课程评价表

评价项目	评价标准	评价方式	评分
课程哲学 （25分）	学科课程与学校教育哲学一致。（10分）	查看方案	
	课程理念、课程实施与评价彰显学科特色。（15分）		
课程目标 （10分）	总目标清晰，与学科核心素养一致。（5分）	查看方案， 课程纲要	
	年级目标与学情相符，设置科学可行，具有层次性。（5分）		
课程内容 （15分）	课程内容丰富，有逻辑性，与课程目标一致。（10分）	查看学科课程纲要	
	资源丰富，形式多样，符合年段特点。（5分）	查看学科教材	
课程实施 （30分）	课程实施安排合理，科学。（10分）	查看学科课程纲要	
	课程实施方法得当，措施有力，充分体现儿童的主体地位，有利于儿童兴趣的激发，有序组织指导儿童运用探究合作的方法。（10分）	入班观看	
	儿童能在课程中知识、技能明显提高，儿童喜爱程度高。（10分）		
课程评价 （20分）	评价内容具体，措施得当，评价多元，注重过程评价与结果性评价相结合。（20分）	查看过程性评比资料及学业成绩。	

三、创设"润心社团"，发展儿童兴趣爱好

"润心社团"旨在尊重儿童的身心特点的基础上，以培养儿童特长发展、增强儿童学习兴趣为目标，通过活动促进儿童个性的张扬和自我的认知。结合我校实际情况与儿童的特点，设置覆盖各年级的学科社团，促进课内外高效结合。

（一）"润心社团"的主要类型

"润心社团"开设有"文之韵"课程、"数之趣"课程、"英之酷"课程、"美之绚"课程、"音之雅"课程、"体之健"课程、"科之妙"课程。

"文之韵"课程包括"字如其人"社团、"识字小达人"社团、"阅读越乐"社团、"小作者"社团、"繁星文学社"、朗诵社团等。"文之韵"课程依据识字与写字、阅

读、写话、口语交际、综合性学习这五大板块而建立。社团课程依据年段目标、儿童学情、统筹设计、构成年段有序衔接。

"数之趣"课程包括"数学风暴"社团、"萌芽"社团、"数学游戏"社团、"数迷园"社团等。"数之趣"课程根据数学活动的特点,结合不同年级儿童认知结构和思维水平,以尊重儿童、培养儿童学习数学兴趣为前提,增强儿童学习数学的信心,感受数学的魅力,享受数学学习的乐趣,体验学数学其乐无穷,拥有一双用数学观察世界的眼睛,拥有一个用数学思维认识世界的头脑,从而去发现,去创造。

"英之酷"课程包括"超级演说家"社团、"乐写"社团、"我是小演员"社团、"趣学英语"社团等。"英之酷"课程团队集思广益,以"增强儿童的学习英语兴趣"的理念为前提组建社团。"英之酷"课程教给儿童知识,但不给儿童增加课业负担。"英之酷"课程团队认为,儿童感兴趣的东西往往会记得比较快,也比较牢,因此课程内容要有趣味性,也更贴近儿童生活。通过社团活动,增强儿童的英语学习兴趣,丰富儿童的英语学习生活。

"美之绚"课程包括版画社团和书法社团。版画社团成立于2018年,社团主要收集有关版画历史背景、艺术发展的资料,了解版画的历史发展以及纸版画、木刻版画等,认识版画的制作材料及工具,掌握版画的制作工艺,利用网络资源对现代版画进行欣赏和评价。引导儿童循序渐进地学习儿童版画的基本知识和工具材料的使用方法,感知自然事物和美术作品的形式美、内容美,发挥儿童观察、想象、思维能力;书法社团旨在提高儿童的学习水平、欣赏水平、道德素养和艺术修养,力争在艺术与实用之间找到完美的结合点,通过基本笔画、偏旁部首的学习,书法作品欣赏等方式,教给儿童正确的执笔运笔姿势、书写姿势,掌握字的间架结构等要领,引领儿童感受到美的熏陶。

"音之雅"课程包括童声合唱社团和舞蹈社团。合唱是声乐艺术领域中的一种集体歌唱形式,童声合唱特别具有独特魅力,与成人合唱相比,童声合唱具有清纯、率真、明快的特点,童声合唱社团是为了提高儿童的综合素养和艺术修养,增强集体荣誉感,促进儿童全面发展的社团。在这里,每个人都有一个音乐梦,在这里,每个人都能热爱音乐,用心感受音乐;舞蹈社团主要针对中、高年级的儿童,通过学习活动,培养儿童的节奏感和韵律感,能够随着不同的音乐、节奏以及节拍的变化,有表情地进行律动,让每一名儿童享受美和快乐!

"体之健"课程之"跃动"社团。为切实推进素质教育,促进儿童个性化发展,体育学科履行"趣味、飞跃、雀跃"的学科课程理念,结合学校的实情,整合教育教学资源,开展"酷炫篮球""炫美啦啦操""绳彩飞扬"等特色社团。每位体育教师负责一个或多个社团,并制定社团活动制度、社团活动方案、社团评价方案等相关材料;"跃动"社团的课程以丰富儿童校园生活为目的,提升儿童综合身体素质为宗旨,让每一个"小河娃"都能在体育锻炼中找到自己喜欢且擅长的体育技能。从而增强儿童的自信心,增加师生之间的情感交流。

"科之妙"课程之"科小奇"社团。"科小奇"社团是为了增强儿童学习科学的兴趣,培养儿童的创造精神和动手、动脑能力,在社团中形成学科学、爱科学、用科学、创科学的良好氛围,同时为儿童提供展示个性的平台,培养儿童自主探究科学的兴趣和能力。我们结合学校儿童年龄特点和个性特点,按照儿童兴趣,组建了"X博士讲科学""小实验大智慧""植物田园"等以探趣为抓手的"科小奇"社团。

(二)"润心社团"的评价要求

为加强社团课程实施效果的监控,学校建立社团动态循环发展机制。"润心社团"坚持过程性、多元性、纪律性、综合性的原则,建立儿童社团考核评价机制,以评价为导向,营造有利于优秀社团脱颖而出的良好竞争氛围,促使社团发展优胜劣汰与自然选择。(见表2-11)

表2-11 "润心社团"评价表

评价项目	评价标准	得分
社团管理 (25分)	社团要有规范的名称、宗旨、口号、章程,并及时完善,严格执行。	
	社团内部要有严密的机构设置,有社长、社员、社团;学生人数应该在15人以上,包括15人;各项事务分工合理。	
	指导教师引导得当,社团活动场地及设备有规范的使用制度。	
	服从学校管理及领导,按时参加各项会议并按要求及时传达和执行。	
	每学年开学初,到学校教导处进行社团注册,递交学期活动计划,及时提交课程纲要和活动总结。	
	上课期间,记录社团成员出勤情况;社团成员团结协作,友爱共处,保障活动期间学生安全,营造温馨和谐的学习环境。	
	每次活动结束后都有相应的总结、反馈、评价。	

评价项目	评价标准	得分
活动开展 （25分）	活动期间组织纪律严谨，工作安排到位，整个活动井然有序。	
	活动有创意，并能够充分体现社团特色，积极向上，文明健康，符合小学生发展个人专长、拓展自身素质的要求。参与面广，影响范围大。	
	活动结束后认真搞好现场卫生，保持整个校园清洁，并把学生安全送出校门。	
	活动有计划方案，有活动程序记载，有活动总结等文字资料以及图片存档。	
	会议与培训有计划和记录。	
展示宣传 （20分）	能积极参与并承担教育行政部门及学校组织的相关活动。	
	能独立开展对外开放活动或参与校园大型活动，且主题突出，特色鲜明，受师生欢迎，影响较大。	
	每次活动能用微信视频号或新闻媒体进行宣传报道。	
活动成果 （30分）	社团具有一定影响，以社团名义积极参加校内外大型赛事。	

　　"润心社团"一贯秉承让儿童在充满趣味性的活动中展示自我，通过各个活动践行学科课程的理念。我们把社团活动与课堂教育相结合，并且严谨认真地去执行。相信，我们培养出来的儿童不再是单纯的"唯分数论"，而是德、智、体、美、劳全面发展的综合型人才。同时，在适当地、科学地减轻儿童的学科学习重任的前提下，积极开展校园社团活动，形成富有特色的校园文化品牌，丰富儿童的精神文化生活，让每个儿童在社团活动中找到适合自己发展的舞台，个性得到张扬。

四、做活"润心节日"，浓郁学校课程氛围

　　"润心节日"课程结合传统节日、校园节日，通过各种学科活动，丰富校园的学习文化，让儿童在更真切的环境下感受知识，感受学校课程的浓郁氛围。

　　（一）"润心节日"的主要类型

　　传统节日课程。开展丰富多彩的传统节日文化教育、宣传活动，挖掘传统节日文化的内涵，营造浓郁的传统文化教育氛围，进一步提升校园文化品位，提高相关学科的教学质量，凸显学校的特色教育。（见表2-12）

表 2-12　传统节日课程设置表

年级	课程目标	春节	元宵	清明	端午	中秋	重阳
一年级	对传统节日有初步的认识，了解节日的由来	了解春节的时间及传统民俗活动内容	了解元宵节时间及传统民俗活动内容	了解清明节时间及传统民俗活动内容	了解端午节时间及传统民俗活动内容	了解中秋节时间及传统民俗活动内容	了解重阳节时间及传统民俗活动内容
二年级	懂得节日的风俗和节日背后的故事	制作节日贺卡送给爸爸妈妈	制作元宵节手抄报	制作清明节手抄报	了解屈原的故事	学习讲解中秋节有关的故事	学习和"重阳"有关的故事
三年级	了解传统节日的特殊性	帮家人准备团圆饭	学习尝试做元宵	背诵清明有关诗句	学包粽子	学做月饼	学会做简单的家务
四年级	激发儿童对传统节日的喜爱之情	自己动手贴春联	了解灯谜并和同学互相交流	诵读有关清明的诗歌	开展"各族人民过端午"的民俗民风调查	诵读有关中秋的诗歌	诵读重阳节的古诗词
五年级	培养孩子的动手实践能力	探究历代春节习俗的变化	尝试做花灯、灯笼	祭扫烈士陵园	尝试做一些其他民族的端午用品	开展"中国各地过中秋"的民俗民风调查	和父母互换身份一天，体验父母的辛苦
六年级	培养儿童的民族信心和自豪感	尝试合理使用自己的零花钱	向环卫工等群体送元宵	了解祖国英雄故事，并分享给其他人	开展讲传统美德故事的活动	开展"中秋"诗歌大赛	"尽孝心"实践活动

现代节日课程。庄重的仪式感，更能让儿童感受到教育的庄严与厚重。我们精心谋划"现代节日课程"，给儿童以心灵的冲击，教育的震撼，从而增强儿童生活的仪式感。（见表 2-13）

表 2-13　现代节日课程设置表

节日名称	课程目标	节日时间	活动内容
元旦	了解元旦的来历，感受新气象，制定新年目标。	1月份	制订新年规划 制订小小目标

节日名称	课程目标	节日时间	活动内容
妇女节	记录妈妈一天的劳动,感知妈妈的辛劳,用实际行动感恩妈妈。	3月份	给妈妈唱一首歌 说一句暖心的话 亲手为妈妈做贺卡 替妈妈做家务事
劳动节	了解社会劳动者的分工,感知不同行业对社会的作用,用实际行动践行"劳动最光荣"的理念。	5月份	我爱劳动我光荣 我身边的劳动模范 评选班级劳动小能手 我是社区服务小能手
儿童节	回顾自己为班集体的贡献,感知少先队员的使命和担当。	6月份	自我评价 我的才艺秀
建党节	在学习党史的活动中,争做优秀少先队员。	7月份	学习党史 学画队旗、党旗
教师节	展示教师平凡的工作,知道教师伟大,学会感恩教师。	9月份	向老师说一句真诚的祝福 亲手做一张感恩卡 交一份干净整洁的作业
国庆节	了解中国的发展历程,感知今天的幸福生活来之不易,向祖国母亲表达爱。	10月份	唱革命歌曲比赛 争做升旗手

校园节日课程。校园节日活动是开阔儿童视野、培养儿童兴趣、展示儿童特长的重要载体。学校依托"六大节"活动,使校园生活更加丰富多彩。具体课程内容见表2-14。

表2-14 校园节日课程设置表

节日名称	课程目标	节日时间	活动内容
阅读节	通过系列读书节活动,激发阅读兴趣,让书香浸润儿童心灵,培养知书达理的学子。	3月份 10月份	"慧悦读"小书迷风采大赛 诗词大会
体育节	通过体育活动,激发师生、家长运动热情,增强儿童体质,增强班级凝聚力,增强集体荣誉感和规则意识。	4月份	体育运动会
安全节	通过安全月活动,增加日常安全知识,增强安全意识,打造平安校园。	4月份 9月份	安全教育讲座 安全演练 安全知识手抄报 黑板报

节日名称	课程目标	节日时间	活动内容
科技节	通过科技节活动,激发师生热爱科学、热爱创造的情趣。	10月份	科学嘉年华
英语节	通过系列英语活动激发学生学英语、用英语的兴趣,营造浓厚的英语学习氛围,增强自信心,培养创新精神和实践能力。	11月份	英语口语比赛 英语书写作品比赛 英语配音比赛
艺术节	通过美术、音乐活动,增强审美能力和学习艺术的兴趣。	6月份 12月份	美术作品展 识谱比赛 儿童节活动 庆元旦活动

（二）"润心节日"的评价策略

"润心节日"课程中的活动设计规范、科学,评价体系建设适合儿童年龄特点,保证了"润心节日"课程高效开展,促进儿童的发展。"润心节日"课程由主管领导、教研组的老师和儿童代表组成评价小组,对各个小组进行评价。评价小组每三人为一个小组,包括领导一人。首先要查阅资料,然后在节日活动的当天进行现场评价,最后是座谈交流。（见表2-15）

表2-15 "润心节日"评价表

活动名称		班级		
小组人员				
评价项目	评价标准	儿童评价	教师评价	学习评价
方案设计 （10分）	节日活动方案全面、具体,有活动目标、活动准备、活动内容、活动实施、活动评价。			
活动准备 （5分）	活动准备充分,人员分工、场地安排、所需用具、儿童活动流程、走场等。			
活动目标 （5分）	每个节日活动的目标符合儿童年龄特点,目标设置明确。			
活动内容 （15分）	难易适度,符合儿童的年龄特点。			
	有趣味性,增强儿童的兴趣。			
	有神秘性,激发儿童的好奇心。			

评价项目	评价标准	儿童评价	教师评价	学习评价
	贴合生活实际,提高儿童解决问题的水平。			
活动形式 (15分)	形式要生动活泼,激发儿童求知的欲望。			
	班级相互结合,知识与交往能力共同成长。			
	活动要有神秘性,从而激发儿童的好奇心。			
	参与到社会的活动中,提高各方面的水平。			
活动过程 (15分)	儿童积极参与,发挥主体作用。			
	各种能力增强循序渐进。			
	教师管理有方,儿童有秩序地活动。			
活动效果 (15分)	儿童兴趣得到培养,个性特长得到发展。			
	拓展了儿童的思维空间,培养了儿童的创新意识。			
活动提升 (10分)	针对活动中的不足,提出修改意见,完善活动方案。			
活动评价 (10分)	儿童:针对儿童参与度、活动秩序、水平提升等方面评价。			
	教师:活动方案与活动实施一致,教师管理有方,教师专业素养提升等。			
综合评价				
精彩之处:		出现的问题及意见:		

"润心节日"的开展不仅有利于儿童更好地学习基础知识,也有利于儿童深入地了解学科文化,帮助儿童形成自主的学习习惯,促进儿童思维的发展,还有利于儿童形成正确的人生观、价值观和良好的人文素养,为儿童未来更好地适应时代发展奠定基础。

五、推行"润心之旅",落实研学旅行课程

"润心之旅"是学校研学旅行课程。课程注重"知",更注重"行"。对于儿童来说,课堂上要多实践、多互动、多展示;课堂外要多活动、多体验、多践行。"润心之旅"是体悟美的过程,儿童从社会中、大自然中感受美的不同形式,比如自然美、道德

美、责任美、科技美……"润心之旅"课程,让儿童在研学中,不断汲取成长的能量。

(一)"润心之旅"的实施策略

"润心之旅"是研学实践课程,是依据《管城回族区中小学儿童社会实践活动实施方案》,依托十八里河本土资源,研发而成的主题为"爱我家乡"的研学实践课程体系。包含五个板块:"爱科技、爱河流、爱传承、爱文化、爱历史"。研学实践课程由两部分组成,包括集体研学和个人研学。集体研学是学校统一组织的研学课程,包括"科学+"西吴河研学实践课程,"三河一厂"研学实践课程(三河是十七里河、十八里河、南水北调运河。一厂指刘湾水厂),"豫见博物馆"课程等。个人研学设置了研学课程表及研学手册,儿童依据各年级研学要求,在家长的带领下进行个人研学,进一步了解家乡风俗、热爱家乡文化,为家乡发展而骄傲自豪,为家乡腾飞励志学习。

学校周边可开发的课程资源很多,比如西吴河科普公园,其位于郑州市管城回族区南三环与中州大道交叉口东南角,占地约60亩,是管城回族区科学技术协会倾力打造的注入诸多科普元素的室外乐园;博物馆里的文物充分地展示了一个地区的历史文化、风土人情,郑州各级各类博物馆众多,比如河南博物院、郑州博物馆、河南地质博物馆、黄河博物馆等,便于师生去实地参观和学习。这些场馆是文化的窗口,艺术的殿堂,人类文明的集聚地。借助以上资源,学校研发了"科学+"西吴河研学课程、"豫见博物馆课程""南水北调课程""饮食文化课程"等。

"科学+"西吴河研学课程在每学期四月份、十月份实施,其中在四月份,三、四年级徒步西吴河科普公园上课;在十月份,五、六年级上课。儿童到西吴河科普公园,探索科技奥秘,感悟科学精神。(见表2-16、表2-17)

表2-16 "科学+"西吴河研学课程设置一览表

年级	活动主题	课时主题	上课地点	课程内容	课程目标
三年级	自制"神针"探秘寻宝	神奇的"小针"	教室/课程准备	1. 制作"魔力"小针。 2. 探究小针的"魔力"。 3. "魔力"小针大猜想。 4. 制作指南针。	能动手磁化缝衣针,发现磁化的小针能够指示南北,可以相互吸引,培养儿童观察能力及分析、解决问题的能力;引领儿童学会指南针制作的方法,在实验中观察现象并猜想其原因,培养儿童

年级	活动主题	课时主题	上课地点	课程内容	课程目标
					科学地想象、提出问题的能力及动手操作能力。
		带着神奇"小针"去寻宝	西吴河科普公园课程实施	1. 徒步毅行 7 公里。 2. 园中"寻宝"。 （1）根据文字描述，画出寻宝图。 （2）小组合作，利用自制指南针，找出五个"宝藏"。	根据文字描述，画出寻宝线路图，这是运用数学的方位知识来操作，结合具体情境，运用空间概念，体验数学与生活的联系；小组合作寻宝，感受科技的飞速发展给人们带来的便利，也培养了团队合作能力；利用自制"小针"寻宝，培养儿童科学实践能力及探究能力，发散性猜想水平也得到了提高；徒步毅行，培养儿童坚持不懈的科学精神。
		习作:我做了一项小实验	教室/课程总结	1. 借助《小科学家记录本》回忆做实验的情景。 2. 再次做"磁化缝衣针"实验，表述实验过程。 3. 完成习作。	通过回忆实验情景、再次做"磁化缝衣针"实验，启发儿童把实验的过程及实验中的猜想表述出来，锻炼儿童用科学的语言表述；把试验时自己及同伴的心情及有趣的发现写入作文中，培养儿童的观察能力及习作能力。
四年级	我是小导游我说"智慧园"	学会观察	教室/课程准备	1. 教师简介西吴河科普公园。 2. 确定调查对象，建立研究小组。 3. 教师讲授观察方法。	确定调查对象，建立研究小组，并合理分工，培养儿童团队合作能力。传授观察方法，培养儿童的观察技巧及能力。
		猜猜我们来自哪里	西吴河科普公园课程实施	1. 徒步毅行 8 公里。 2. 参观公园，找到观察对象，观察自己感兴趣的地方。 3. 在"绿色交响"单元，讲解植物的叶片与纬度的关系。 4. 画不同纬度的树叶。 5. 介绍自己最感兴趣的地方。	儿童能利用所掌握的观察方法，观察景物，重在发现观察对象的独特之处，引导儿童去探究、归纳，从而对事物有新的认识；科学老师讲解"猜猜我们来自哪里"，借助讲植物的叶片与纬度的关系，培养儿童用科学的思维发现现象、找到规律、联系实际、大胆猜想的科学思维方法；画树叶，学会用图表加图片的记录方法，总结所学的知识，这也是科

年级	活动主题	课时主题	上课地点	课程内容	课程目标
					学课中常用的记录方法；组内介绍公园，重在让学生介绍园内的新发现，培养儿童表达能力；徒步毅行，培养儿童持之以恒的科学精神。
		我是小导游	教室/课程总结	1. 回忆西吴河公园之美，概述景物特点及自己的科学发现。 2. 创设情境提出当"小导游"的任务。 3. 启发示范，尝试表达。 4. 交往互动，反馈评价。	通过参观西吴河科普公园，整理自己在公园搜集的资料及教师重点讲解，培养整理资料的能力；在做小导游的过程中，培养儿童热爱科学、热爱大自然的感情，培养儿童的小组协作精神；说话时大大方方，有礼貌；听话时要认真，有不懂的问题提问，培养儿童说话按顺序、说出事物特点的能力。
五年级	走进科技王国制作"星座"模型	设计宇宙模型	教室/课程准备	1. 根据课前搜集的资料，交流对宇宙了解多少。 2. 设计模型之前，小组进行明确分工。 3. 教师讲授制作模型的方法及工具准备。	通过课前交流对宇宙的了解，培养儿童搜集资料及概括资料的能力；模型设计前，各小组明确分工，明确自己的任务及责任。
		科学名言引我向前	西吴河科普公园课程实施	1. 徒步毅行8公里。 2. 找字体，猜篆字。 3. 猜关于"科""探"等字谜，找关于这几个字的科学名言。 4. 抄写印象深的名言。	观察不同字体的汉字，感受中国文化的博大精深；猜篆字的意思，培训儿童观察能力、分析问题能力；积累世界著名思想家、科学家的箴句、名言，感受科学家的人格魅力，体会科学精神。
		找星座	西吴河科普公园课程实施	1. 了解星座。 2. 根据亮星的位置，认识星座，画星座，建立自己的星座档案。 3. 认识并指导观察常见的星座。	儿童能根据亮星的位置，认识星座，了解不同的季节常见的星座，激发儿童观察、认识星座的兴趣。画星座，目的是引导儿童在观察"星座"时要注意星座的方位和高度。这其实也为制作"星座"模型，提供方法的支撑。

年级	活动主题	课时主题	上课地点	课程内容	课程目标
		制作"星座"模型	教室/课程总结	1. 制作模型。 2. 修正模型。 3. 参观交流模型。 4. 设计问题银行存折。	我们以制作"星座"模型为教学目标，重在培养儿童动手操作的能力、观察能力，学会通过分析资料得出结论的基本方法。学会小组之间的交流，激发儿童的创新意识，培养儿童的创新能力。
六年级	追寻祖先足迹探究生命历程	展示人类祖先生活的画卷	教室/课程准备	1. 确定研究主题。 2. 学写研究报告。	通过回忆本单元学习主题，研读《伟大的科学家达尔文》，确定小组研究主题，进一步了解进化论的知识，体会达尔文的善于发问、持之以恒的科学精神。
		追寻人类祖先的足迹	西吴河科普公园课程实施	1. 徒步毅行8公里。 2. 教师讲解人类演变的历程。 3. 测量从猿到人类进化过程中身高的变化，记录数据，根据数据，猜想原因。 4. 画出人类进化过程的组图。 5. 交流活动感受，交换搜集的资料。	通过教师讲解、儿童画人类的生命历程、测量猿身高并猜想，引导儿童选择自己擅长的方式表述研究过程和结果，并参与交流活动，培养自己动手和表达与交流能力；通过交流、交换并阅读收集的资料，为写研究报告提供资源。资源共享、感受交流中，培养儿童尊重其他同学的不同观点和评议的科学态度。
		写研究报告	教室/课程总结	1. 根据猿人的身高变化，制作统计图。 2. 根据收集的资料，找到身高变化的原因。 3. 写研究报告。	儿童画统计图，能系统地掌握统计的基础知识和基本技能，并从中发现规律，提出猜想；根据搜集的资料及活动中的发现，解决研究过程中提出的疑问。根据整理的资料，写出研究报告，培养儿童分析问题、解决问题的能力。

表 2-17　个人研学课程设置表

课程类型	课程目标	课程名称
个人研学	1. 在实践活动中了解生活、认识世界、丰富体验,成为生活的主人。 2. 引导孩子亲近自然,培养对自然的兴趣,养成热爱自然、保护环境的情感态度和价值观。 3. 儿童在与人沟通交流过程中,接触社会、了解社会、适应社会,培养适应群体、乐于合作、帮助他人的良好习惯与能力。	"姓氏文化""南水北调""气象馆""焦裕禄精神"
	1. 了解家乡,使儿童获得亲身体验,激发儿童热爱家乡,勤学向上,为家乡争光。 2. 培养儿童的创造力以及多渠道收集相关信息及应用的能力。 3. 儿童从家乡的特产、风景名胜、美食小吃、家乡的变化等方面,多角度地了解自己的家乡。	"黄帝文化""红旗渠精神""饮食文化""刘湾水厂""郑州博物馆"
	1. 增强孩子的社会实践能力,激发潜能,挑战极限,增强灵活力、协调力及团队协作能力。 2. 了解家乡的历史、家乡的科技、家乡的文化,树立民族自豪感、自信心。 3. 少小立志,为自己的未来设定一个目标和方向。	"非遗传承""革命老区精神""宇通公司""郑州科技馆""河南地质博物馆"

"润心之旅"研学课程严格遵循准备、报备、实施、总结的程序进行。在准备环节,根据儿童特点,设计提升儿童知识储备的研学活动。活动前整体考察,对活动路线、活动地点、周边安全、活动场地、设施等进行详细的了解。考察完后制订活动方案、安全预案、应急预案,明确责任并落实到人。征求家长的意见,借助家校合作的力量组织好活动,并对儿童进行安全、文明、环保等方面的教育,有特殊情况的儿童要特殊对待,确保活动安全有效地开展。在报备环节,需要在活动实施前一周向区勤俭办报备。填写《管城回族区中小学儿童社会实践活动备案表》和其他备案材料报区勤俭办,经主管领导同意后进行备案。在实施过程中,学校领队、班主任及授课教师在活动中负主要责任,依据课程安排,有序、有效开展活动。

活动结束后,及时总结活动中的经验和存在的不足,对儿童进行全方位的评价。填写《管城回族区中小学生社会实践活动记录表》并与活动信息或总结一起上报区勤俭办。

（二）"润心之旅"的评价策略

"润心之旅"的评价与学科课程的评价方式、理念、策略等有所差异。它突出师生之间、同伴之间对彼此的个性化表现进行评定、鉴赏。评价主要包括活动成果欣赏和活动过程表现,以儿童自我评价、团队评价、教师客观评价等多元评价方式进行评价。(见表2-18)

表2-18 "润心之旅"研学评价表

评价项目	评价标准	评价结果		
		生评	师评	校评
活动准备	1. 课程设计科学完善。研学旅行课程有明确的研学目标,研学内容体现实践性、研究性和创新性。			
	2. 课程准备充分到位。研学课程实施方案对活动组织与流程安排提前做出计划,研学线路科学、安全。			
	3. 编写或修改研学手册,保障研学手册与课程内容与评价标准相吻合。			
活动过程	课程实施组织有效,按照预定的研学项目组织研学活动,采取多种方式采集信息,丰富研学收获。			
活动评价	课程评价及时跟进,对学生的研学过程中的表现及时给予评价,有过程性评价和相关成果,研学旅行真实有效。			
学习态度	学习态度积极。认真参与每一次研学的旅行活动,有求知的欲望和好奇心,努力完成自己承担的学习任务。			
学习方法	学习方法多元。能够用多种途径获得信息,能够独立思考,善于和同伴合作学习,解决问题。			
学习体验	学习体验真实。全情参与研学旅行过程,有自己独特的感受和思考。			
学习收获	学习收获丰富。通过研学旅行,丰富自我阅历见识,增强自我动手实践能力和信息综合处理、综合运用能力,并形成个人课程成果。			
备注:评价结果共分为 A、B、C 3 个等级,A 为优秀,B 为良好,C 为待努力。				

六、聚焦"润心微课",提升学习品质

"润心微课"具有短小精悍、指向性强、便于操作等特点,是学科课程的延伸。教师根据学科年段目标整合学科教育资源,以知识学习、技能增强为主线,以探究实践为载体,以"常规教学+走班教学"的模式进行,以实践活动的形式进行课程

实施。课程中,儿童利用所学的知识参与主题活动,让知识在儿童心中内化,促使儿童举一反三,养成自觉深度学习的习惯,提升学习品质。

"润心微课"课程结合学校实际,围绕儿童多元化成长需求,采用"2+X"的课程模式,"2"即语文、数学的拓展课程,教师基于学校资源、学科课程标准、学科单元目标等,以主题模块组织起来的相对独立与完整的小规模微型课程。"X"即体、音、美、计、科、英教师根据国家课程进行二度开发。

（一）"润心微课"的实施策略

"润心微课"为儿童提供了丰富的课程套餐,为培养全面发展的人才提供了保障。"润心微课"采用"2+X"课程套餐模式。"2"即语文拓展课、数学拓展课两种拓展类必修课程,儿童在本班教室上课;"X"指儿童自主选择的其他拓展类选修课程,走班上课。1—2年级儿童年龄小,是习惯养成阶段,不进行走班上课,设置语文拓展课、数学拓展课、科学、英语拓展类课程。3—6年级,除必修课程外,儿童每学年自主选择喜欢的选修课程,走班上课。教导处根据各学科的性质和师资力量,统一安排课程内容、上课形式、上课地点、上课时间等,保障课程实施。

（二）"润心微课"的评价策略

我们采用过程性评价和综合性评价等多维的评价方式,帮助儿童在学习中发现闪光点,获得进步。通过评价,加深教师对延时课程理念的了解,不断改变教学策略,形成独特的教学方式,实现高效教学。我们根据基本原则、活动准备、活动目标、教学组织、教学内容、安全规范、微课效果七个方面,对"润心微课"进行评价。（见表2-19）

表2-19 "润心微课"评价表

班级		授课地点		授课教师	
课程内容				授课时间	
评价项目	评价要素			分值	得分
基本原则 （12分）	不讲授新课。			3	
	不得与社会机构合作进行有偿服务。			3	
	不得向儿童及家长收取任何费用。			3	
	儿童自愿参加延时课程。			3	

评价项目		评价要素	分值	得分
活动准备 （12分）	方案设计	有学期课程目标、课程内容、课程实施与评价等。	3	
	备课准备	每周按时教研,确定教学内容、方法、评价。	3	
		填写《课程备案表》。	3	
		设计《学科课程纲要》。	3	
活动目标 （10分）	初级目标	激发儿童兴趣。	1	
	中级目标	培养儿童探究能力。	2	
		关注儿童思维发展。	2	
		提高儿童审美修养水平。	2	
	高级目标	提升儿童学习主动性。	3	
教学组织 （15分）	基本环节	课堂教学过程完整。	2	
		时间利用合理。	2	
		教学文件齐备、规范。	1	
	教学思路	教学思路清晰、条理清楚。	2	
		逻辑性强,以生为本。	3	
	课堂管理	对儿童考勤认真。	1	
		管理严格。	2	
		教学组织有序。	2	
教学内容 （24分）	科学性与 准确性	教学内容符合课程标准,与《学科课程纲要》内容一致。	2	
		情景化教学。	3	
		讲授熟练,有教学活动融入其中。	4	
		知识融入儿童生活。	2	
		拓展知识,适当吸收、引入学科新成果、新思想。	1	
	教学重点	教学目标明确。	4	
		重点突出。	4	
		注重理论联系实际。	4	
安全规范 （17分）	安保工作	有人监管。	1	
		有安全措施。	1	
		有统一组织。	3	

评价项目		评价要素	分值	得分
微课效果 （10分）	安全"走班"	上课前，指定教师把儿童领到上课地点。	2	
		下课后，上课教师把儿童送回教室。	2	
	教师安全职责	严格遵守服务规定的时间，没有特殊原因，尽量不请假。	2	
		外出学习教师的空缺岗位，教导处指定教师顶岗。	2	
		定期对学校重点部位进行安全隐患排查。	2	
		放学时，要整好路队，由带队教师按照指定路线，把儿童交给家长。	2	
	课堂效果	授课有吸引力，课堂秩序好，气氛活跃、和谐。	2	
		儿童集中精力听课，整体效果好。	2	
		注重分析和解决问题能力的培养。	2	
	儿童影响	儿童上课兴趣。	2	
		儿童素养提升。	2	

七、营造"润心文化"，推进空间环境课程

"润心教育"犹如流水无私地滋润万物，蕴含着"仁"和"智"的理念，而"仁"和"智"是在文化的氛围中产生和传播的。校园文化建设有助于儿童心中有爱，行中生智。要求在校园文化课程设计中，找准课程与文化结合点，用文化引领课程建设，用课程建设文化，让文化走进校园、走进教室、走进学科，成为课程的一部分。

（一）"润心文化"建设

学校着力对校园文化、班级文化、餐厅文化、植被文化进行统一规划，旨在通过校园环境的营造，更加充分地发挥育人功能。

校园文化建设。完成各功能室的装修，使其富有学科内涵，科技、历史、传统文化等尽显其中；廊道文化建设，展示中国的文明与发展，比如生命起源、汉字演变、中国名人等；把诗歌文化融入学校建筑之中，比如灯柱上、花坛中；在学校围墙建设中，把体育精神、科学精神等理念以图片、"慧石"的形式展示出来，让墙壁会说话。

班级文化建设。班级文化建设要寻找每个儿童的闪光点,通过宣传和教育,发挥每个儿童的特长和个性,使班级文化生活成为儿童精神世界的乐园。天花板中绘制宇宙星座模型、人类飞天历程,让儿童对广袤的宇宙产生兴趣;教室中颜色搭配丰富而和谐,使教室呈现出自然、安静、和谐、舒适的氛围;建立班级公约、组建团队,成立团结奋发、凝聚力强的班集体;建立"阅读角",引领儿童深度阅读,启迪智慧;建立"中队阵地",培养全面发展的儿童;建立"科学之光",展示儿童的发明创造;发展图书角文化,让阅读成为班级的一种风尚;每月黑板报从多角度树立儿童世界观、人生观、价值观。开展主题班会,在班会活动中,展示儿童的爱好、特长和各种能力,满足儿童发展的需求。

餐厅文化建设。通过主题班会、国旗下演讲、餐前背诗等活动,宣传文明用餐;张贴标语,营造良好氛围;通过课程融合,宣传饮食文化、膳食知识、节约意识;将餐桌文化由孩子带给家长,让更多的家庭参与其中,扩大学校教育的辐射面;开展"我是小厨师""今天我打餐"活动,增强儿童的服务意识。

植被文化建设。学校植物类型多样,四季有花,夏、秋季有果。校园植物标签,增长儿童见识;四季植物探究,用科学的视角去认识和观察植物。主题课程融合,加强各学科之间知识的融会贯通,提高儿童的自然认知和综合素养。

(二)"润心文化"的评价要求

"润心文化"的评价从四个维度开展,分别是校园文化、班级文化、餐厅文化、植被文化。

校园文化体现在学校的每处场景、每个角落。学校校园文化的校本化,让校园文化充分为课程服务。我们通过课程与校园的融合度,儿童对校园文化的理解力,校园资源的利用率等方面对校园文化进行评测。

班级是学校最重要的阵地,儿童在学校的大部分时间都在教室度过,优美的教室环境布置,有助于儿童的身心健康发展;统一的班级公约制定,有助于培养儿童良好的行为习惯;独具特色的学习成果展示,有助于增强儿童的自信心和成就感;丰富多彩的班级活动设计,有助于增强集体的凝聚力,增强学生的团队意识。因此,我们从以上五个方面对儿童进行评价,评选"最美"班级,打造完美教室。

餐厅是儿童享受美食的场所,也是直接反映一个人的文明素养的场所。我们从科学膳食、餐桌文化、节约用餐、餐厅帮厨这四个方面,以年级为单位,评选"最美就餐员"。

学校植被中,涵盖的科普类知识很多,我们从儿童对植被的探索过程及成果展示这两个方面对儿童进行评价,每学期评选出"小小植物学家"。

八、举行"润心仪式",推进礼仪课程实施

仪式承载着深厚的文化与历史,更蕴含着丰富多彩的育人功能,在人类生活中有着非常重要的作用。教育仪式活动因其庄严而神圣的特征和思想政治引领与道德价值引领的丰富内涵,可以有效促进儿童价值观的形成与行为习惯的养成。

(一)"润心仪式"的实施策略

校园生活中琳琅满目的仪式,蕴涵着无穷无尽的教育契机,我校把儿童喜闻乐见的八大仪式整编为"润心仪式"课程,通过隆重庄严的仪式课程,为儿童养成良好的习惯,奠定坚实的基础。具体课程设置如下。(见表2-20)

表2-20 "润心仪式"课程设置表

课程名称	课程内容	课程实施
开学典礼	假期成果展示,新学期计划	
散学典礼	总结学习成果,表彰优秀	
入学仪式	习惯养成,尽快适应新生活	
入队仪式	学习十项礼仪	全校师生全员参与,在隆重活泼的仪式中实践锻炼,健康成长。
队礼检阅仪式	少先队基础礼仪检查	
礼仪使者表彰仪式	日行一善好少年表彰	
毕业仪式	毕业生形象展示	
升旗仪式	升旗仪式诵古诗	

(二)"润心仪式"的评价策略

学校以"争星、积分、换章"的评价方式,对"润心仪式"课程进行评价,根据儿童实际和发展需求,设定适合儿童发展的评价标准和评价方式,鼓励通过"活动——争星——积分——换章——心愿",使儿童不断更新和确立新的目标,始终

追求进步。

特色奖章设置。我们结合少先队员"雏鹰争章"活动的特色,创设入队奖章、队礼奖章、毕业奖章等特色章,以调动学生的积极性,增强学生的荣誉感。

对照同伴互评。在"润心仪式"课程评价中,通过自主管理小队队员在团队活动和个人竞争活动中的表现进行自动化互评,引导队员通过对照式的同伴互助互评,找优点,明差距,从而客观地认识自我,明确努力方向。

童趣化过程评价。好玩是儿童的天性,采用争章兑换心愿的方法来实现对儿童的过程评价。成功兑换学校心愿卡的儿童,还能额外获得学校的积极行为养成奖。

"润心仪式"课程是全校师生共同参与的课程,在课程评价上,学校以儿童为主体,依据主旨明确、程序严谨、形式庄严、方法创新、内容完整等原则进行评价。(见表2-21)

表2-21 "润心仪式"课程评价表

评价内容	评价标准	评分
儿童主体20分	以儿童为主体,贯穿整个仪式,儿童积极参加。	
主旨明确10分	仪式主旨明确,思想性强,有良好的教育意义。	
程序严谨10分	仪式的程序严谨,有着鲜明的政治属性。	
形式庄严20分	用庄严的仪式给儿童使命感、责任感、荣誉感。	
方法创新20分	结合儿童喜闻乐见的形式,开展仪式活动。	
内容完整20分	仪式内容完整流畅,儿童获得感强。	
总评		

总之,温润美好的教育是儿童全面发展,健康成长的途径和载体。学校以"润心教育"哲学为课程建设的出发点和立足点,通过分析课程情境,融入课程理念,规划课程设置,建构课程路径,使课程建设向上找到依存的支点,向下找到落地的根基。学校致力"给予每个孩子温润的滋养"的课程理念,以生命滋润生命,让生命更加美好。

(撰稿者:王凤香　时红鹏　孙建荣　耿韶华　张莉红　杜亚萌)

第三章

解构性：学校课程结构的统整

　　课程结构应重塑儿童的课程场域，使儿童在课程学习过程中能有效联系学科知识和自身经验解决问题，让儿童得以激发自身潜能，获得自身学习能力。课程结构的解构应结合社会现实及学校具体情境，摆脱对于课程的固有印象，用统整与跨界的眼光重设课程、创生课程、实施课程。通过对传统课程的解构，扩大儿童的学习空间，构建更加灵动的课程体系，让儿童的思考更加真实且深入。

5I课程：
让每一个生命与世界优雅地相处

踏着熊耳河畔的苍苍蒹葭，和着润物无声的绵绵春雨，伴着千亩荷田的阵阵香气，赏着诗意东篱的瓣瓣金黄，迎着银装素裹的青青松枝，郑州市管城回族区外国语小学行走在教育的四季里，满怀憧憬、热情、自信地向你我走来……

郑州市管城回族区外国语小学隶属郑州市管城回族区教育体育局，始建于1957年9月，原名管城回族区城东路第一小学，2002年9月创办为管城回族区外国语小学，2019年8月管城回族区货栈街小学并入学校。至此，学校共有两个校区，其中城东路校区位于城东路28号，占地面积8262平方米，人均2.29平方米，建筑面积为13225.68平方米，人均3.51平方米。建有2个教学楼，1个多功能报告厅，200米环形人造草坪操场；货栈街校区位于货栈街126号，占地面积2959平方米，人均1.86平方米。学校现有教学班71个，学生4561人，教职工226人。自创办为外语特色学校以来，学校的英语特色教育得到各级部门的认可：2003年加入全国外语学校联合会；2005年被确定为"国家基础教育实验中心、外语研究中心实验学校"；2009年，批准为"全国国际外籍教师英语口语教学合作实验学校"。近几年来，学校被确定为国家基础教育中心外语实验学校，河南省分级阅读实验学校，河南省国培计划培训学校，河南省在线教研实验学校；课程建设方面，学校先后荣获"管城区校本课程建设奖""管城区创客教育示范校"等称号。我们依据《教育部关于全面深化课程改革落实立德树人根本任务的意见》相关要求及学校办学实际，推进学校课程结构整合，取得了显著成效。

第一节　追求优雅美好的生命情态

学校的核心理念是教育教学与管理等活动的最高哲学思想与价值准则,是一切办学行为的逻辑起点,是贯穿于所有办学理念和办学行为的质的规定,是学校文化建设特别是课程建设的灵魂。学校教育的根本目的即原点,必须从教育观和方法论的高度去寻找,因此,深度思考学校课程建设的教育哲学是第一要务。

一、学校教育哲学

在这种观念的引领下,我们审视当下、思考未来,基于学校原有的办学特色,在坚持全面发展的同时,凸显外语特色,学校将"国本为基,多元包容"作为我们的教育理想。深入理解"国本为基,多元包容"的内涵,我们认为"和"是中国传统文化的核心,体现了中外文化的相互包容;"雅"是外在教育表现形式,我们需要在幽雅环境的创设下,通过体验、感悟、历练,让"和雅"精神触及孩子的灵魂,滋养其品格和修养。我们培养的学生既要有和广的国际视野,又要有温雅的家国情怀,故我们将"和雅教育"作为学校的教育哲学。

"和雅"的"和"取"和谐发展、和而不同"之意,这和我们整个国家和民族提倡的"和谐社会"是相呼应的,我们要求同事之间、师生之间、家校之间、人与环境之间都是和谐共生,共同促进、共同发展。在整体和谐的大环境之下,我们鼓励每个人的个性发展,不要千篇一律,不要人云亦云,无论是教师还是学生,都要敢于展示自己个性的一面,提倡改革、提倡创新。"和雅"的"雅"取"雅而不凡"之意,创雅致和谐校园,做儒雅智慧教师,育高雅灵动学生。

——和雅教育是一种和融的教育,从品行修养、学科思维、艺体素养、探索精神多个维度塑造学生,致力于学生全面发展;

——和雅教育是一种和谐的教育,从反思展示、体验感悟、实践参与、探究创作多个方面培养学生,致力于学生协调发展;

——和雅教育是一种合理的教育,从尊重认知规律、遵循自然成长的学生发

展观出发,致力于学生自然发展;

　　——和雅教育是一种和性的教育,从承认尊重个体差异、鼓励个性充分展现,借助差异,因材施教,致力于学生个性发展;

　　——和雅教育是一种和美的教育,从学生感受、理解、鉴赏、表现、创造美的多角度,调动学生主动性,致力于学生优雅发展。

　　我们的"和雅教育"旨在培养具有"宽雅的爱生胸怀、博雅的教育知能、邃雅的教学技艺"的儒雅教师团队;培养像君子一样有信心、恒心和责任心的学生,努力成为"举止文雅、谈吐温雅、内涵博雅、品德敦雅、气质贤雅和学识慧雅"的温雅少年。我们秉持如下教育信条:

　　我们坚信,

　　儒雅是教师最美的姿态;

　　我们坚信,

　　课程是和与雅的美好相遇;

　　我们坚信,

　　每个生命都能绽放缤纷的色彩;

　　我们坚信,

　　有一个雅致而美好的地方叫学校;

　　我们坚信,

　　兼和博雅、诚笃为学是教育的神圣使命。

　　每一个生命都是美好的、独一无二的,都有存在的价值,因此,我们认为永远用欣赏的眼光看学生,永远用宽容的心态面对学生;欣赏别人的优点,善待别人的缺点,尊重别人的隐私,快乐自己的人生。

二、学校课程理念

　　让每一个生命与世界优雅而美好地相处既是我们的办学理念,同样也是我们不断追求的教育目标。目标的达成需要通过多种渠道来进行,其中课程建设是重要途径。真正的优雅,是修于内心,表于外在。这种外在,只是自己内心层次的一个体现。一个优雅的人,能够在平淡的生活中,做好自己,懂得感恩,心中有爱,知书达理,宽容善良。基于此,我们将我们的课程理念定为:让生命处于优雅而美好的状态。

——课程即生命情态。教育是为了人的生命质量而进行的社会活动,是社会中最体现生命关怀的一种事业。青少年时期是人生的一段重要生命历程。学生参与课程的过程就是一种生命历练的过程,享受生命的过程,感悟生命的过程。我们的课程就是为了培养健全的人格,让学生生命情态温文尔雅。

——课程即美好相拥。教育的目的主要是促使社会历史的客观文化向个体的主观文化转变,培养完整的人格,主要途径是"陶冶"和"唤醒"。学校为学生提供的课程学习远远超过国家基础性课程的学科范围。我们只有用客观文化唤醒个体文化,让学生在文化交流、文化碰撞中成长,做一个有思想、有底蕴的敦雅之人。

——课程即内在生长。教育不是单纯地将目标、知识灌输进一个容器,而是要使每个人的天性和与生俱来的能力得到拔节生长。学校课程的实质是为学生搭建体验、经历的平台,为学生的生长提供阳光、雨露、土壤和肥料,让学生自然、自由、快乐地生长。

——课程即优雅相处。课程不仅仅满足个体生命潜在生命力开发与生长的需要,而且努力达成生命之间的相互理解和认同,达到人与社会、人与人,人与自然的和谐共生,和平相处。

——课程即经历丰富。只有丰富的经历才能有成功的收获。学校课程就是让学生从不同的历程中,感受不一样的精彩;从不同的经历中,丰富人生的智慧;从不同的体验中,和美在一起。美的语言,美的行动,美的方式,美的内容,美的呈现等都能给学生美的享受,让学生更能体验到教育的魅力,感受到和善的人性之美,和智的理性之美,和雅的艺术之美,等等。

总之,我们的课程就是要为学生能与世界优雅而美好地相处搭建成长的平台,提供成长的机会,丰润成长的经历,满足成长的需求。

第二节　激发雅致成长的内在潜能

学校课程建设是为育人服务的,课程目标的确立必须以学校的育人目标为基础,因此在确立课程目标之前,我们首先确定育人目标。

一、育人目标

依据学校的办学理念和课程理念,我们将培养"和善、和智、和美、和健、和创"的少年定位为学校育人目标,培养具有如下素养的学生:

——和善(Integrity),做和善少年,诚实守信,友善待人;

——和智(Intelligence),做和智少年,好学多问,乐于探索;

——和美(Interest),做和美少年,博学多才,温文尔雅;

——和健(Inspiration),做和健少年,身强体健,心态阳光;

——和创(Innovation),做和创少年,勤劳笃行,勇于实践。

学校清晰的育人目标为课程建设指明了方向,而课程的模型构架则决定着课程建设的实施路径。因此,依据教育哲学和育人目标,我们确立我校的课程结构为"5I"课程。"5"指学生全面发展的五个方面,"I"则有多重含义:它既是育人目标——做和善、和智、和美、和健、和创少年的五个核心词汇英文单词的首字母,也是目标内涵的集中体现。同时,英文单词"I",即"我"的意思,也表明"我崇尚和善,我运动健康,我追求爱美,我善于思维,我乐于创造"这些学生的内在发展追求。

二、课程目标

育人目标的实现必将通过课程这一途径,为此我们对"5I"课程进行了目标分级细化,形成各年级的课程目标。每一个年级都从"和善、和智、和美、和健、和创"几个方面,依据学科课程标准,梯级递进式进行了目标设定。(见表3-1)

表 3-1 "5I"课程目标设置表

课程目标 年级	和善 诚实守信 友善待人	和智 好学多问 乐于探索	和美 博学多才 温文尔雅	和健 身强体健 心态阳光	和创 勤劳笃行 勇于实践
一年级	热爱祖国,热爱学校、关心班级和少先队组织;尊敬老师,孝敬长辈,和同学交往懂礼貌;适应小学学习生活,逐步养成良好的学习、劳动、卫生习惯;认真学习,自己的事情自己做。	初步具备最基本的学科文化知识;基本掌握最基本的学习方法;培养良好的学习习惯;初步掌握听说读写算的基本能力,具有简单的动手操作能力和探索精神;初步养成观察事物、思考问题的习惯,有好奇心。对学习有兴趣,乐于学习。	初步培养学生的音乐感,丰富情感体验;通过绘画尝试表达内心情感。	了解体育锻炼的好处;学会基本的体育动作与游戏方法;体验体育活动的乐趣,充分展示自我。	了解身边常见动植物;了解生活中的科技产品及其给人类生活带来的便利;培养对新事物认知、探究的兴趣。
二年级	热爱祖国,热爱学校、关心班级和少先队组织;尊敬老师,孝敬长辈,和同学交往懂礼貌;了解并掌握《小学生行为规范》,待人诚实、谦让、合群、勇敢;了解安全、法治、环境、科学等方面的知识;认真学习,自己的事情自己做。	初步具备最基本的学科文化知识,基本掌握最基本的学习方法,逐步养成一定的学习习惯,初步掌握听说读写算的基本能力,具有初步的动手操作能力和探索精神;初步养成观察事物、思考问题的习惯,留心生活,热爱生活。对学习有兴趣,乐于学习,初步养成学习的能力。	初步培养学生的音乐感,丰富情感体验,学习简单的民族舞蹈,激发学习音乐的兴趣;激发丰富的想象,唤起创造的欲望。	进一步了解体育锻炼的好处;知道身体各部位名称及自己身体的变化,发展柔韧、反应、灵敏和协调能力。	了解人类可以利用科学技术改造自然、改善生活;初步了解生命科学领域、宇宙科学领域、技术与工程领域简单知识。
三年级	热爱祖国、家乡、集体,热爱科学,有民族自豪感和集体荣辱观;懂得尊重老师、孝敬	具备基本的学科文化知识,基本掌握一定的学习方法,初步养成一定的学习习惯,	整体感受音乐美,学习民族舞蹈;初步培养学生创造美的	基本养成自觉参加体育锻炼的习惯;通过体育锻炼,培养	了解科学研究的过程和方法,亲身经历科学探究的过程;保

课程 目标 年级	和善 诚实守信 友善待人	和智 好学多问 乐于探索	和美 博学多才 温文尔雅	和健 身强体健 心态阳光	和创 勤劳笃行 勇于实践
	长辈，能与人和谐、融洽相处；有纪律意识，公德意识，能自觉以《小学生日常行为规范》规范自己的言行；勤奋学习，积极参加公益劳动、家务劳动和少先队的主题教育实践活动。	初步掌握听说读写算的能力，具有动手操作能力和探索精神；基本养成观察事物、思考问题的习惯，有好奇心，敢于提问。对学习有兴趣，乐于学习，逐渐形成学习的能力。	能力，并表达自己的感受。	良好的心理品质和集体荣誉感；增强体能，激发运动兴趣。	持和发展对周围世界的好奇心与求知欲；亲近自然、欣赏自然、关心现代科技的发展。
四年级	热爱祖国、家乡、集体，热爱科学，有民族自豪感和集体荣誉观；懂得尊重老师、孝敬长辈，能和谐、融洽地与人相处；有纪律意识，公德意识，能自觉以《小学生日常行为规范》规范自己的言行；勤奋学习，发扬拾金不昧、团结友爱、助人为乐的精神；有健康阳光的心理素质。	具备基本的学科文化知识，掌握基本的学习方法，基本养成良好的学习习惯，掌握听说读写算的基本能力，具有动手操作能力和探索精神；基本养成观察事物、思考问题的习惯，有好奇心，敢于提问，敢于质疑。对学习有兴趣，乐于学习，学科基本素养初步形成，基本能独立处理学习中遇到的各种问题。	培养音乐感受与欣赏的能力，能有自信、有感情地演唱，学习民族乐器；体验不同绘画材质产生的效果，激发想象力与创造力。	积极参加体育锻炼；应用运动技能安全地进行体育活动；进一步发挥灵敏、柔韧和平衡协调能力；培养勇敢、顽强、自觉遵守规则和团结协作的品质。	培养学生认真观察和实验的能力。引导学生在生活中亲近科学、运用科学；学会分析事物之间的因果关系，运用知识解决相关实际问题。
五年级	了解中国国情和历史，热爱祖国、人民、劳动、科学、社会主义，有民族自豪感和集体荣誉观，树立远大的理想；能用	具备一定的学科文化知识，掌握一定的学习方法，养成良好的学习习惯，掌握听说读写算的初步能力，具有动手	培养热爱美、欣赏美的情趣，增强音乐感受力、欣赏力和创造力；增强设计与	乐于积极参加体育活动，运用所学技能安全进行活动；掌握1—2项体育运动技能；知	了解科学探究的过程；学会简单收集、分析和处理信息的技能；能运用科学探究

课程目标 年级	和善 诚实守信 友善待人	和智 好学多问 乐于探索	和美 博学多才 温文尔雅	和健 身强体健 心态阳光	和创 勤劳笃行 勇于实践
	日常礼仪待人接物，热情、得体；具备遵纪守法的观念和自我保护的能力；有明确的学习目的、学习态度和学习习惯；能够正确把握自己、调节自己，有健康阳光的心理素质。	操作能力和探索精神；养成观察事物、思考问题的习惯，有好奇心，会学习、善学习，对学习有兴趣，乐于学习，学科基本素养进一步提升，能独立处理学习中的基础问题。	审美意识，发挥美术构思与创作的能力。	道在比赛中摔倒时的自我保护方法，在运动中知道尊重和关爱同伴。	方法解决比较简单的日常生活问题。
六年级	维护祖国荣誉，热爱人民、劳动、科学、社会主义，有民族自豪感和集体荣辱观，树立远大的理想；能用日常礼仪待人接物，热情、得体；具有自尊自爱、正直坦诚、宽厚待人等个性心理品质；能够帮助他人，愿意为集体服务；有正确的学习目的、学习态度和学习方法；正确看待学生与学生之间的互助、合作和竞争，有健康、阳光的心理素质。	具备一定的学科文化知识，掌握一定的学科学习方法，具有良好的学习习惯，具备一定听说读写算的基本能力，具有动手操作能力和探索精神；养成观察事物、思考问题的习惯，有好奇心，会学习，善学习，敢创新，会创造。对学习有兴趣，乐于学习，学科基本素养进一步提升，能正确独立处理学习中的问题。	培养乐观的态度和友爱精神及合作能力；体会美术和生活环境、美术与传统文化的关系。	乐于积极参加体育活动，运用所学技能安全进行活动；努力做到耐力、速度、平衡等身体素质的协调统一；掌握3—4项体育运动技能，并成为特长项目。	初步了解分析、综合等思维方法，发挥学习、思维力、实践和创新能力；了解通过科学探究达成共识的科学知识会不断完善和深入，甚至会发展变化。

　　我们的"5I"课程全面贯彻"和雅"的教育哲学，立志实现"和善、和智、和美、和健、和创"的课程目标，"让每一个生命与世界优雅地相处"的课程理念已经融入课程建设的每一个方面，激发学生内在潜能，提升学生全面素养，激励学生成为新时代的"雅致"好少年。

第三节 搭建全面发展的成长平台

为促进学校课程专业化发展,增强学校课程体系建设的严谨性、科学性、系统性,学校基于"和雅教育"的教育哲学以及学校课程目标,梳理出"5I"课程体系。

一、学校课程逻辑

依据学校"让生命处于优雅而美好的状态"的课程理念及目标,我们在现有课程的基础上进行整合、拓展、梳理。(见图 3-1)

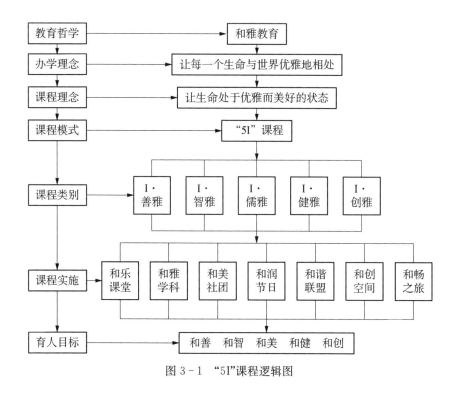

图 3-1 "5I"课程逻辑图

清晰的课程逻辑,必将为学校课程建设、实施、管理评价指明方向,保障学校课程建设扎实有效地推进。

二、学校课程结构

每个孩子都有自己的特点,有自己独特的需求,不同的孩子要有不一样的课程来实现自己的发展目标。(见图3-2)

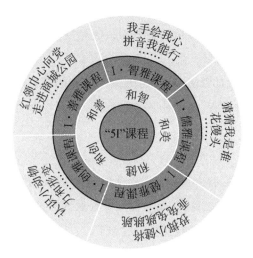

图3-2 "5I"课程结构图

(一)I·善雅课程

善雅,即善知、雅行。课程关注学生的品行修养,以培养学生的品格和意志为核心。结合学校的道德与法治课程、少先队月主题课程、心理健康教育课程、红色教育课程、节日课程等方面对学生进行教育教学。

(二)I·健雅课程

健雅,即健康、雅动。课程以健康、灵动为核心,塑造学生健美体魄,培养强身健体锻炼意识和运动协调能力,丰富学生课程体验,同时,在心理健康团体和个体辅导中,培养阳光、积极的心理素养。在活动中增强抗压、抗挫、团结协作及公平竞争意识。

(三)I·儒雅课程

儒雅,即温儒、优雅。课程以追求美、鉴赏美为核心,培养学生儒雅气质,人文情怀,提高学生感知美、追求美、鉴赏美、创造美的水平,课程重心指向学生核心素养中的人文底蕴。包括乐器、合唱、舞蹈、绘画等。

(四)I·智雅课程

智雅,即智慧、雅趣。课程关注学生智力发展,以增强学生的观察力、记忆力、想象力和思维能力为核心。课程主要包括语言类课程、交流类课程、益智类课程等。

(五)I·创雅课程

创雅,即创新、明雅。课程指向学生创新精神与实践能力的发展等重要核心素养。学校根据课程理念转变育人方式,整合设置"I·创雅"课程,让课堂教学、课程设计与课外拓展活动都紧密围绕学生创新与实践的核心素养。主要包括:智能机器人课程、手工制作课程、Scratch编程课程等。

三、学校课程设置

有了学校课程理念、育人目标和课程结构的奠基,我们课程建设领导小组、研发团队,深入解析国家基础课程,思考探究课程设置的目的性、实施路径、问题产生、解决方案等众多方面,将学校课程设置如下。(见表3-2)

表3-2 "5I"课程设置表

年级	I·善雅课程	I·健雅课程	I·儒雅课程	I·智雅课程	I·创雅课程
一年级上学期	道德与法治 认识我的校园 感受浓浓的年味 红领巾心向党 新年新气象	投掷小健将 宝贝快站好	猜猜我是谁 撕撕贴贴 鼓娃娃	我手绘我心 我是拼读小能手 字母大比拼	认识小动物 我在哪里找朋友 我是小售货员
一年级下学期	道德与法治 我是小主人 守护绿色 走进紫荆山公园 走进商城公园	乖兔兔跳跳跳 我是小标兵	花馒头 动物王国 鼓娃娃	拼音我能行	科技改变我们的生活 力和形变 美丽的校园 积木嗨起来
二年级上学期	道德与法治 了解学校史 赏花灯 猜灯谜 我是阅读家 交通安全反思日 平安行动	接力小明星 跳绳小能手	折纸添画 纸杯变形记 我是小花旦	有故事的汉字 慧心识图 英语童谣	我们的家园 四季与生物 变身小柯南 神算小能手

年级	I·善雅课程	I·健雅课程	I·儒雅课程	I·智雅课程	I·创雅课程
二年级下学期	道德与法治 劳动最光荣 走进中原图书大厦 我是诚实正直的队员	小明星排排站 快乐小青蛙	可爱的泥泥狗 蝴蝶穿新衣 我是小花旦	我是小小演讲家 英语童谣	植物保育员 太阳与月亮 小小设计师
三年级上学期	道德与法治 城乡少年手拉手 走进河南博物院 我是小小护牙士 我是英语小达人	街球小达人 你追我赶	和水墨做朋友 梦想之花 舞蹈 我的花手帕	欢乐故事会	我们怎样呼吸 太阳给我们带来了什么 算式之谜——虫食算 英语对话
三年级下学期	道德与法治 忆先烈扫墓 走进二七纪念塔 阳光成长 我是运动小明星	险地求生 篮球传递	朱仙镇木版年画 梦想之花 舞蹈 生活的社区	小故事大道理 英语对话	水和盐的故事 电与我们的生活 我是小小旅行家 神奇的倍
四年级上学期	道德与法治 少年军旅 手拉手红领巾助残 走进郑州市科技馆 河南省地质博物馆	小马过河 一击即中	四季的色彩 奇妙的枕头 古筝展示	我爱看电影 英语故事会	无处不在的运动 食物中的营养 图形世界真有趣
四年级下学期	道德与法治 我是小小科学家 我是小小安全员 红领巾心向党 包粽子念屈原	球球俱进 快乐大冲关	有人脸的器物 设计生活标志 古筝展示	古诗里的秘密 英语故事会	"五官兄弟"游乐场 科学改变我们的生活 "算得快"的奥秘 生活中的大数据
五年级上学期	道德与法治 做月饼话团圆 走进清明上河园 祖国发展我成长 消防安全记心间	小小解放军 奔跑的旋律	我和大师一起画 小小指挥家 神奇的笔	小小演说家 英语配音	我们为什么会热 了解我们的地球 天平的秘密 旋转的美

年级	I·善雅课程	I·健雅课程	I·儒雅课程	I·智雅课程	I·创雅课程
五年级下学期	道德与法治 我是四好少年 我是文化传播大使 放飞理想 走进黄河游览区	舞出精彩 武术	纸花样 水墨课堂 梨园新苑	我和汉字欣赏有个约会 英语配音	我们的祖先 海洋生物 小树叶大面积
六年级上学期	道德与法治 敬老人献爱心 世界艾滋病日防艾"小手拉大手"	上篮小能手 小轮环推动大世界	多元化艺术 招贴画和之声 学唱民歌	亲近母语浸润诗词 我是朗读者 英语绘本	我认识光 认识我们的身体 小地图大世界
六年级下学期	道德与法治 我的未来不是梦 放飞理想 走进宇通客车厂	投篮我最棒 疾飞少年	我的校园 学习民乐知识 豫见戏	我来读名著 蒙古包里知识多 英语戏剧表演	四季的故事 肉眼看不见的世界 车轮的奥秘

学校的"5I"课程规划坚持以人为本,遵循学生身心发展规律与教育规律,将科学的课程理念结合学校课程情境、学校课程哲学、学校课程目标、学校课程管理,充分反映新时期社会发展对人才培养的新要求,全面体现先进的教育思想和教育理念,明确学生应具备的品格和能力。将学校"和雅教育"植根于中华民族的文化历史土壤,落实社会主义核心价值观的基本要求,引领课程改革和育人模式变革。

第四节 筑就丰润多元的课程空间

学校课程实施的过程就是将编制好的课程计划付诸实践的过程,是实现预期课程理想,达到预期课程目的,实现预期教育结果的过程。学校通过建构"和乐课堂",建设"和雅学科",创建"和美社团",创设"和润节日",建立"和谐联盟",创立"和创空间",体验"和畅之旅"等多种途径来实施,达到学校的育人目的。

一、建构"和乐课堂",提升学校课程品质

课堂是课程实施的主要渠道,依据学校和学生实际,我们建构了"和乐课堂"。

(一)"和乐课堂"的意涵

"和乐课堂"是以营造浓郁的学习氛围,建构合理的学习过程,运用科学的学习方法,达到启迪学生心智、养成良好学习习惯、培养学习能力,全方位提升课堂教学质量为目的的课堂。其中的"和"指和谐,指课堂要达到师生、生生、生本、师本、过程与方法、内容与形式、知识与能力、效果与参与度等多方面的和谐;"乐"指乐学,课堂要还原其本质,进一步明晰课堂的任务,明确课堂真正的主人,选择合理的教学内容,运用合适的教学方法,让学生愉快地学习,进而达到有效提升课堂质量的目的。

"和乐课堂"是有趣的课堂。教学的本质是教师引起、维持和促进学生学习的过程,其最终目的是让学生学会学习。在教学过程中,加强学情研究,关注、研究学生的学习态度、情感与方式,激发学生学习兴趣、指导学习方法,努力"设计好学习、组织好学习、引导好学习、帮助好学习、导评好学习",最终促进学生有效学习。

"和乐课堂"是简约的课堂。简约而不简单,教学内容要依据教学目标精心选取。要选取典型,举一反三。在使用教材的过程中,要善于利用教材、整合教材,要凸显教材的核心,明确教材的重点。要删繁去简,追求内容的简洁。

"和乐课堂"是自主的课堂。自主的课堂就是要把学习的主动权还给学生,让学生成为课堂的主角,削弱教师对学科知识本身进行的精致展现预设,转而关注

于学生的学习状态。教师关注、引导、调控学生的学习状态,让学生在学习中得到感受。"和乐课堂"教学模式呈现了充分信任学生、依赖学生的理念,要帮助学生通过自己努力,高效愉快地掌握新知。

"和乐课堂"是和谐的课堂。课堂中的师生关系不是上对下的长幼关系、授受关系,而是真正意义上的民主、平等、人文和谐的发展关系。教师和学生协同合作,共同围绕着核心问题开展自主性的探究学习,在单位时间内解决问题,实现学习目标,师生共同创建人文、自由、开放、多元、趣味的学习氛围,让学生实现真实、自由、自主的阳光学习。

"和乐课堂"是有效的课堂。"和乐课堂"更关注于促使学生掌握一定的学习方法,以学习能力的形成为本。授之以鱼不如授之以渔,尤其是学生结构化预习能力、自主学习能力、合作探究能力、问题发现生成能力、问题解决能力等。将学习还给学生,将方法教给学生,提高学生学习的效率、学习的品质。

"和乐课堂"的核心关注点是"真"。要求教学目标要"真",教给学生真实有用的知识;教学内容要"真",要选取典型,紧扣目标;教学方法要"真",要适合、恰当;教学过程要"真",要从学情出发,真实反映学习过程,避免形式主义;教学效果要"真",要注重实效,解决真问题,培养真能力。

(二)"和乐课堂"的实施

确立准确的目标。细化解读课程标准,明确学科学期目标;统览整本教材,明确单元目标;精心钻研教材,明确课时目标;认真研究学情,细化学习目标。

精选简约的内容。要基于教材,但不拘泥于教材,要创造性地使用教材;要紧紧围绕学习目标来选取,所有的内容都要为达成目标服务;要典型,有普遍意义;要依据学情,切实解决学习中的问题;选取的内容要简约,紧扣中心,避免烦琐。

运用自主的方法。整体而言,课堂的主动权在学生,在学习过程中要让学生自主学习。具体操作中要注意:方法要灵活,不同的学生有不同的学习方式,要尊重差异;方法要有用,方法是为目的服务的,只要能达到目的,就是好方法。

营造和谐的氛围。师生关系和谐,明确教师的主导作用;生生关系和谐,同伴互助学习;过程与方法和谐,体验学习的快乐;知识与能力和谐,促进全面发展。

建构科学的过程。培养兴趣,强化学习动机;先学后教,探索学习规律;把握本质,培养核心素养;学思结合,做到触类旁通;精讲精练,切实减负。

（三）"和乐课堂"的评价

依据对"和乐课堂"的理解，以及如下评价标准，提出具体要求，实施课堂管理。（见表3-3）

表3-3 "和乐课堂"教学评价表

授课人		班级		学科	
课题				评课人	
学习目标	1. 符合课程标准和教材的要求。				
	2. 目标明确具体，与学生心理特征和认知水平相适应。				
	3. 科学、适宜，精选终身学习必备的基础知识和技能，体现知识的整合。				
	4. 关注学生的个性差异，提升学生解决问题的水平。				
	5. 在自主合作探究的活动中，发挥学生独立思考、善于合作的能力。				
学习过程	1. 根据学习目标设计合适的内容，按照先学后教的顺序学习。				
	2. 学生保持良好的注意力，能提出有意义的问题，用不同方式表达自己的理解和感受。				
	3. 学生能大胆质疑辨析，思维活跃，课堂具有生成性。				
	4. 围绕中心问题展开学习，要突出重点，突破难点。				
	5. 理论联系实际，学以致用。关注学科素养的培养，提升学习水平。				
学习方法	1. 以学习任务或学习问题为出发点，教学手段、媒体恰当合适，切合学习内容。				
	2. 教学方法灵活多样，采用主动引导、临机追问、点评赏析等方式。				
	3. 针对学科特性、学习内容和学生差异有效开展学法指导，形成多样化学习方式。				
	4. 通过多种形式活动，引导学生主动、自主学习，养成良好的学习习惯。				
	5. 善于调控课堂节奏，妥善处理课堂变化。				
师生关系	1. 根据课前预习创设有助于师生对话、沟通的学习情境，营造民主和谐的学习氛围，激发学生学习欲望。				
	2. 根据学习任务设计导入，使学生快速、有兴致地进入学习情境中。				
	3. 学生参与学习活动的人数较多，形式多样，不同层次的学生参与教学的全过程。				

	4. 学生参与学习活动的时空充足,精神饱满。能主动倾听、合作、分享。	
	5. 师生合作探究积极、有效。反馈评价及时,善于激励启发学生。	
学习效果	1. 大多数学生学习积极主动,能灵活解决学习中的问题。	
	2. 大多数学生能对学习内容有深层次的理解,都有不同程度的收获。	
	3. 大多数学生能完成学习任务。	
	4. 学生体验到学习和成功的愉悦,有进一步学习的愿望。	
	5. 教师体验到教育教学的幸福。	
综合评价		
备注		

二、建设"和雅学科",丰富课程体系

我校在"让每一个生命与世界优雅地相处"这一哲学思想的引领下,以"和雅学科"来推进学科特色课程的建设和实施。学科特色课程是指国家规定的基础课程和教师根据基础课程的设计、自主开发适合自我需求的课程,形成"1＋X"的课程群。通过学科特色课程建设来满足学生的成长需要、促进教师的专业发展、打造学校的特色品质课程体系。关注学生的学科思维,通过自然本真的、立体的"1＋X"学科课程群建设,让学生在"和雅学科"中锻炼学科思维,丰富生活体验,提升综合素养。"1"指整合后的国家基础性课程。该课程内容体现了"用教材教而不是教教材的"思想,既落实了国家规定的基础性课程,同时又超越了教材。"X"指个性化发展的拓展性课程。形成既遵循儿童在基础教育阶段的普遍认知特点,又体现校本课程及个性化拓展性课程。"＋"不是简单的加法,而是促进"1"与"X"相辅相成,达成"1"和"X"平衡的或增量或变量。"1"与"X"相结合,共同达成学校"和雅教育"的培养目标。

"慧心语文"课程群建设。"读书需慧心",才会出现我们期待的美好境界。语文教师应高度重视课程资源的开发与利用,创造性地开展活动,增强学生在各种场合学语文、用语文的意识,多方面提高学生的语文水平。我校语文学科基础夯

实,以丰富的特色学科课程、特色学科活动作为载体,构建"1+X"课程体系。

"原味英语"课程群建设。基于"原味英语"的学科理念,英语教师在教学过程中确立嵌入式课程,它具有内容整合化、情境生活化、时间灵活化和系统最优化等特点,通过师生协同、创设情境、回归教材和拓展延伸等环节,实现英语课程的整合和优化。在英语课程中学习知识、技能,让学生在生活中运用英语,原汁原味地学用结合。

"智趣数学"课程群建设。"数学是思维的体操"。"智趣数学"并不是一种固定的教学模式,而是丰富多元的,教学的形式、方法、途径、评价都是在遵循科学性的前提下,采用逐级递进、螺旋式上升的原则构建数学特色课程。

"动感体育"课程群建设。"动感体育"旨在通过学生跟随动感的韵律,在丰富多彩的各种运动中,放松肢体,放飞心情,在运动的步伐中,展现学生昂扬向上的精神风貌,活力自信的朝阳心态。让每一个学生都能在有限的空间里,全身心地参与到体育健身的运动中来,在快乐运动中促进学生健康成长。

"创意美术"课程群建设。为打破传统美术教学只重视专业知识与技能的局限性教学模式,力求用"创意"美术课程群的实施,针对不同年龄层次学生的发展需要,引导学生在美术创造活动中,用美学的眼光欣赏美术作品,将美学运用到生活中去,创造性地用好美术语言,培养学生审美的情趣和能力。

"雅韵音乐"课程群建设。"雅韵音乐"依托于国家艺术类课程的课程标准,开放艺术类课程的课堂,通过课堂发现学生的艺术潜质,培养学生的审美能力,从而提高学生艺术素养和水平,积累深厚的艺术文化底蕴,激发学生对艺术的喜爱之情,培养学生优雅韵致的生活情怀。

(一)"和雅学科"的实施

一是基于教材,整体规划学科课程。学校在综合考虑现有特色,学生实际需求,落实课改理念的基础上,对学校原有的自主拓展性课程进行了梳理,考虑了课程项目、课程数量、课程老师、课程实施教材、课程开展时间等方面的因素,设置了"慧心语文""原味英语""智趣数学""动感体育""创意美术""雅韵音乐"这几个学科课程群。积极利用和开发教材资源,充实和完善学科课程资源。

二是基于教师特长、学生兴趣爱好,拓展规划个性课程。教师设计课程,学生自主选择课程。学校组织教师分析个人特长和兴趣,征求学生兴趣爱好志愿,在现有师资及聘请专任教师的基础上,开设学科的拓展性课程。

三是基于特有的地方传统，深入规划实践课程。联系生活实际，强调语用，深入挖掘资源、充实课程。全校教师形成合力，挖掘潜力，同时，充分挖掘学生、家长、社区的有效和优质资源，密切配合，完成开发和实施学科课程群建设。

四是基于学校原有的特色活动，科学规划创新课程。在学校原有的办学理念和开展的学科活动的基础上，结合学科课程开发、建设、实施的先进理念，进一步完善"和雅学科"的内容，优化实施路径，科学评价体系。

（二）"和雅学科"的评价要求

评价是教育教学活动中的重要一环。我们根据"和雅学科"的意涵，依据以下评价标准，提出明确要求，实施管理课程。

具备独到的学科理念。独到的学科理念有利于形成学科特色，这是"和雅学科"的关键所在。

完善特色的学科建设方案。有相对完善的基于特色学科理念的学科建设方案，基于特色学科理念下的学科建设方案是"和雅学科"建设的途径和保证。

呈现立体、多元的课程设计。课程内容的预设力求体现科学与人文的整合，理论与实践的整合，德育与智育的整合。丰富、立体、多元的课程内容能够增强学生的学习兴趣，丰盈学生的学习生活，积累学生的学习体验，是"和雅学科"建设的原动力。

优化高效的学科教学。高效、优化的学科教学是保证学科质量的基础。明晰目标、拓宽途径、革新方法、提高效率、严密管理就像学科质量的五指，配合得恰当，学科质量必然会提高。在保证学科质量的基础之上，打造"和雅学科"的模式。

关注方法与能力的有机融合。积极主动地实施学科学习及学法引领，加强对学习方法、学习能力的引领和训练。注重教法和学法相结合，课内与课外相结合，倡导"乐学课程，善学学会"是"和雅课堂"建设的亮点所在。

建设卓越的学科教研团队。"人人都是学科的建设者"，注重课堂教学研究，提升个人专业成长，加强交流，形成团队合力，共促学科发展，打造"和雅学科"的中坚力量。

三、创建"和美社团"，促进学生身心和谐发展

"和相应，美相随"，"和美"即和谐、尚美，"和"是核心，"美"是特色，我校坚持

"以生为本、五育并举"的原则，"以美立校、以美育人、以美育德、以美益智、以美健体"，努力打造"和美特色社团"，使学生积极地追求心灵美、形体美、姿态美、性格美，促进学生身心和谐发展，培养学生审美能力，塑造学生美丽人生。

（一）"和美社团"的实施

在"和美社团"中，感受传统文化之美。国学经典是代代相传的民族文化精髓，构成中华传统文化的核心价值体系。它蕴涵的传统美德，在潜移默化中塑造学生健康的人格，提升学生的德育素养。国学经典符合小学生的认知心理发展特点，对于青少年世界观的形成具有现实指导意义。因此，我校特别重视优秀传统文化在小学课程中的渗透与教育。在平时的教育实践中，一方面，我们把国学教育融入课堂教学，在思想上教育学生诚实守信、尊老爱幼、宽以待人；言行上培养学生知礼仪，需谦恭，行善举。另一方面，课下我们把喜欢国学经典的学生聚在一起，开设"国学堂"。在这里，他们不仅可以学到博大精深的中国传统文化，还可以穿戴上传统服饰，学习传统礼仪，与民间艺人面对面学习……为了激发学生学习国学经典的热情，每学年我校会在年级和班级中开展"儒雅小绅士""文雅小淑女"评比活动。学校"国学堂"的设置起到以点带面的辐射作用，它让越来越多的学生和家长更多地关注国学，了解国学，热爱国学，为传承中华民族优秀文化，塑造学生健全人格，培育高尚美德，奠定了坚实基础。

在"和美社团"中，感悟语言文字之美。发展学生核心素养是学生应具备的能够适应终身发展和社会发展需要的必备品格和关键能力。根据我校实际情况，结合基础类课程的课程纲要及课程规划方案，制订了我校"我爱表达与交流"活动实施方案。基础类课程以听、说、读、感受、表达为实施方式，从而促进学生人文素养的提升。另外，我校大胆创设了"小书虫文学社""英语交流坊""博雅辩论场""配音工作棚""脱口 SHOW""校园金话筒"等社团，激发学生主动与人交流和表达的兴趣，并结合学校每学期开展的"我是表达小明星""优秀主持人""英语达人秀"等社团活动，掀起全校语言表达的高潮，促进和智类课程的拓展与延伸。

在"和美社团"中，展现健康运动之美。培养健康的体魄，健全的人格和高尚的心灵是学校育人的最终目标。没有强健的身体和健康的心灵，一切皆为空谈。因此，如何通过一系列活动让学生爱上运动，身心得到健康和谐发展是我们育人的核心。我校利用自身特点因地制宜，通过丰富多彩的社团活动让学生积极地参与其中,并在活动中得到成长与锻炼。同时,社团活动与各级各类体育竞赛的有效结合,能更好地激发学生参与活动的兴趣。为了推动"我爱运动与健康"特色主题,我校开设了"闪电轮滑俱乐部""旋风少年足球""花样跳绳""太和社""天行毽""青篮社"等课程群,紧紧围绕培养身心健康、和谐发展的学生的育人目标不断努力。

在"和美社团"中,展示姿态形象之美。以"自信的我,活力的我"为培养目标,构建我校的"艺术审美"类课程社团。从保证学生的艺术活动时间、拓展学生的艺术活动空间、丰富学生的艺术活动出发,我们开展了"动感街舞地带""艺术插花工坊""金巧手书画坊""T台秀剧场""Magical music""梦想合唱团""AI梨园"等十几门艺术审美类课程,形成了特色社团群。同时,课堂教学中,我们大胆地将音乐、美术等学科有机融合,在点滴中浸润学生的心田。

在"和美社团"中,体验实践创造之美。为了更好地推行素质教育、培养学生的创新精神,提升动手实践水平,并结合我校实践情况及办学特色,我们以学校课程规划方案为指导,形成以"科学动脑,协调动手"为宗旨的课程群。例如"数海遨游""动漫时刻""魅力魔方"等社团活动,鼓励学生在课程中积极动脑,大胆创新,勇于探索,不断发扬求真求实的科学精神;"气象乐园""养殖小能手"让学生对自然现象保持好奇心和求知欲;"科学实验室""我爱发明"增强学生开拓创新的勇气,并在探究中发挥学生的合作能力、实践能力与创新意识。为了让更多的学生参与其中,每学期我们都会开展"科技创新小达人""小小数学家"等评比活动。多姿多彩的智趣社团不仅培养了学生爱科学、学科学的浓厚兴趣,还提升了学生主动用科学知识解决生活中实际问题的能力,真正达到将知识学习和能力运用和谐统一。

(二)"和美社团"的评价要求

根据学校"和美社团"具体实施及活动要求,制定以下评价表。(见表3-4)

表3-4 "和美社团"评价表

评价维度	评价指标	评价分值
实施目标 (20分)	1. 社团管理体制完善,机构设置合理,制定符合学生实际的社团建设实施目标。	
	2. 学生社团要突显学生的主体性和创造性,使学生在社团活动中自由发挥、健康发展。	

评价维度	评价指标	评价分值
组织建设 （20分）	3. 社团人数适当,规模适中,成员资料档案齐全。	
	4. 社团活动空间相对固定,环境良好,有一定的文化建设。	
制度建设 （20分）	5. 建立、健全并严格执行社团各项规章制度。计划科学、合理且可行。	
	6. 社团活动内容丰富、形式多样,体现趣味性、实践性和综合性,有利于学生综合素养的发展和提升。	
活动记录 （20分）	7. 按目标计划定期开展社团活动,组织有序、记录翔实。	
	8. 建立社团成员活动档案袋,各种记录保存完好,开展活动效果显著。	
活动成效 （20分）	9. 学期末开展社团满意度民意测评(学生卷及家长卷),进行社团特色校级展示活动。	
	10. 活动取得良好的教育效果,在学校中有一定的影响,分享交流社团活动的经验。	

总之,"和美社团"的建立,为孩子提供成长的空间,搭建成长的平台,满足成长的需求,丰富成长的阅历,让每个孩子在这里能够做到睿智、博学、健康、儒雅,不断成长与进步,找到属于自己的天地,从而实现自己的理想。

四、创设"和润节日",升华课程主题

"和润节日"课程是和雅课程的项目之一。借助特色节日,丰富课程内涵,提高少年儿童对民族文化的认识,增强民族自豪感和爱国主义情感。为了开展更多适合学生个性发展的节日主题活动课程,丰富学生的经历和情感,我校以"和润主题月""和润志愿者"为主题,充分利用假日新视野活动,开展节日课程探究实践活动,促进学生在体验节日习俗中感悟生活、理解内涵、内化品格、奠定人生,促进实践活动德育课程的实施,营建校园文化课程。

"和润节日"融合了传统节日、现代节日和学校特色节日三个方面,蕴含着丰厚的文化内涵。根据各年龄段学生的不同认知特点,选择恰当的节日教育内容,根据节日进度表,有计划地开展节日专题性教育活动。通过认知与实践,学生可以多方位感受节日文化与习俗的魅力。

"志愿者活动"以校园生活为依托,目的是增强学生的社会责任感,培养学生的社会参与意识。每个专题可综合运用参观活动、谈话活动、行为辨析、情景表演、游戏活动、社会实践活动等多种活动形式,丰富学生的道德情感,提高其道德认识,逐渐帮助学生形成一定的道德行为和习惯。

（一）"和润节日"的实施

建立一个家庭、社区、学校联动的活动组织,是"和润节日"课程开展的重要保障。"和润节日"以学生直接参与的丰富多彩的活动为主要教学形式,强调寓教育于活动之中。围绕一个主题,以学生的年龄特征、经验背景和学习兴趣等为设计基础,将知识、技能与情感、态度、价值观的培养融为一体。活动在内容上提倡和鼓励教师从学生的实际生活中捕捉有教育意义的内容,或与学生合作选择内容,或利用学生自己的选择来组织活动;教学活动在形式上不拘一格,形式服从内容,可根据具体目标、内容、条件、资源的不同,因地制宜地选择各种不同的教学活动类型。教学活动形式可以是单一的,也可几种形式结合使用。具体形式如下:

志愿知识微讲堂。通过班级活动等形式对学生进行一些知识的传授,能够用较短的时间,使学生获得较多的知识。

网上冲浪全搜索。可根据学习内容的要求、学生的兴趣和水平进行组织与指导,确定搜集的目标和范围,将得到的资料按要求或以学生熟悉的方式进行整理、利用、交流。

角色模拟微感观。这类活动是为了让学生获得某些难以身临其境的学习体验、经验、知识等,有目的地创设某种情景,令其经历的仿真性演习活动。通过组织学生到现场观察或与当事人交流,使学生对所关注的问题能通过亲身体验,获得直观的印象和更加深入的了解。

实地参观全体验。这类活动旨在充分利用各种校外教育资源,让学生走出学校,通过各种益智激趣、强身健体的活动,到社会中去学习、实践,以开阔眼界,增长知识,扩展兴趣,发挥实践能力。

（二）"和润节日"的评价要求

评价是教育教学活动中的重要一环。我们根据"和润节日"的意蕴,依据以下评价标准,提出明确要求,实施管理课程。

体现主体性。确认教学的本体地位,确立学生的主体地位,把教学作为民主的、积极的和创造的实践活动来开展,使学生成为追求真、善、美的主体。

突出趣味性。根据学生的知识基础、认知水平和心理发展的特点,教师要尽可能地选择适合学生特点的内容,并以学生喜闻乐见的形式开展教学活动,做到难易适中,形式丰富,内容新颖,以此激发学生的学习兴趣,保持学生的学习积极性,使学生乐于参与,在参与中自信起来,以求实效。

凸显灵活性。教学内容、方法应以学生的实际情况而定,教师应从学生的能力、效果等差异出发,因材施教,灵活作出内容上的修改,以便控制课堂,适时调整。

尊重开放性。教学内容可根据需要选择于课堂、校园、文明礼仪展室等场所进行,充分发挥不同场所的作用,达到最佳教学效果。

对"和润节日"的评价,主要从节日主题的确定、活动目标的达成、活动内容的设置、活动方式的选择、活动形式的实施等方面,综合评价其合理性。根据评价结果进行调整。(见表3-5)

表3-5 "和润节日"课程评价表

评价指标	评价内容	评价分值
主题 (20分)	1. 主题明确、立意独特、意义深远。 2. 主题具有科学性、针对性、可操作性、思考性。 3. 根据学生生活实际、身心发展、兴趣爱好、成长中遇到的共性问题确定主题。	
目标 (20分)	1. 目标明确,有针对性和时代性。 2. 起到对学生情感态度价值观的教育。 3. 学生有认识,有体悟,自我教育水平得到提升,能促进学生身心健康发展。	
内容 (20分)	1. 贴近社会现实、贴近学生实际生活、符合学生身心发展规律。 2. 扣紧主题,合理定位。 3. 根据年龄特点分层次,突出重点。	
实施 (20分)	1. 活动设置具有拓展性、开放性,问题能给学生思考的空间,引导学生体验和感悟。 2. 活动设置要合理,可行性要强,要依据所确定、分解、细化的具体内容选择活动。 3. 活动设计有特色有创意,面向全体学生,关注学生的个性和差异,注重培养学生的实践能力,体现课程的实践性、自主性、综合性、创造性和趣味性。	

评价指标	评价内容	评价分值
	4. 采取多种形式呈现,师生互动,学生参与面广,能充分体现学生主体、教师主导的新课程理念。	
方式 （20分）	1. 创新独特、灵活多样,提供学生展示自我的平台。 2. 注重活动过程,关注学生的感悟和体验。 3. 开展团体性活动,培养团队意识,引导学生合作学习。 4. 能创设生动、活泼、有效的课堂氛围。	
总分		

五、建立"和谐联盟",促进家校共育

随着国民素质的提高,新时代的家长大多接受过良好的教育,对教育问题有自己的看法,家长不愿只做学校教育的旁观者和教师的教育对象,他们希望成为学校的合作伙伴。基于此,家校合作势在必行。我们学校建立了家校"和谐联盟",深入研究实践,形成统放有度、协同发展的家校工作机制,推进师生家长的成长及学校教育的持续发展。

（一）"和谐联盟"的实施

"家长进课堂"微型课模式。"家长进课堂"模式,主要适用于家长工作不忙时,可以集中进行家长课堂的课程开讲。在一个学期内,每三周开展一次的频率适合大多数家长,授课形式以家长授课、班主任授课或专题报告为主,内容以"亲子共成长"家庭教育为主。

心理导师制。每周一次座谈会,和家长面对面沟通,把脉个别学生的成长问题,建立学生个人成长档案。导师指导学生填写成长档案,记录学生成长轨迹。建立家长联络制度。定期与家长取得联系,每月至少通过电话、走访等方式联络一次并做好记录。导师必须对学生本人及其家庭有清晰的了解,对家庭情况进行简要分析,包括家庭的结构(单亲、孤儿、重组家庭更要作为重点)。导师与家长的联系过程中,要讲师德,维护教师和学校形象。关注学生的全面成长情况,定期与学生交流,关注学生变化。每3周至少与结对学生谈心(面谈、书信、周记、电子信箱等)辅导一次,并记录辅导内容,对学生的过错进行耐心细致的教育,对学生取

得的进步,及时和家长沟通。

家校"和谐联盟"平台的实时联动。教育需要沟通,进入信息化时代,家长会、家访、打电话,这些传统的沟通需要被一种新的、更有效、更便捷的方式所替代。现代网络技术,为人与人的交往搭建了交流的平台。微信、QQ、E-mail 都是交流的纽带。实行互动短信交流,为学生和家长及时、准确地传送教学信息和学生素质情况、学习成绩、社会实践等学生成长记录;为家庭教育提供咨询、建议方法和知识。

家校联盟专题报告会。学校定期邀请教育专家进行家庭教育专题报告会,家长和班主任都积极参加,认真听课,会后开展教育座谈会,共谈教育所感所获,让家长明确自己在家庭教育过程中的地位,找到和孩子沟通的途径方法,家长和教师能不断地更新自己的教育观念,有助于提高家长课堂的教育质量。

(二)"和谐联盟"的评价

制订可行的实施计划。每学期家长课堂的课程要设有实施计划或方案,学期末有总结,内容翔实。家长课程开课要定时间、地点、内容、学员。

采用丰富多彩的授课形式。班主任、家长可以采用多种形式授课、解答、咨询等。上课要有教案,授课、解答内容有记录。

建立完备的考勤档案。家长学员要建档案,有名册(其中有子女姓名、班级和家长单位、住址、电话),每次开课有考勤签名,家长参与率达 95% 以上;家长学员每学年学习不少于 4 课时,要有学习笔记和学习体会等作业,并建档保存。

收集整理课程的实施资料。家长课程开课的图片、音像资料要收集齐全,材料真实。有检查记录、评价表、教学反思、家长反馈意见等有效材料。

举办成效显著的经验交流会。每学期至少发放一次致家长公开信,建立家校联系卡。家长通过积极参与和交流,形成浓厚的家庭教育氛围。每学期召开一次家长家庭教育经验交流会,提供实证材料。学校组织人员对家长的经验交流材料进行评比,选出有价值的家庭教育经验交流典型案例,并对优秀家长进行表彰。学校组织针对教师的先进家教理念和科学家教方法的校本培训,对积极参与的教师考核加分奖励。(见表 3-6)

表 3-6 "和谐联盟"评价表

序号	项目	评估内容	分值	得分
一	组织领导(20分)	1. 将家庭教育工作列入学校教育目标管理。 2. 积极开展上级有关家庭教育方面的活动。 3. 每学期至少召开一次学校家庭教育工作会议。	15分	
		1. 学校领导班子中有人主抓家庭教育工作。 2. 学校领导班子有家庭教育专题工作会议或活动记录。	5分	
二	健全机构(25分)	学校有完整的家庭教育机构组织。	10分	
		1. 成立校级"家庭教育指导中心"。 2. 成立校级"家庭教育互联网中心"。	10分	
		有高素质的讲师团队伍。	5分	
三	制度完善(25分)	1. 师资培训制度:重视参加上级"家庭教育指导师"培训等活动。 2. 家长学校教学科研制度:每年至少召开1次家庭教育指导师研讨或联谊会。 3. 家庭教育工作宣传制度:关注"河南省家庭教育云平台——当代家教360"网站等。 4. 建有县级网上家长学校、微信群或公众号,并不断宣传家庭教育知识。 5. 建立规范的家长学校管理规章制度。 6. 定期对家长学校进行检查评估,及时树立典型,表彰先进,并有检查、评估记录,有表彰文件。	25分	
四	措施得力(15分)	1. 学校按照上级要求订教材。 2. 有校本教材。 3. 每学期开展家庭教育宣讲活动10次以上。	12分	
		1. 组织或参与"书香家庭 亲子共读"活动。 2. 20%以上家庭拥有活动推荐的图书供亲子阅读。	3分	
五	成效显著(15分)	1. 通过家庭教育工作,转变家长观念,提升育子水平,有成功案例。 2. 有转化后进学生或帮扶问题孩子的典型案例。 3. 对学校教育风气改善、教学质量的提高效果显著,有案例。	8分	
		家长对学校教育工作的整体满意率在80%以上。	4分	
		创新"书香家庭 亲子共读",有征文活动、亲子读书会、演讲比赛、情景剧创作演出等,参与人数占学校总人数的10%以上。	3分	
	总分		100分	

六、创立"和创空间",落实创客课程

"和创空间"即发展创客课程。创客课程是学生综合运用各个学科的基础知识与基础技能,通过数字化设计,进行实践活动,旨在培养学生"面向问题解决"的核心素养。创客课程以"做中学"为基本特征,将学生参与创造活动的亲身体验作为知识建构与意义生成的直接来源。通过真实的设计创造过程将科学世界中的知识经验组织进了学生的生活世界,架起了沟通生活世界和科学世界的桥梁,使得学习内容、学习方式和学习结果都具有现实意义。

创客课程的实践项目通常来源于日常生活中的真实问题。在问题解决过程中,学生必须像专业人员一样展开调查研究、方案设计、动手操作、得出结果。在真实的生活世界中,学生亲近与探索自然、体验与融入社会、认知与完善自我,达成"生活即教育"的状态。因此可以说,创客课程是一种沟通生活世界和科学世界的真实性学习的课程,是发挥学生创新思维、动手能力、科技认知、团队协作的特色课程。

(一)"和创空间"的课程设计

为了大力推进素质教育,激发学生的学习兴趣,发展学生的创新思维,培养学生的核心素养,我校创设了"和创空间"课程,主要以"奇妙创思""奇妙创意""奇妙创想""奇妙工匠""奇妙创造"为专题的系列课程,将课内与课外有机融合,力求做到让学生在多样的学习中展现个性,在千变万化的实践探索中发掘无限精彩。(见表3-7)

表3-7 "和创空间"课程内容设计表

年级	奇妙创思	奇妙创意	奇妙创想	奇妙工匠	奇妙创造
一、二年级	搭积木	剪纸 黏土初阶	神奇的生命 魔尺初阶	小手工	雪糕棍 DIY 初阶
三、四年级	电子小报	电脑绘画	航模初阶 魔方初阶	编织初阶	雪糕棍 DIY 高阶 3D 打印初阶
五、六年级	电子杂志	Scratch 初阶	玩转科学 探索宇宙	制作小机械	智能机器人 3D 打印高阶

(二)"和创空间"的实施

利用本校资源建设创客教育空间。充分利用实验室、活动室等建设创客教育

空间。创客空间的建设,需具备开放实验室、社团活动室、图书馆、学校教育理念展示窗口等功能。可以说学校的创客空间是创客教育的载体,承担了支持课程教学、支持学生活动的重要功能,也是培养学生创客精神、创客能力,推广创客文化的重要场所。

加强创客教育课程开发。加快创客教育课程开展整合,加强创客课程教学研究工作。以创客教育为统领,推动学科融合,开展跨学科教育活动。基于国家标准教材,开发创客教育校本课程教材,突出校本特色,倡导校际共享。通过"创客",学生可以接触最前沿的软件、电子、机械、新能源等科学技术。在创客课程中,学生可以将想法运用所学知识动手实践,在碰撞、分享的自主、开放氛围中,让学生的想象力得到激发、创新能力得到培养、自主学习与思考的能力得到锻炼。

组织开展创客系列活动。积极开展创客活动,通过展演、论坛、体验、竞赛等多种活动形式,展示创客教育的新进展、新成效,提升学生创新素养,培养科技创新人才。学生在课程活动中,满足动手实践的需求,努力将他们的奇思妙想实现出来,通过活动来共享资料和知识。

成立创客小组。创客小组是创客空间的组织者与管理者,要发挥其在示范学习、启发引导、统筹规划等方面的优势和作用。学校要重视创客小组建设,多渠道、多形式、多层次培养创客教师,满足创客教育对师资的要求。学校要加强教师创新意识、创新思维和动手实践能力的培养,注重多学科知识的融合创新,充分发挥不同学科教师专长,建立一支通晓创客文化、传播创新精神的创客教育团队。同时,提倡聘用校外辅导员的方式,引进校外专业人才,弥补创客师资力量的不足。

(三)"和创空间"评价要求

"和创空间"的创立,以学生全面发展的需要为目的,注重学生的学习状态和情感体验,注重教学过程中学生主体地位的体现和主体作用的发挥,强调尊重学生的人格和个性,鼓励发现、探究与质疑,以利于培养学生的创新精神和实践能力。

评价的主要目的是全面了解学生创客知识学习的过程和结果,激励学生学习和改进教师教学。评价应以课程目标和课程内容为依据,体现创客课程的基本理念,全面评价学生在创新思维、动手能力、科技认知和情感态度等方面的表现。因此评价不仅要关注学生的学习结果,更要关注学生在学习过程中的发展和变化。应采用多样化评价方式,恰当呈现并合理利用评价结果,发挥评价的激励作用,保护学生的自尊心和自信心。通过评价得到的信息,可以了解学生创客知识达到的水平和存在的问题,帮助教师进行总结与反思,调整和改进教学内容和教学过程。(见表3-8)

表3-8 "和创空间"课程评价表

评价指标	评价内容	评价分值
基础设施	1. 课程管理体制完善,机构设置合理,制定符合学生发展的课程体系,建设对应的精品课程资源,探索适应本校的创客教育新型教学模式。 2. 创客课程教室相对固定,有一定的文化建设,用于开展创客相关学习和实践交流。 3. 建立、健全并严格执行创客课程各项规章制度。 4. 各课程人数适当,规模适中,成员资料档案齐全。	
课程目标	1. 课程目标明确,有科学性、可操作性、思考性。 2. 对学生情感态度有一定的教育意义。 3. 根据学生生活实际,让学生的主动学习水平得到提升,能促进学生科学认知的发展。	
课程内容	1. 贴近社会现实、贴近学生实际生活、符合学生认知发展规律。 2. 内容丰富,形式多样,体现趣味性、实践性和综合性。 3. 有利于学生综合素养的发展和提升。	
课程实施	1. 课程具有开放性,给学生以思考空间,引导学生体验和感悟。 2. 课程活动要具有合理性、可操作性。 3. 课程活动设计要有特色,注重培养学生的创新思维发展和动手实践能力,体现课程的实践性、自主性、创造性和趣味性。 4. 课程建立日常开放机制,要突显学生的主体性和创造性,使学生在创客课程中自由发挥、健康发展。 5. 要按目标计划定期开展创客课程学习活动,组织有序、记录翔实。	
成效	1. 学习方式灵活多样,学生能进行自我展示。 2. 注重活动过程,关注学生的感悟和体验。 3. 课堂氛围生动、活泼,能较好发挥学生的创新思维和动手操作能力。 4. 课程活动学习取得良好的教育效果,在学校中有一定的影响。	

七、体验"和畅之旅",开发研学课程

"和畅之旅"即研学旅行课程。研学旅行作为学校之外的一种教育活动,通过

集体旅行、集中食宿等方式,开展研究性学习和旅行体验相结合的校外教育活动,是学校教育和校外教育衔接的创新形式,是教育教学的重要内容,是综合实践育人的有效途径。它既是一种综合实践活动课程,又是一种研究性、体验性学习,更是以学习共同体的方式开展的集体性学习活动,是走向社会、走向自然,在社会和大自然等课堂里面学习,在旅行中研究,在行动中探索,在实践中获得真知的教育形式。这种综合性实践育人的形式促进师生了解国情、社会、自然、他人和自我,促进学生全面发展。

(一)"和畅之旅"的实施

我校开展"和畅之旅"研学旅行课程遵循"民主性、开放性、综合性、体验性、生活性"的原则,积极开展具有特色的亮点课程。主要方式及其关键要素具体包括自然参观类、历史人文类、地理建筑类、科技研究类、体验模拟类。为了确保研学旅行的实施,学校通过求真务实,强化研学旅行管理。为了避免只学不旅或者只旅不学,在学校层面我们将研学旅行写进学校工作计划,落实进课表,安排到人,要求中高年级教师站在课程的高度设计好每一次研学旅行,把研学旅行融入各门学科教学。每次研学旅行,教师都要做足"功课",从学生自身的兴趣出发,在教师帮助指导下,根据课本内容,从自然科学、人文社会和生活实践中选择和确定主题,让学生充分认识到活动的意义和内涵,进而从内心产生认同感。

研学旅行活动课程应有专门的部门负责,学校成立以校长或副校长为组长,教务处、德育处等管理部门相关主任、各年级负责人等为组员的领导小组,统筹规划各年级、各学科教师的研学任务,内部划分课程调查组、课程实践组、课程评价组等,整体制订研学旅行活动课程的总方案、学期方案及课时实施计划。

课程准备筹划阶段要做好活动基地考察、课程方案申报、选择合作机构、确定课程路线、制作研学资料、分配活动人员、征集家长志愿者、筹集活动资金以及教育学生等工作。

落实课程实施过程是研学旅行活动课程最重要的阶段,是把所有的计划付诸行动的阶段。主要关注集合乘车、活动实施和宿餐安排三方面。

课程实施总结是学生对课后的感悟、收获、体验进行梳理总结的过程。此阶段,教师鼓励学生选择多种形式呈现总结成果,书面呈现如写日志、心得体会、活动报告,展示形式如情景剧、摄影、绘画、唱歌等。在总结过程中,教师要指导学生学习日志、心得体会以及活动报告的规范格式。(见表3-9)

表3-9 "和畅之旅"实施项目表

年级		主题	地点	目的
一	上	了解校园	学校各功能室	了解我们学校的功能室。
	下		学校的种植园区 养植园区	了解植物、亲近植物、热爱植物。
二	上	走进自然	商城遗址公园 紫荆山公园	了解大自然、亲近大自然、热爱大自然。
	下		昆虫园 动物园	培养孩子树立正确的生命观,认识动物的多样性,了解动物的科、目、类。
三	上	探寻历史	河南博物院 二七纪念塔 古钱币博物馆	了解家乡的历史,激发对家乡的热爱。
	下		国脉传习馆	加深对非物质文化遗产的了解和学习。
四	上	认识家乡	黄河大峡谷 邙山游览区	激发对家乡的热爱,增强环保意识。
	下		嵩山少林寺 大河遗址	激发对家乡的热爱,增强保护家乡文化的意识。
五	上	探索科技	郑州科技馆 郑州气象馆	感受科学魅力,激发对科学的热爱。
	下		智慧教育馆 智慧医疗体验厅	感受未来科技的魅力,激发创新精神。
六	上	参观企业	三全食品 白象集团 双汇工厂	了解家乡的食品企业和食品的加工流程。
	下		宇通客车厂	了解家乡的企业和客车的生产过程。

(二)"和畅之旅"的评价要求

我校的"和畅之旅"课程要做到学之快乐,研之尽兴,旅之有获,行之有长。(见表3-10)

表 3-10 "和畅之旅"课程评价表

评价指标	评价内容	评价分值
课程设计	1. 研学课程设计完善,落脚点在"学"上; 2. 研学目标、研学内容、评价方式明确; 3. 体现出实践性和创新性。	
课程实施安排	1. 课程实施安排精致; 2. 有利于研学旅行课程内容的深度学习; 3. 要有利于多种学习方法的内化。	
课程实施	1. 实施准备充分; 2. 研学旅行课程教学效果良好; 3. 实现了研学过程中的各种目标。	
课程实施体验	1. 学生研学旅行体验丰富; 2. 在真实的场景下能留下最独特、美好的感受; 3. 能从多方面获得成长。	
评价过程	1. 对学生的学习效果评价多元化; 2. 在整个研学过程中,教师能对学生进行形成性评价和发展性评价。	
安全保障	1. 安全方案周全; 2. 应急预案有效。	

我们将全面贯彻党的教育方针,紧紧围绕立德树人的根本任务,加强理想信念教育,坚持把社会主义核心价值观融入教育全过程。我们将秉承"和雅教育"的教育哲学,坚持以学生的发展为本,深入实施素质教育,优化课程结构,充分利用学校和社会的课程资源,调动师生积极性,构建全面体现办学理念的特色教育体系。"和雅教育"的号角已经吹响,"5I"课程的蓝图已描绘,让学生向和善、变和智、会和美、必和健、能和创的征途已开启。我们坚信在"和雅教育"的影响下,一批批"睿智、博学、健康、儒雅、善创"的管外学子正在快乐成长!

(撰稿者:张郑伟　张鲲　赵锋　马东方　孟庆骞　李俊俊)

第四章
丰富性：学校课程内容的统整

　　课程内容是由符合课程目标要求的一系列比较系统的间接经验与儿童的某些直接经验组成的，用以构成学校课程的基本材料。学校通过统整各种资源，对学科间进行内容的整合，对不同学科的共同主题进行统整，以不同的教学策略，不断实践、教研，最终实现知识的统整、经验的统整与社会的统整。丰富的课程内容为儿童创设一个多彩的世界，满足儿童的个性需求，为儿童插上梦想的翅膀。

梦之翼课程：
让儿童梦想成真

　　郑州市管城回族区实验小学始建于 1972 年，地处管城回族区核心区域，位于商城遗址附近，曾用名二里岗大道第二小学、城东路第二小学。2001 年 7 月，由区政府投资对学校进行改建，占地面积 7650.3 平方米，建筑面积 5436 平方米。2002 年 8 月改名为"郑州市管城回族区实验小学"，是一所全日制小学，隶属管城回族区教育局，属全民事业单位，是具有法人资格的公益性办学机构，是我国首位进入太空的女航天员刘洋的母校。学校现有 36 个教学班，在校学生 1895 人。教职工 104 人，其中省级学术技术带头人 1 人，省级名师 1 人，市级学术技术带头人 1 人，省级骨干教师 4 人，市级骨干教师 7 人，区级骨干教师 8 人，省级名师 1 人，区级名师 4 人；7 人具有中小学高级教师资格，57 人具有中小学一级教师资格，40 人具有中小学二级教师资格。学校先后获得全国足球特色学校，河南省心理健康教育示范学校，郑州市文明单位，管城区教育教学先进单位等多项荣誉称号，在社会上享有一定的声誉。我们依据《教育部关于全面深化课程改革落实立德树人根本任务的意见》等文件精神，推进"梦之翼课程"，取得了显著成效。

第一节　共绘梦想创意的未来图景

郑州市管城回族区实验小学地处商都历史文化区,区域内丰富的文化遗产体现了强大的文化生命力、向心力和凝聚力,诉说着前人的智慧和梦想。2012年,从小怀揣梦想的学姐刘洋作为第一个中国女航天员乘坐神舟九号飞船升入太空实现中国航天梦想,无数实验学子遥望太空为之欢呼鼓舞,同时也在心中种下一颗颗梦想的种子。由此,我们实验小学融中国梦时代之主题,纳刘洋航天之精神,积商都历史之文化,聚学校教育之梦想,凝儿童发展之需求,正式提出"中国梦——航天梦——校园梦——我的梦"。

一、学校教育哲学

我校的教育哲学是梦想教育。

"梦想"在《现代汉语词典》中,被释义为"渴望"。梦想是对美好未来的期望,梦想是对坚持的一种信仰,梦想影响人一生的成长和发展;梦想是整个现实世界前进和发展的驱动力,是一切伟大创新发明的灵感源泉。

我们认为,儿童都是怀揣着美好梦想进入校园生活的,学校应该是梦想开始的地方。当然儿童的梦想是天真的、浪漫的,同时又是模糊的,教育的本质就是要呵护儿童的梦想,聚焦儿童的梦想,指导儿童逐步细化完善他们的梦想,引导儿童不断追逐自己的梦想,帮助儿童不断实现自己的梦想,培养儿童不断超越自己的梦想,鼓励儿童继续构建新的梦想。点燃儿童心中的梦想,成就儿童的美好梦想,并使其成为一生的追梦人是我们学校的教育价值追求。

基于以上思考,我们将学校教育哲学凝练为"梦想教育"。

——"梦想教育"是有方向的教育。有了梦想,才有方向,才会有远方,才会有为目标和理想奋斗的勇气。点燃儿童的梦想,鼓励儿童向着梦想奔跑,是儿童成长的方向,也是教育的方向。

——"梦想教育"是播种希望的教育。有自尊才敢拥有梦想,有自信才敢追逐梦想！梦想教育就是保护自尊,建立自信！梦想教育就是要唤醒儿童的潜能,播种人生的希望!

——"梦想教育"是关注成长的教育。儿童的梦想多是灿烂的、多样的、不稳定的,引导儿童不断识梦筑梦、逐梦圆梦、超越旧梦、构建新梦的过程就是关注儿童不断成长的过程。

——"梦想教育"是鼓励个性的教育。我们保护儿童的天性,珍视每个儿童的个性化梦想,尊重、理解、悦纳儿童,并致力于在课程实践中建构个体生命发展的通道,实现人发展的多种可能性。

基于以上教育哲学,我们提出学校的办学理念:每一个梦想都精彩!

我们的教育信条:

我们坚信,

学校是梦想开始的地方;

我们坚信,

每一个孩子都有烂漫的梦想;

我们坚信,

成就儿童的梦想是教师最幸福的事;

我们坚信,

让梦想成真、让创意落地是教育最美的图景;

我们坚信,

让每一个人成为一生的追梦人是教育的神圣使命。

二、学校课程理念

每一个孩子的梦想都是值得珍视的,每一个孩子的梦想也都应该是精彩的。学校的课程建设,就是要为每一个孩子创造一个萌生美好梦想的舞台,提供一个梦想成真的空间,搭建一个创意落地的平台。因此,我们将学校的课程理念确定为:让梦想成真,让创意落地。

——课程即未来图景。学校为孩子们提供多样化的课程,在为孩子们提供各种各样经历的机会和平台的同时,也在帮助孩子孕育美好梦想,描绘未来图景,从而为孩子的未来提供无限的可能性。

——课程即创意思考。课程的价值追求就是人的成长。课程的展开过程就是师生投入智慧、融入思考、体现创意的过程。师生在发现课程、设计课程、实施课程、评价课程的过程中,提升思维品质,实现人的成长。

——课程即美好追求。学校提供的每一门卓越的课程,都将成为学生实现梦想的全新路径,成为每一个生命个体展现自我的全新样态,帮助每一个人追求美好的未来!

——课程即现实逼近。学生如何面对未来更为复杂多变的问题,现在的教育能否满足学生的未来需求,现实逼迫我们必须为学生构建更为丰富的、立体的、真实的课程,为培养学生具备解决复杂问题的能力搭建支架,提升每一个学生的核心素养。

因此,我们将学校课程命名为"梦之翼课程",旨在通过丰富优秀的课程为孩子们插上梦想的翅膀。

第二节　成就勇敢逐梦的纯真儿童

学校课程是为育人目标服务的。因此，确立学校的课程目标，必须首先明晰学校的育人目标。

一、育人目标

我校的育人目标是培养"有梦想、爱家国，会学习、勇探索，健身心、强意志，懂审美、乐生活"的"实验学子"。

——有梦想、爱家国：明确自己的梦想与国家的梦想、民族的梦想是紧密相连的，要在中国梦的指引下不断寻梦、筑梦、追梦、圆梦、续梦。

——会学习、勇探索：有主动学习的愿望、良好的学习习惯，具有一定的人文底蕴和科学精神。遇到问题，能运用科学的思维方式和实践行动，并通过搜集资料、批判分析等方式解决问题，适应挑战。

——健身心、强意志：珍爱生命，具有安全意识与自我保护能力；掌握适合自身的运动方法和技能，养成健康文明的行为习惯和生活方式等；具有积极的心理品质，自信乐观，意志坚强；有自制力，能调节和管理自己的情绪，具有抗挫折能力等。

——懂审美、乐生活：具有一定的艺术知识，具有健康的审美价值取向，热爱生活并能用自己的双手创造美好的生活。

二、课程目标

基于上述育人目标，参照国家课程方案、各学科课程标准和学校实际情况，我们将培养目标进行细化，形成分年级的课程目标。（见表 4 - 1）

表 4-1 "梦之翼课程"分年级目标

育人目标 年级	有梦想、爱家国	会学习、勇探索	健身心、强意志	懂审美、乐生活
一年级	知道什么是梦想;感受父母之爱,尊敬老师,团结同学、爱班级、爱学校;认识国旗、国徽,会唱国歌,知道国庆节。	喜欢学习,初步体验学习的快乐;培养良好的读书、书写、听讲、自觉完成作业的习惯等。	学习适应学校生活;积极参与体育锻炼活动,感受到体育活动给自己的生活带来的乐趣;会玩 1—2 项体育运动游戏;达到国家体质健康测试标准。	自己会穿衣服,系红领巾,系鞋带,能主动整理书包和文具;言谈举止文明,喜欢艺术活动,喜欢画画,初步感知律动。
二年级	能够初步表达自己的梦想;感受父母无私的爱,懂得孝顺父母,体谅老师,不给老师添麻烦,帮助同学,爱班级、爱学校;知道国旗、国徽上五星的含义。认识祖国版图,了解家乡的地理位置。	喜欢学习,初步体验学习的快乐;能就感兴趣的事物仔细观察,并学会提出问题,具有探索的意识;喜欢阅读绘本和浅显的童书,努力养成良好的学习习惯。	适应学校生活;积极参与体育锻炼活动,感受到体育活动给自己的生活带来的乐趣;会玩 1—2 项体育运动游戏;初步掌握简单的体育技术动作;达到国家体质健康测试标准。	能保持衣着整洁,言谈举止文明;喜欢艺术活动,能初步感受艺术活动给自己带来的愉悦情绪;形成基本的生活自理能力,具有一定的生活自理能力。
三年级	能明确描绘心中的梦想,为自己的梦想制订计划;开始学习关心父母,体贴父母;爱老师,愿意帮助同学,为班集体争光,热爱学校;了解"中国梦"的含义。	喜欢学习,并有主动学习的愿望;能就感兴趣的事物仔细观察,学会提出相关问题,并勇于探索,同时能和伙伴进行简单的合作学习;喜欢阅读整本书,初步养成良好的学习习惯。	学会适度宣泄情绪和控制情绪,保持良好的人际关系;培养参与体育运动的兴趣和爱好;养成坚持锻炼的习惯,形成健康的生活方式;基本掌握 1—2 项体育技能;达到国家体质健康测试标准;树立不怕吃苦的意识。	衣着整洁,言谈举止文明,对艺术课感兴趣,乐于参加艺术活动;对艺术和自然生活中的美感兴趣,努力培养兴趣爱好;初步养成良好的生活习惯。
四年级	能从各行各业优秀人物身上感受到梦想的力量,进一步清晰自己	喜欢学习,并有主动学习的愿望;对学习和生活中的问题充满探索欲望,能	自信,阳光,学会适度发泄情绪和控制情绪,拥有良好的人际关系;培养参与	衣着整洁,言谈举止文明,对艺术课感兴趣,积极参加艺术活动,

育人目标 年级	有梦想、爱家国	会学习、勇探索	健身心、强意志	懂审美、乐生活
	的梦想，并能制订一个个阶段性目标；学会向父母表达爱；学会向老师表达爱，能自觉维护班级荣誉，能维护学校荣誉。	有目的地搜集资料，勇于实践，勇于探索，并能和伙伴开展一定的合作学习；喜欢阅读，基本养成良好的学习习惯。	体育运动的兴趣和爱好；养成坚持锻炼的习惯，形成健康的生活方式；基本掌握1—2项体育技能；达到国家体质健康测试标准；发扬吃苦耐劳的精神。	形成自己的兴趣爱好；能初步发现和感受艺术和自然生活中的美；生活习惯良好。
五年级	能用行动编织个人梦想，在实现梦想的过程中遇到挫折不放弃，继续坚持自己的梦想；能为父母做一些力所能及的事情；强化规则意识，懂得按规则办事的重要性；开始关心国家大事。	喜欢学习，并有强烈的主动学习的愿望，形成一定的自主学习能力；热爱科学，能主动发现学习和生活的问题，能通过搜集各种信息，开展研究性学习，能主动和伙伴开展一定程度的合作学习，从而解决问题；喜欢读书，具有一定的阅读速度，养成良好的学习习惯。	自信阳光，能管理自己的情绪，如果遇到生活中的困惑，能主动寻求学校老师或心理辅导机构的帮助；积极参加体育活动，动作协调，体魄强健，掌握3—4项体育运动技能，达到国家体质健康标准；发展1项体育特长项目；初步具有坚韧不拔的意志。	衣着得体，言谈举止文明优雅；爱上艺术课，积极参加学校和社会的艺术活动，有一定的艺术特长；能发现和感受艺术和自然生活中的美，有一定的审美能力；热爱生活。
六年级	知道"中国梦"和"个人梦"的关系。懂得我的梦想我担当。在追梦的过程中具有坚毅品格。能维护班集体和学校利益。关注国家大事，关心民族前途和命运。	喜欢学习，有强烈的学习愿望，有一定的自主学习能力；热爱科学，具有一定的科学精神，乐于探索学习和生活的问题，并能通过搜集、整合各种信息，开展调查、实验等活动，并能主动和伙伴开展一定深度的合作学习；喜欢阅读多种类型的图书，具有较强的阅读能力，养成良好的学习习惯。	自信阳光，能管理自己的情绪，并能做到换位思考；能充分了解自己，并对自己的能力作出适度评价；积极参加体育活动，动作协调，体魄强健，形成健康的体育锻炼习惯和生活方式；掌握3—4项体育运动技能，达到国家体质健康标准；发展1项体育特长项目；具有坚韧不拔的意志。	衣着得体，言谈举止文明优雅；爱上艺术课，积极参加学校和社会的艺术活动，有一定的艺术特长；能发现和感受艺术和自然生活中的美，有一定的审美能力；具有较强的生活能力，热爱生活，并能创造美好生活。

我校秉承"有梦想、爱家国,会学习、勇探索,健身心、强意志,懂审美、乐生活"的育人目标,在丰富的课程中努力培养出不断追梦圆梦,喜学会学,勇于探索,自信阳光,具备一定的审美能力且热爱生活的实验学子。

第三节　呈现缤纷多彩的课程蓝图

　　为了实现上述育人目标和课程目标,我校着力构建"梦之翼课程"体系,努力帮助孩子大胆筑梦,勇敢追梦,不断圆梦,超越旧梦,构建新梦。

一、学校课程逻辑

　　我们学校基于"梦想教育"之哲学和"每一个梦想都精彩"的办学理念,确立"让梦想成真　让创意落地"的课程理念,建构"梦之翼课程"体系,包括"梦之德、梦之语、梦之思、梦之创、梦之美、梦之健"六大类课程,并通过"梦想课堂、梦想学科、梦想社团、梦想文化、梦想节日、梦想之旅、梦想空间、梦想整合"八种实施途径,着力培养"有梦想、爱家国,会学习、勇探索,健身心、强意志,懂审美、乐生活"的实验学子。(见图4-1)

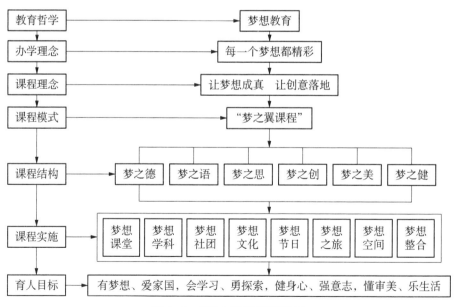

图4-1　"梦之翼课程"逻辑图

二、学校课程结构

根据学校教育哲学及多元智能理论,我们将学校课程分成"梦之德、梦之语、梦之思、梦之创、梦之美、梦之健"六大类。(见图4-2)

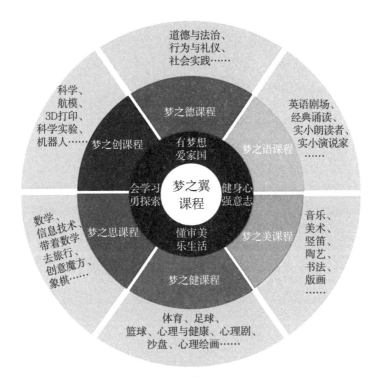

图4-2 "梦之翼课程"结构图

上图中,各类课程内涵如下:

梦之德课程,通过道德与法治、行为与礼仪、社会实践课、队会课、校本"梦想教育"课程等,帮助学生明确自己的梦想与国家的梦想、民族的梦想是统一的,要在"中国梦"的指引下不断寻梦、筑梦、追梦、圆梦、续梦。

梦之语课程,通过语文、英语课程及相关拓展课程,如实小朗读者、国学课堂、英语剧场、英语趣配音、英语模联等课程,培养孩子在语言方面的听说读写能力及与人交流的能力,为孩子在语言智能方面的发展提供课程支持。

梦之思课程,通过数学、信息技术、带着数学去旅行、创意魔方、创意编程等课程,发挥学生的逻辑思维能力,为学生在运用数字和推理等智能方面的发展提供课程支持。

梦之创课程,通过科学、航模、3D打印、机器人等发展学生的科学素养及创造思维。

梦之美课程,通过音乐、美术及相关拓展课程发展学生的艺术素养,提高学生的审美水平。

梦之健课程,通过体育、心理及相关拓展课程发展学生的体育素养,意志品质,培养学生健康的生活习惯和良好的生活态度。

三、学校课程设置

结合学校课程资源情况,除了基础课程外,我校拓展课程设置见表4-2所示。

为实现"有梦想、爱家国,会学习、勇探索,健身心、强意志,懂审美、乐生活"的育人目标和课程目标,通过上述六大类课程,致力于在听说读写中培养学生的语言运用能力;在运用数字和推理中发挥学生的逻辑思维能力;在科学实践中发展学生的科学素养;在美术、音乐、体育拓展实践活动中使学生的艺术素养和体育素养得到发展。帮助学生不断追梦、圆梦,最终梦想成真。

表4-2 "梦之翼课程"设置表

		梦之德课程	梦之语课程	梦之思课程	梦之创课程	梦之美课程	梦之健课程
一年级	上学期	行规与礼仪 入学课程 校本"梦想教育"课程	读童书课程 童声诵经典 实小朗读者 话传统课程 翰墨书香课程 拼音王国魔法多	快乐魔方 小圈转转数字变变 小积木大秘密	认识自然 你来描述我来猜 小小动物园 我是魔法师	竖笛 快乐的节奏 撕纸添画	足球 队列队形 短跑
	下学期	行规与礼仪式 入队课程 校本"梦想教育"课程	读童书课程 童声诵经典 实小朗读者 话传统课程 翰墨书香课程 神奇的对子世界	七巧板大变身 购物大清算 奇妙的数王国	自然中的科学 水的故事 创意植物角 神奇的"三球"	有趣的拓印 画画火柴人 竖笛 节奏游戏	足球 跳绳
二年级	上学期	校本"梦想教育"课程 行规与礼仪 榜样课程 感恩课程	读童书课程 童声诵经典 实小朗读者 话传统课程 翰墨书香课程 拥抱春天项目式学习	数字谜 手指尖的智慧(上) 计算大比拼	生活中的科学 气象科普画报 小小设计师 神奇的动物	多格画 舞蹈创编 竖笛 合唱	足球 开心跳绳 开心跳跃
	下学期	校本"梦想教育"课程 行规与礼仪 榜样课程 感恩课程	读童书课程 童声诵经典 实小朗读者 话传统课程 翰墨书香课程 传统节日知多少	解密数独 手指尖的智慧(下)	环保布艺 梦想中的未来家园 光影世界	三个小伙伴 手印画 竖笛 游戏创编 合唱	足球 软式排球 坐位体前屈

(续表)

	梦之德课程	梦之语课程	梦之思课程	梦之创课程	梦之美课程	梦之健课程
三年级 上学期	校本"梦想教育"课程 行规与礼仪 榜样课程 感恩课程	英语 读童书课程 童声诵经典 实小朗读者 话传统课程 翰墨书香课程 奇妙的童话世界 鲁店小大人	商品编码我绘制 小小收银员 我的时间我做主	认识海洋 航模 一叶知秋 奇妙的动物世界 我要飞得更更高	美术 一路轻骑 美丽的发式 竖笛 合唱 节奏游戏	短跑 足球 心理绘画 跳绳 跳跃
三年级 下学期	校本"梦想教育"课程 行规与礼仪 榜样课程 感恩课程	读童书课程 童声诵经典 实小朗读者 话传统课程 翰墨书香课程 走进寓言世界 英语趣配音 (入门阶段)	选出优惠方案 好玩的数学	逐梦深蓝 航模 狂野的大自然 探索地球的拼图游戏	静止的美 竖笛 合唱 舞蹈	仰卧起坐 足球 心理绘画 羽毛球
四年级 上学期	校本"梦想教育"课程 行规与礼仪 榜样课程 感恩课程	读童书课程 童声诵经典 实小朗读者 话传统课程 翰墨书香课程 鸿雁传书 英语趣配音 (初级阶段)	做时间的主人 营养餐食谱 晨练	认识星空 快乐编曲 兔子真的喜欢吃胡萝卜吗? 经月计划	童年的影子 变形的魅力 竖笛 合唱 节奏游戏	短跑 足球 心理绘画 跳绳

（续表）

		梦之德课程	梦之语课程	梦之思课程	梦之创课程	梦之美课程	梦之健课程
	下学期	校本"梦想教育"课程 行规与礼仪 榜样课程 感恩课程	读童书课程经典 童声诵读 实小朗读者 话传统课程 翰墨书香课程 神奇的大自然 英语趣配音 （初级阶段）	营养餐食谱 魔法数学 数学与头脑相遇的地方	宇宙中的奥秘 快乐编程 雾霾的危害 如果没有太阳…… 我的梦想	探索立体构成 竖笛 合唱 舞蹈	仰卧起坐 足球 心理课本剧 乒乓球
五年级	上学期	校本"梦想教育"课程 行规与礼仪 榜样课程 感恩课程	读童书课程经典 童声诵读 实小朗读者 话传统课程 翰墨书香课程 遨游汉字王国 英语剧场	福尔摩斯破案 抽奖中的学问 数学漫游记	航天探秘 机器人 原来如此 时间的形状 美妙的王国	跟着老人学手艺 竖笛 合唱 舞蹈	足球 跳绳 篮球 武术
	下学期	校本"梦想教育"课程 行规与礼仪 榜样课程 感恩课程	读童书课程经典 童声诵读 实小朗读者 话传统课程 翰墨书香课程 走进信息时代 英语剧场	旅行计划 数学探险 玩转数	航空探秘 机器人 春天在哪里 玩具发明家	农民画 藏书票 竖笛 舞蹈 合唱	足球 跳绳 篮球 实心球

		梦之德课程	梦之语课程	梦之思课程	梦之创课程	梦之美课程	梦之健课程
六年级	上学期	校本"梦想教育"课程 行规与礼仪 毕业课程	读童书课程 童声诵经典 实小朗读者 话传统课程 翰墨书香课程 走近鲁迅 英语演讲比赛	魔力火柴 数学训练营 "圈"地运动	科学家的故事 生命之谜 自制乐器嗨翻天 人类身体的价值	我们去旅行 竖笛 不同视角的差异	足球 花式跳绳 篮球 实心球
	下学期	校本"梦想教育"课程 行规与礼仪 毕业课程	读童书课程 童声诵经典 实小朗读者 话传统课程 翰墨书香课程 轻叩诗歌的大门 英语脱口秀	数形之旅 生活数学 最强大脑	解读科学精神 永恒的追求 等你长大 创新改变生活	遇见我的家乡 编花篮 竖笛	足球 花式跳绳 篮球 健身操 羽毛球

第四节　开启幸福美好的梦想之旅

　　课程实施是将课程计划付诸实践的过程,是能否实现预期课程理想的关键因素,也是学生快乐成长的过程,教师享受教育幸福的历程,学校彰显育人特色的进程。管城区实验小学从"梦想课堂""梦想学科""梦想社团""梦想节日""梦想文化""梦想之旅""梦想空间""梦想整合"八方面践行"梦想教育",实施"梦想课程",见证"让梦想成真,让创意落地"。课程的实施与评价体现了对课程理念的贯彻与执行,是一个行动的过程,是通过课程行动将课程的意识形态转化为老师和学生的行动,从而实现课程内在的意义。

一、构建"梦想课堂",提升课程实施效益

　　"梦想课堂"是有效保障国家课程校本化实施的主要途径,也是其他课程得以有效实施的途径,同时也是我们管城区实验小学实施"梦想教育"的最重要的途径。

（一）"梦想课堂"的意涵及基本特质

　　什么样的课堂是梦想中的课堂,我们认为,"梦想课堂"首先是有效的课堂,它要求学习目标准确,学习内容丰富,学习评价显露;"梦想课堂"是能够看得见学生的课堂,学生一定是课堂的主体,课堂是指向学生生命成长的课堂;"梦想课堂"还应该是和谐共鸣的课堂,学生学习的过程是立体互动的,课堂是生成灵动的,师生从课堂中都能得到愉悦、幸福和满足,得到自我的充分发展与自由。

　　"梦想课堂"具有以下基本特质:

　　学习目标:"梦想课堂"的目标是精准的、饱满的、多维的、指向提升学生核心素养发展的课堂。

　　"梦想课堂"的学习内容是丰富的,课堂教学从学生已有知识和经验出发,确保科学性,具有系统性,具有现实性和趣味性。

　　"梦想课堂"的学习过程是立体的,互动的课堂。教师要善于引导学生在课堂

上建立一个学习的场,通过各种互动让学习真正发生。

"梦想课堂"的学习方法是灵动的、多样的。教师在教学中灵活选择不同的教学方式,帮助学生主动建构知识体系。恰当运用多种教学手段及信息技术辅助教学。

"梦想课堂"的学习评价是多元的。评价活动和学习目标、学习过程是一致的,但是评价的主体、方式方法却是多元的。

"梦想课堂"是和谐的课堂、超越的课堂、生成的课堂。学生在和谐的课堂文化中实现从知识到智慧,从表象到想象的多重超越。

(二)"梦想课堂"的评价标准

依据"梦想课堂"意涵,结合课程标准,我们制定以下评价标准。(见表4-3)

表4-3 "梦想课堂"评价表

课题_____ 执教人_____ 时间_____

评价项目	评分标准	分值	得分	评价要点
学习目标	1. 学习目标设计是否精准,是否有具体的课时目标。 2. 学习目标是否多维,饱满,指向人的核心素养发展。	20分		
课堂内容	1. 课堂内容是否丰富,选择是否得当。 2. 结构是否简约,是否围绕学习目标的落实而设计。	20分		
课堂过程	课堂过程是否立体互动,教师是否引导学生在课堂上建立一个学习的场,通过各种互动活动让学习真正发生。	20分		
学习方法	教师是否引导学生在具体的情境中运用恰当的、灵动的学习方法进行学习。	10分		
学习评价	1. 评价是否及时、有效。能否根据评价结果以学定教、顺势而导。 2. 评价是否多元。	10分		
课堂文化	1. 课程文化是否和谐幸福。 2. 课堂是否是超越的课堂、生成的课堂。学生是否在和谐的课堂文化中实现从知识到智慧,从表象到想象的多重超越。	20分		

总分_____ 评委人签名_____

二、建设"梦想学科",丰富学科课程内涵

学校以"梦想学科"来推进学科拓展课程的建设和实施。"梦想学科"是教师基于教材和课程标准,自主开发的基于儿童需求,指向学科核心素养突出学科特点的更加多彩更加融合生活的学科课程群。

(一)"梦想学科"的建设路径

打造"梦想学科",我校从两方面入手:一方面通过挖掘学科内部或学科之间的逻辑来构建专业的学科课程群;另一方面充分利用地域特色来渗透多门学科。各学科教师基于特色追求,根据对学科的独特理解、独特优势、独特资源,开发、打造拓展课程群。

学校"原味语文"课程群以国家语文课程为核心,引入诵经典课程、小古文课程、整本书阅读等,构建多层面的课程群。"原味语文"课程群旨在通过优秀文化的熏陶感染,促进学生和谐发展,使他们提高思想道德修养和审美情趣。"原味语文"拓展课程群将学生引领到文学的精神圣地。利用每天早上 20 分钟的晨诵课进行经典课程的学习。整本书阅读每个学期每个年级安排 3—4 本共读书目,书目是快乐阅读吧推荐书目,每天下午 20 分钟的班级午读时间,每周两节到学校阅览室进行阅读。每周四为班级"小小演说家"的活动,每学期开展一次全员参与的阅读活动,上学期是"小小演说家",下学期是"我喜欢的一本书"好书推荐活动。在国家语文课程之外,诵经典课程、整本书阅读、阅读活动三位一体,共同构成了实验小学的"原味语文"课程群。

"玩转数学"课程群建设以活动为主要开展形式,强调学生亲身经历,在活动中发现和解决问题,体验感受。通过开放、自主的探究形式来完善学生的认知结构,提高学生自我规划和自主选择水平。"玩转数学"的内容确立从数学教材中跳出来,让学生在更广阔的空间里开展数学学习活动,不仅要让学生学习教材上的数学,还要让学生学习教材之外的数学。例如"七巧板大变身""解密数独""制作商品编码""营养餐食谱""抽奖中的学问"等都是教材中的思考题延伸出来的,但同时又比教材上的题目更加难了,同时融合了数学的其他知识。"玩转数学"要让学生学习好玩、有趣、有魔力的数学,让学生在五彩缤纷的数学学习中,学会独立思考、自由探索,行走在智慧数学学习中。学生的学习形式是以"自主学习为主线,师生、生生信息互动为主体"的方式进行的,低年级是通过社团活动,由老师和

家长带领学生进行。中高年级是利用周末和节假日,学生自由组合学习小组到公园、科技馆进行学习。还有些课程,例如"我当小导游""选出优惠方案""做时间的主人""旅行计划",放在寒暑假进行。

"趣味英语"课程群建设以国家英语课程为核心,引入字母街舞操课程、英语趣配音课程、英语演讲课程、英语模联辩论赛课程、英语电影赏析课程等丰富多彩的活动,构建多方位的课程群。"趣味英语"课程群旨在通过轻松愉快、生动有趣的教学氛围,借助信息化辅助教学的手段,促进学生对语言的积极应用和探究的欲望。字母街舞操课程以《ABC 字母律动操》为学习模板,每节英语课前 5 分钟进行练习,不仅能促进学生的生长发育,还能激发学生学习英语的热情。英语趣配音课程使用英语趣配音 APP 软件,每天通过给 1—2 分钟的英语短视频配音,让英语学习充满趣味。英语演讲课程在学期中、学期末各进行一次,学生的英语表达能力得到了很好的锻炼。英语模联辩论赛课程是在各班的演讲比赛中脱颖而出的学生参加模联的比赛,通过选题、策略、对战等环节的训练,全方位培养学生英语演讲能力、思辨能力和跨文化交际能力。英语电影赏析课程是按学生年龄特点搜集的他们喜爱的英语动画电影,在单元结束后欣赏一部动画,要认识主要的动画人物,并记住他们的英文名字,会用英汉结合的方式讲出故事,增加英语语感的同时,体会到学习英语的快乐。在规定英语课程之外,字母街舞操课程、英语趣配音课程、英语演讲课程、英语模联辩论赛课程、英语电影赏析课程等共同构成实验小学的"趣味英语"课程群。

"艺趣美术"课程群建设在新课程标准下,学校美术组利用教研活动时间,深入教材,在教材内容的基础上,挖掘一些符合孩子不同年龄特点,符合学生学习兴趣的课程,如线描绘画、色彩画(水粉、水彩、马克笔)、国画、手工等不同课程,通过课程的拓展,能够激发学生的美术创造思维,挖掘学生的潜在能力。一至六年级每周两节美术课,根据每个年级的不同内容安排,在完成美术教材内容的基础上,渗入拓展课程,丰富学生的学习内容,以学生自主拓展为主,教师对拓展的过程给予必要的指导,采用小组合作的方式,带动学生参与到课程中来,使得学生的综合素质得到全面的提高。

"灵动音乐"课程群建设是依托国家艺术课程标准、音乐教材、结合学校校情和学情,对音乐课程进行深度挖掘,开发合唱、舞蹈、欣赏、节奏游戏、音乐创编、竖笛等课程群。一是利用音乐课进行兴趣培养和节奏感乐感培养。经过学期目标规划和大单元整合后,音乐课基本整合成了以音乐课本知识为主,本校特色课堂为辅的教学模式。二是利用课堂教学时间通过音乐欣赏和主动参与游戏等方式培养学生学习乐器的兴趣,以及加强学生节奏感与乐感。三是利用特色课组织教学。基于大单元整合后的课程安排,每学期至少有6—7节特色教学课,在特色教学课中进一步组织增强学生学习兴趣,并进行乐器培训。四是利用活动时间进行深入培训。学校在进行基础教学的同时还辅以活动时间,在每一次的活动时间开办兴趣小组、兴趣班、小小音乐家等学习小组,在老师的辅导下深入进行器乐培训。五是开展相关活动验收学习成果。每个班在每个学月,或者每期结束进行评选,鼓励学生学习器乐,并且鼓励学生参加学校的相关演奏和比赛等活动,培养信心,激发学习激情。

"活力体育"课程群建设,是以《义务教育体育与健康课程标准(2022年版)》为标准,以国家健康体质测试标准为起点,以学生热爱体育、磨炼意志、健康成长为目标而设置的一系列课程。本课程结合学生的年龄特点,从一到六年级分别设置了不同的主题和内容。实施途径以体育课为主,走班上课、社团活动为辅进行学习和训练。通过课程的学习,旨在让学生掌握体育与健康的基础知识、基本技能与方法,增强体能;学会学习和锻炼,发展体育与健康实践和创新能力;体验运动的乐趣和成功,养成体育锻炼的习惯;发展良好的心理品质、合作与交往能力;增强自觉维护健康的意识,基本形成健康的生活方式和积极进取、乐观开朗的人生态度。

"阳光心理"课程群建设,在于帮助学生更好地了解自己、认识社会,引导学生对自己的未来进行规划和设计,将自己的理想、憧憬与学校的学习相结合,加强对学生人生方面的引导,提高学生学习的主动性、自觉性,过负责任的校园生活。我们按照生涯教育辅导目标,自我认识、认识社会、生涯探索三个维度展开课程探索。本课程依据儿童不同年龄段的心理发展特点,分别设置了小学阶段6个年级的不同内容。上课时间定在每周五的下午,以小组讨论、角色扮演、教师讲评等方式进行教学。

(二)"梦想学科"的评价要求

我们根据"梦之翼学科"的意涵,从以下几个维度来对学科拓展课程群进行评价。(见表4-4)

表4-4 "梦想学科"评价细目表

评价项目	评价标准	权重分	得分
学科理念	基于儿童需求,指向学科核心素养,突出学科特点,更加多彩,更加融合生活。	15分	
学科建设方案	基于学科特色;具有时代性、科学性、针对性;撰写方案有自己的学科哲学,逻辑性强,内容翔实,可操作性强。	20分	
学科课程内容	围绕学科核心素养进行准确定位,突出重点,内容丰富。能满足学生多元发展需求,充实学生的学习生活,丰富学生的学习体验,能实现"每一个梦都精彩""让梦想成真 让创意落地"的可能性。	20分	
学科课堂教学	正确的教学目标;丰富的课堂教学活动;提高学生的综合水平。有意识地进行学科学习及学法指导。重点放在学生良好的学习习惯上。注意课内课外结合。	20分	
学科教研	建立一个团结务实的学科团队,建立常态有效的教学研究制度,进行深度的课后反思与学科课程开发实施评价。	25分	
合计得分			

三、丰富"梦想社团",优化兴趣特长课程

开展"梦想社团"是我校"梦想课程"的重要组成部分,它是实现"每一个梦想都精彩"的重要载体,"梦想社团"课程的开设对于保护孩子的天性,珍视每个学生的梦想,尊重、理解、悦纳学生,并努力为每个学生提供最适合的梦想教育具有重要的意义。

(一)"梦想社团"的主要类型

学校围绕"梦之德""梦之语""梦之思""梦之创""梦之美""梦之健"六大类课程,开设如下社团。(见表4-5)

表4-5 "梦想社团"课程设置表

序号	类别	社团名称
1	语言类	辩论社团、主持表演社、小记者站、英语模联、英语剧场表演社……
2	思维类	数学游戏、魔方、象棋、五子棋……

序号	类别	社团名称
3	科技类	航模、机器人、科学实验、魔术、绿色能源电动车……
4	艺术类	合唱、中国舞、玩转色彩、儿童画、扎染、版画、啦啦操、古筝、葫芦丝、书法、陶艺、超轻黏土、手工折纸、衍纸、手工DIY、毛线编织、纽扣画、剪纸……
5	健康类	击剑、篮球、足球、羽毛球、乒乓球、板羽球、花样跳绳、心理绘画、心理沙盘、心理剧表演……
6	特色类	中医药社团、创意美食社团……

（二）"梦想社团"的评价要求

我校将从社团机构与管理、活动组织与开展、成果汇报这三个方面对"梦想社团"进行评价，采用每周的活动开展情况评价与学期末的综合评价相结合的方式，具体评价标准如下。（见表4-6）

表4-6 "梦想社团"评价细目表

项目	评价标准	得分	评估方法
社团机构与管理	1. 社团管理体制完善，机构设置合理，制订符合学生实际的社团建设实施方案、课程纲要、课时教案。（10分）		1. 实地查看 2. 材料核实 3. 师生座谈 4. 成果展示 5. 活动巡查
	2. 建立、健全并严格执行社团各项规章制度。（5分）		
	3. 社团人数适合，规模适度，成员资料档案齐全。（5分）		
	4. 指导教师认真负责。（10分）		
	5. 学生社团要突出学生的主体性和创造性，使学生在社团活动中自治自理、健康发展。（5分）		
	6. 社团活动空间固定、环境良好，有相应的文化建设。（5分）		
活动组织与开展	7. 定期开展社团活动，组织有序、记录完善。（20分）		
	8. 社团活动内容丰富，形式多样，体现实践性和综合性，有利于培养和锻炼学生多方面的素质，再现和表现校园文化精神。（10分）		
成果汇报	9. 社团成员或集体活动成果显著。（20分）		
	10. 在梦想嘉年华展出活动中表现突出，对学生有一定的吸引力。（5分）		

项目	评价标准	得分	评估方法
	11. 每学期至少在公众号或美篇上发布报道 5 篇。（5 分）		
合计得分			

四、创设"梦想节日"，浓郁学校课程氛围

我们努力开展更多适合学生个性发展的节日主题活动课程，激发学生参与的兴趣，丰富学生的经历和情感。

（一）"梦想节日"的课程设计

为浓郁校园文化，我校以"传统节日课程""现代节日课程""校园节日课程"为互动主题，努力营建校园文化课程。

传统节日具有丰富的文化内涵，民族的文化精神通过课程系统的传递，使传统的文化变得可感可触，生动形象。我们以节日课程为依托，通过体验节日文化习俗，开展"精神寻根"。（见表 4-7）

表 4-7　传统节日课程实施内容

月份（农历）	节日	主题	活动
一月	春节	浓浓的亲情	剪窗花、写对联、拜年话
一月	元宵节	烈烈的思乡情	赏花灯、猜灯谜、吃元宵
三月	清明节	深深的思念情	忆先烈故事、制作思念花、扫墓
五月	端午节	强烈的爱国情	包粽子、怀念屈原
八月	中秋节	醇厚的民族情	做月饼、绘月亮、讲故事
九月	重阳节	真真的敬老情	敬老人、献孝心

利用班队会活动课及各学科拓展课程，深化传统节日课程主题活动，将传统节日课程做活，做系统，做扎实。

现代节日包含着人们对美好生活的寄托和希望，我们开展"现代节日课程"引

导学生关注生活,增强生活仪式感。(见表4-8)

表4-8　现代节日课程实施内容

时间	节日	主题	活动
一月	元旦	新年新气象	1. 制作一份新年规划 2. 定下一个小小目标
三月	妇女节	我爱妈妈	1. 亲手给妈妈制作一张贺卡 2. 给妈妈唱一支歌 3. 给妈妈说一句暖心的话 4. 为妈妈做一件力所能及的事
五月	劳动节	劳动最光荣	1. 我是社区服务小能手 2. 我身边的劳动模范 3. 评选班级劳动小模范
六月	儿童节	少年强则国强	1. 亮亮我的成绩单 2. 才艺展示
七月	建党节	我是优秀少先队员	1. 学习党的历史 2. 学画党旗、党徽 3. 我身边的党员
八月	建军节	拥军爱军	1. 走进军队 2. 革命故事比赛 3. 赠送拥军大红花
九月	教师节	老师,您辛苦了!	1. 出一期敬师黑板报 2. 我给老师敬杯茶 3. 说一句感谢老师的话
十月	国庆节	祖国妈妈我爱你	1. 学唱国歌 2. 国旗国旗我爱你 3. 爱国歌曲合唱比赛 4. 我做升旗手

利用班队会活动课、国旗下演讲、各学科拓展课程,深化现代节日课程主题活动,将现代节日课程做好,做出新意,做得深入人心。

校园节日是以学生的校园生活为依托由学生自主设计的校园文化课程,该节日充满仪式感,增强了学生的责任心和参与度。(见表4-9)

表 4-9 "校园节日"课程设置表

时间	节日	主题活动
九月	入学季	设计实施新生系列入学课程,让新入学的学生了解学校,了解老师,热爱学校,热爱上学
十一月	创意节	师生进行"小创意、大智慧"展示
十二月	学科节	各学科进行深化学科核心素养的系列活动
三月	足球节	足球操展示、班级足球联赛
四月	读书节	国学学习展示、读书成果展示
五月	科技艺术节（梦想嘉年华）	体验多彩课程、展示学习成果
六月	毕业季	设计实施系列毕业课程,对母校多一点留念,多一些感恩;对初中生活多一些了解,多一些准备

（二）"梦想节日"的评价标准

根据"梦想节日"课程内涵,我们综合课程活动前的方案设计、活动时的课程实施、活动后的活动效果等情况进行评价。（见表 4-10）

表 4-10 "梦想节日"评价细目表

评价内容	评价标准	权重分	得分
方案	1. 主题鲜明、立意新颖、寓意深刻,具有时代性、科学性、针对性、实效性、教育性。 2. 内容贴近社会现实、贴近学生实际生活、贴近学生身心发展规律,紧扣主题,突出重点。 3. 活动设计有特色、有创意,体现课程的实践性、自主性、综合性、创造性和趣味性。	30分	
实施	1. 情景设计合理,操作性强,能体现综合运用知识的能力。 2. 依据所确定、分解、细化的具体内容选择活动。 3. 按照"近、亲、实"的原则选择活动。 4. 采取多种形式呈现。 5. 设置拓展性、开放性的问题,能给学生以思考的空间,引导学生体验和感悟。 6. 面向全体学生,关注学生的个性和差异,注重培养学生的实践能力,教育作用明显。 7. 师生互动,学生参与面广,能充分体现学生主体、教师主导的课程理念。	30分	

评价内容	评价标准	权重分	得分
效果	1. 活动目标明确,有明确的导向和时代性。 2. 活动形式新颖、独特、多样,让学生充分展示自我。 3. 促进学生身心健康发展,学生情感态度价值观得到转变。 4. 学生有认识,有感悟,自我教育能力得到增强。	40分	
合计得分			

五、打造"梦想文化",创设校园环境课程

校园环境是无形的教育、无字的教科书,是校园内看得见的文化形态,对校园内的每一个成员都起着潜移默化的熏陶和启迪作用。我们根据"每一个梦想都精彩"的教育理念,充分挖掘校园环境中的"梦想文化",开发落实校园环境课程。

（一）"梦想文化"的课程设计

我们从提升学生的心灵品质出发,挖掘校园围墙、操场、廊道、楼梯间、班级等处的资源,开发建设"梦想文化"的校园环境课程,让梦想文化融入校园各个角落,让每一寸空间都发挥它的教育价值。同时,用活课程资源,开展丰富多彩的活动。（见表4-11）

表4-11 "梦想文化"校园环境课程设计表

地点	课程目标	课程资源	活动设计
梦想文化主题墙	利用校园大门口围墙展示梦想主题文化,结合活动开展,让孩子们感受梦想文化的魅力,增强文化自信心。	(1) 学姐刘洋神九发射倒计时主题展示墙; (2) 筑梦启航门; (3) 课程理念雕塑; (4) 操场镂空板; ……	在操场镂空板抒写个人梦想,并定期展示不同学生的梦想,体现"每一个梦想都精彩"的理念。
"梦想号"职业体验空间	利用"梦想号"职业体验空间,让孩子们进一步感受梦想文化的魅力,增强文化自信心。	"梦想号"列车空间。	在"梦想号"列车空间内定期介绍不同职业及其中的优秀人物代表,让学生从小树立向优秀人物看齐的意识,种下一颗梦想的种子。

地点	课程目标	课程资源	活动设计
梦想舞台	利用"梦想舞台"，为学生创设一个表达自己梦想，展示自己梦想的平台，不断增强学生为梦想而不懈努力的意志。	"梦想舞台"。	利用周五下午午读时间，分年级分班级鼓励学生登上梦想舞台，可演说，可才艺，可个人，可团体。
梦想文化廊道	将主题与学生作品结合布置廊道，结合开展相应的活动，让学生把梦想文化种植心间。	每一层廊道上结合楼层年级分别从"梦想课堂""梦想学科""梦想社团""梦想之旅""梦想节日"等方面展示学生学习成果。	(1) 经典诵读会； (2) 读书分享会； (3) 各种社团展示； ……
梦想文化楼梯	用创客作品点燃学生梦想。	教学楼三个楼梯一至五楼墙面空间。	学生创客作品展示。
梦想班级	以梦想文化创设各具特色的班级氛围，开展合适的班级活动，陶冶学生情操，增强班级凝聚力。	(1) 特色班牌； (2) 学生各类作品秀； (3) 黑板报； (4) 好人榜； (5) 活动角。	(1) 教室环境布置； (2) 设计班级口号； (3) 好人故事会； (4) 评选展示学生各类作品。

在课时安排方面，以上课程每月至少一次，围墙文化与廊道文化的课程整合到社团活动或学科拓展课程群教学活动中去，班级文化课程整合到班队会课中去。

（二）"梦想文化"的课程评价

我们根据"梦想文化"校园环境课程的意涵，结合"最美廊道"和"最美班级"的评比活动，设计以下课程评价表。（见表4-12）

表4-12 "梦想文化"校园环境课程评价量表

评价内容	评价标准	权重分	得分
环境布置	1. 主题鲜明，突出学校梦想文化内涵，陶冶师生情操。	15	
	2. 各栏目（板块）内容更新及时，内容丰富，有时代感。	15	
	3. 墙面（地面）干净整洁，无卫生死角。	10	
	4. 文字内容无错别字。	10	

评价内容	评价标准	权重分	得分
活动开展	1. 活动主题突出,活动形式新颖,活动效果好。	15	
	2. 教师组织有序,学生积极性高。	15	
	3. 与学科教学、班队会活动有机整合,每月至少开展一次主题活动。	10	
	4. 每学期的展示时,学生解说流利,体现廊道(围墙、班级)特色。	10	
合计得分			

六、推行"梦想之旅",开发研学旅行课程

《中小学综合实践活动课程指导纲要》中明确指出:"小学阶段要通过亲历、参与少先队活动、场馆活动和主题教育活动,参观爱国主义教育基地等,获得有积极意义的价值体验。"①

(一)"梦想之旅"的课程设计

为全面实施素质教育,深化基础教育课程改革,整合各科课程资源,结合我校实际与学生的年龄特点以及各学科教学内容的需要,我校一到六年级开展了"走进身边场馆""体验游乐项目""探寻科技奥秘""家乡名胜古迹""走进河南制造""了解红色故土"等不同主题的旅行研学课程。我校"梦想之旅"课程设置具体如下。(见表4-13)

表4-13 "梦想之旅"课程设置及活动实施表

年级	主题	地点	活动板块设计
一	走进身边场馆	郑州市动物园	预学: 1. 了解常见动物的特征和生活习惯。 2. 认识人民币面值,简单了解人民币的兑换。 共学: 你看到了什么动物? 能把它们分分类吗? 说出你的分类标准。

---

① 教育部. 教育部关于印发《中小学综合实践活动课程指导纲要》的通知[EB/OL]. 中华人民共和国中央人民政府网. 2017-09-27.

年级	主题	地点	活动板块设计
			延学： 1. 画出最喜欢的动物。 2. 以填空的形式完成观察日记。 3. 分享收获。
二	体验游乐项目	郑州市人民公园	预学： 出游时需要准备哪些物品？ 共学： 你体验了哪些游乐项目？请分类填写并用图表示出他们的运动方式。 延学： 以数学日记的形式分享今天的收获。
三	探寻科技奥秘	郑州市科技馆	预学： 1. 郑州市科技馆的位置。 2. 找出合理的出行方式并做出预算。 共学： 1. 记录所参观的展厅，找到自己最喜欢的展厅，说出自己最喜欢它的理由。 2. 用学过的方位词绘制出从学校出发到郑州市科技馆的路线图。 3. 写出自己最感兴趣的科学现象，了解这种现象产生的原因。 4. 知道自己所在的位置，完成方位的填写。 延学： 1. 完成自己的体验日记。 2. 分享自己参观体验过程中的所思所感所想。
四	家乡名胜古迹	嵩山少林寺	预学： 1. 了解嵩山少林寺的历史。 2. 在地图上找到其位置。 共学： 1. 用方位知识绘制参观游览路线图。 2. 找出最划算的购票方式，计算总钱数。 延学： 写一篇心得体会。
五	走进河南制造	宇通公司	预学： 你了解的河南制造有哪些？

年级	主题	地点	活动板块设计
			共学： 1. 客车是怎么制造出来的？图文结合描述制造过程。 2. 在制造中最让你惊叹的是什么？ 延学： 完成科幻作文或者画：未来的河南制造。
六	了解红色故土	二七纪念馆	预学： 1. 了解二七纪念馆的历史。 2. 找出参观的出行方式，计算不同的方式所需要的费用。 共学： 1. 最感动你的人物和事迹是什么？ 2. 按比例画出纪念馆的平面示意图。 延学： 完成一份《英雄在我心中》的手抄报。

　　课程的设置尊重孩子的兴趣和需求，作业单的设计不仅关注学生游学过程中的体验，更注重研学前的预学和研学后的延学。具体操作步骤：(1)根据研学课程对学生进行相关知识、能力等方面的专业指导。(2)制定相应的研学活动要求及评价措施。(3)展示交流，对研学活动中学生的表现及作业进行星级评价。(4)研学课程结束后，对本次活动进行总结，提出修改意见和建议。

　　在课时安排方面，小学1—2年级，每学期不少于1课时；小学3—6年级每学期不少于2课时。充分利用节假日和寒暑假，可个人单独进行，也可以小组合作方式开展。

　　研学课程不仅让学生走出校园去认知社会，认识自然。在旅行的过程中还陶冶了学生的情操、增长了学生的见识，使学生在体验不同的自然和人文环境的同时，激发了学生关爱自然、关心发展、进行科学探究的愿望，培养了学生热爱家乡、热爱社会的思想情感，从而全面提升了学生的综合素养。

　　（二）"梦想之旅"的评价要求

　　我校的"梦想之旅"课程要求做到"学"之扎实，"研"之尽兴，旅之有获，行之成长，具体评价标准如下。（见表4-14）

表 4 - 14 "梦想之旅"课程评价细目表

评价项目	评价标准	权重分	得分
课程设计	确定研学目标、研学内容、评价方式;体现实践性和创新性。	15分	
课程实施准备	准备充分;过程中关注学生良好习惯的培养与课程教师的专业成长。	15分	
课程实施安排	学生在最真实的场景下有独特、丰富的体验;安全保障、安全方案与应急预案制订合理;处理突发事件及时,师生安全有保障。	20分	
活动总结	通过公众号信息发布、书写感受、班会交流等形式对研学的整个过程进行总结。	15分	
合计得分			

七、创设"梦想空间",落实创客教育课程

我校"梦想空间"是基于学生兴趣,以项目学习的方式,使用数字化工具,倡导造物,鼓励分享,培养跨学科解决问题能力、团队协作能力和创新能力的一种创客教育课程。

(一)"梦想空间"课程设计

我校着力打造以现代科学技术为基础的创客空间,着力设计以陶艺坊、木工坊、3D打印、机器人、科学实验、航模为代表的创客精品课程,从而进一步加强对学生实践能力和创新精神的培养,为学生个人潜力和兴趣爱好提供新的发展空间。(见表 4 - 15)

表 4 - 15 "梦想空间"课程设置表

课程名称		内容	方式	时间
学科创客课程		利用各学科特点培养学生的创客精神	各学科课堂	

课程名称		内容	方式	时间
特色创客课程	陶艺	手工、烧纸、彩绘……	走班上课、社团	每周一次
	木工坊	手工、拼装……	走班上课、社团	每周一次
	3D打印	了解3D打印;三维设计样品;三维打印和制作等	走班上课、社团	每周一次
	机器人	拼装、编程	走班上课、社团	每周一次
	科学实验	小制作、小实验……	科学课、走班上课	每周两次
	航模	组装操作以及制作等有关知识	走班上课、社团	每周一次
	绿色能源电动车	组装、美工、操作训练……	社团	每周两次

充分利用各学科的学科特点开展学科创客课程,培养学生创客精神;利用科学课、走班上课、社团活动等开设航模、绿色能源电动车、3D打印、机器人、科学实验等特色创客课程;同时利用学校的创客文化节——梦想嘉年华,做好学生创客成果展示活动;此外,积极参加省市区组织的各项竞赛活动,开阔学生眼界,培养学生的创新思维,丰富学生的创新实践。

（二）"梦想空间"的课程评价

我们设计以下评价表来评价教师和学生,以了解课程实施效果。（见表4-16）

表4-16 "梦想空间"课程评价细目表

评价对象	评价内容	评价分值	实际得分
学习者	1. 项目学习中,创造协作能力、发散思维、解决实际问题的能力得到训练与增强。	20	
	2. 成果分享时,不仅会表达激情,还会向同伴传达重要知识;不仅会欣赏,还会创造性地激发对方。	15	
	3. 会反思自己发现了什么,提出新的理论,明确下一步的做法。	15	
教育者	1. 在课程设计与组织教学时,有具体的课程目标,明确的项目要求。	15	

评价对象	评价内容	评价分值	实际得分
	2. 会使用多样化、实用性强的质性评价手段（档案评估法、观察法、表现性评价法），注重过程性评价，采用学分制的计分方式。	20	
	3. 鼓励学生大胆尝试冒险，激励学生不断创新。	15	
合计得分			

八、做活"梦想整合"，开展项目学习课程

围绕"科技·梦想"，我们发挥跨学科统整的综合优势，架构起知识世界与生活世界的联系，分步骤、分阶段实施项目学习课程。学习将从认识自然、了解生活、认识海洋、了解宇宙、探索航空、解读科学精神六个主题出发，运用多学科知识，开展项目学习。

（一）"梦想整合"的专题设计

多维、多向组织整合的专题教育课程，使关联与整合成为课程实施的常态。每学年，通过创设真实的问题情境，设计具体的项目，开展合作研究性学习，鼓励学生在探究中完成学习任务。（见表4-17）

表4-17　项目式学习课程实施表

	学习主题	问题	整合课程	学习方法	过程实施
一年级	自然界中的奥秘	如：植物会睡觉吗？	全学科	观察法，记录法，拍摄法，和父母一起合作学习法	1. 召集一年级全体老师详细设计此项目学习的步骤。 2. 发布学习任务。 3. 呈现学习成果。 4. 评选学习成果。
二年级	生活中的科学	如：怎么才能让冷冻的肉迅速化冻？	全学科	观察法，测量法，查阅法，实验法，记录法，拍摄法	1. 召集二年级全体老师详细设计此项目学习的步骤。 2. 发布学习任务。 3. 呈现学习成果。 4. 评选学习成果。

	学习主题	问题	整合课程	学习方法	过程实施
三年级	探索海洋奥秘	……	全学科	搜集资料法，观察法，写作法	1. 召集三年级全体老师详细设计此项目学习的步骤。 2. 发布学习任务。 3. 呈现学习成果。 4. 评选学习成果。
四年级	探索天文奥秘	……	全学科	搜集法，观察法，实验法，讲解法，合作法	1. 召集四年级全体老师详细设计此项目学习的步骤。 2. 发布学习任务。 3. 呈现学习成果。 4. 评选学习成果。
五年级	航空科技探秘	……	全学科	阅读法，实验法，动手操作法，讲解法，合作法	1. 召集五年级全体老师详细设计此项目学习的步骤。 2. 发布学习任务。 3. 呈现学习成果。 4. 评选学习成果。
六年级	解读科学精神	……	全学科	阅读法，讲述法	1. 召集六年级全体老师详细设计此项目学习的步骤。 2. 发布学习任务。 3. 呈现学习成果。 4. 评选学习成果。

（二）"梦想整合"的课程评价

在进行"梦想整合"的课程评价时，我们从专题设计、学科介入、实施方式、效益四个方面来设计评价标准，具体如下。（见表4-18）

表4-18　"梦想整合"的评价实施细目量表

评价指标	评价内容	评价得分
专题设计	选题新颖，主题鲜明，具有时代性、科学性、教育性。（10分）	
学科介入	1. 围绕专题，充分发挥各学科特点进行统整。（15分）	
	2. 整合的学科活动设计恰当，有特色有创意，体现课程的实践性、自主性、综合性、创造性和趣味性。（15分）	
实施方式	1. 专题整合的各学科教学活动在规定的时间内完成。（10分）	

评价指标	评价内容	评价得分
	2. 面向全体学生,关注学生的个性和差异,注重培养学生的实践水平。（10分）	
	3. 师生互动,学生参与面广,能充分体现学生主体、教师主导的理念。（10分）	
	4. 及时总结、交流、评价。（10分）	
效益	1. 全体学生积极主动参与活动,得到锻炼,学有所获。（10分）	
	2. 学生的探究精神、合作精神、创新精神得到发挥,实践水平有所提高。（10分）	
合计得分		

课程实施和评价是将课程规划的愿景转化为"脚踏实地"的实践过程。"梦想课程"正是以"梦想课堂""梦想学科""梦想社团""梦想节日""梦想文化""梦想之旅""梦想空间""梦想整合"这八种课程实施方式体现教育哲学,反映办学理念,落实课程理念,实现育人目标。

（撰稿人:樊彩萍　王莉君　鲍真真　张金金）

第五章
生成性：学校课程实施的统整

　　课程实施是作为一个动态的过程而存在的，同时也在不断地生成。注重课程实施的统整，需要贴近儿童实际，更需要在场域中关注师生共同创造的过程和成果，积极地调动儿童学习的兴趣，促使儿童主动地成长，激活学习状态。课程在实施中要保证动态生成和多向互动，使儿童从中得到充分滋养，使教师的教育智慧焕发光彩，让儿童与教师一道收获生命成长幸福的美好旅程。

大巧课程：
让每一位儿童和雅温润

郑州市管城回族区工人第二新村小学位于中原民俗文化的发源地——郑州市管城回族区，与蕴含着中华 3600 年文化的商朝古城墙、城隍庙、文庙等毗邻。学校现有教师 103 人，其中中小学高级教师 5 人，72% 是中小学一级教师，省级骨干 5 人，市级骨干 10 人，区级骨干 8 人，区级名师 3 人，平均年龄 38 岁，他们教学经验、生活阅历都十分丰富，是一支科研能力强、业务水平高、勇于创新与改革的优秀教师队伍。我们依据《教育部关于全面深化课程改革落实立德树人根本任务的意见》和《中共中央国务院关于深化教育教学改革全面提高义务教育质量的意见》，推进我校品质课程建设，取得显著成效。

第一节　聚焦知行合一的成长之路

学校教育哲学是体现学校办学特色的核心,它是根据本校的实际情况,包括师生的现实需求、学校环境的特殊性、学校培育人的教育理想等方面确定学校发展的方向,它既与国家规定的教育目的、培养目标具有内在的一致性,又具有适合本校实际且不同于其他学校的差异性。

一、学校教育哲学

工二村小学的办学特色是传承优秀传统民俗文化,因此我校的教育哲学是"大巧教育","大"即为要有"大情怀""大智慧""大格局";"巧"即为有"能工巧匠的精神",有"巧夺天工的技艺";"工"即"工二",也是工艺、功夫。因为"理性"和"情感"的共同发展才能形成一个"完整的人",所以学校运"大巧之工",培育的是"大成之人"。

"大巧教育"是大情怀教育。"运大巧之工,育大成之人"是我校的办学理念,传承优秀传统民俗文化是我校的办学特色,那么在教学中,我们在传授学生课本知识之余,一直坚持给学生拓展相关的民俗文化,引导学生感受民俗之美,在掌握学科基础知识的同时培养学生的语言表达和审美情趣,让每个孩子都得到真正的发展,这是一种拥有大情怀的教育理念。

"大巧教育"是大智慧教育。"重剑无锋,大巧不工"出自金庸武侠小说《神雕侠侣》,意思是说真正的剑技不是要依靠剑锋,而是个人的修行。这里的"大巧"也是一种大智慧。今天,丰富、快捷是时代的主题词,很多人用尽心血试图在方法和技巧上找到学习的捷径,所谓的方法体系,充其量不过是一些应试的方法和技巧而已。然而,走到时代前列的并不是靠快捷和变化,而是有选择地坚持和固守,是大浪淘沙的返璞归真。"大巧"的人不用太多的工序,寥寥数笔就能把一块木头勾绘出它本身的自然之美;"大巧"的人注重基本功夫的培养,即使使用的是一把没有开刃、并不锋利的剑,也能发挥很大的威力。通过学科课程和社团课程,学生逐步成为有情趣、乐生活、能审美的新时代接班人。真正的学习就是要抛开快捷与定式,抛开工巧与华丽,心存敬畏。"重剑无锋,大巧不工",真正的学习正是需要这样一把无锋的重剑去敲开厚重的大门。这是一种拥有大智慧的教育理念。

"大巧教育"是大格局教育。依据学校"动手动脑,成人成事"的课程理念,工二村小学要求每位教师在教育教学中做到时刻以大格局为高度,教育学生要有大志向,合理筹划国家课程和校本课程内容。在大格局的前提下,尽显学校民俗特色的"巧"味。学生在老师的引导下,认真完成国家课程和校本课程,耳濡目染,日积月累,逐步把民俗特色的"巧"学精细,融入其中,把"巧"内化为自己的气质和行为,这是一种拥有大格局的教育理念。

我们的教育信条:

我们坚信,

教育是一门艺术;

我们坚信,

学校是高尚的灵魂对话的地方;

我们坚信,

善思善教是优秀教师的特质;

我们坚信,

乐思乐学是每一个孩子生长的阳光;

我们坚信,

动手动脑、成人成事是教育的最美追求。

二、学校课程理念

工二村小学将中国传统文化中注重艺术与技能的民俗教育作为教育哲学"大巧教育"的切入点,民俗特色教育在教育教学中注重培养学生动手动脑的双重目标,积极探究民俗文化中的"美、思、巧、技"等特点,致力于广大师生探究思考、艺术审美、技能实践等水平得到提升,实现培育"巧思少年"的终极目标。因此我校的课程理念是"动手动脑,成人成事"。

——课程即个性的发展。每个孩子都是独一无二的,都有自己的天赋;每个孩子的成长都是与众不同的,都有自己的世界;每个孩子的发展都是千差万别的,都有自己的个性。课程就是要尊重差异,成为实现学生个性发展的媒介和途径。学校课程的开设与不断发展,是为了真正满足不同孩子的爱好特长和发展需求。关注每一个学生、激励每一个学生、成就每一个学生,从孩子的个性化需求出发,激发学习兴趣、开发学习潜能、发挥多元智能,使每一个孩子都能学会生存、学会生活、学会成长。

——课程即生命的旅程。教育的本质是对生命的教育,让每一个生命"向真、向善、向美"地发展是教育的使命。教育通过课程让孩子们徜徉在生命的美好之中,课程的价值就在于生命的成长——在旅行中成长。儿童不是成人的缩影,具有独特的生理、心理特点。基于儿童的成长规律,我们设置的课程要尊重孩子的认知特点,符合学生的成长需求,使之成为孩子生命过程中的一段美好旅程。

——课程即梦想的花开。梦想是成长教育的一双翅膀,它让每个生命勇敢地朝着目标奋力飞翔,在逐梦的道路上,课程为每一个孩子的前行指引正确的航向,为他们摇旗呐喊、加油助威。我们要让每个工二孩子坚定信念、锲而不舍、精益求精,不断突破自己、超越自己,向着"大成"之路化蛹成蝶,直至听见梦想花开的声音。

总之,工二村小学依据儿童发展规律,试图探索出适合学生人生观、价值观,以及认识观不断变化的课程建设模式,让课堂教学绽放出新光芒,也让"动手动脑,成人成事"的新课程理念落地实施。

第二节 成就崇真尚美的巧思少年

学校课程哲学是为实现育人目标服务的,因此确定学校课程目标,必须要先明晰学校育人目标。

一、学校育人目标

依据学校"大巧之工,一思一行"的办学理念,我校致力于培养"臻雅尚美,睿智尚思,勤勇尚巧,志高尚善"的少年儿童。具体如下:

——臻雅尚美的儿童:有情趣,乐生活,能审美;

——睿智尚思的儿童:有灵气,好学习,会探索;

——勤勇尚巧的儿童:有勇气,勤健身,守规则;

——志高尚善的儿童:有情怀,广见识,爱家国。

二、学校课程目标

为了实现培养目标最大程度的有效性,我们将学校课程目标进一步细化,形成低、中、高三个不同年段更为具体、更加形象、更具有实施性的阶段目标。具体要求及表现如下。(见表5-1)

表5-1 "大巧课程"目标的年段要求和表现

目标	臻雅尚美	睿智尚思	勤勇尚巧	志高尚善
低年级	积极参与艺术活动,感受艺术活动带来的身心愉悦之感,认真学习自己的艺术专业。	对学习有兴趣、对未知事物充满好奇心和求知欲;快乐学习,达到低年级学科课程标准的基本要求。	喜欢体育运动,初步掌握基本的运动技能,对运动健康有一定的兴趣。	热爱班集体、尊敬师长、团结同学;热爱校园环境、遵守学校纪律;能够勤奋学习,听从长辈的教导,积极尝试自己的事情自己做。

目标	臻雅尚美	睿智尚思	勤勇尚巧	志高尚善
中年级	自身的艺术专业水平逐步提升,敢于展示;对艺术作品有一定的欣赏能力和热爱之情;能够学会迁移应用,积极探寻生活艺术。	能积极主动学习,独立自主地思考;养成问题意识,发现问题并有意识地尝试解决问题;能够达到中年级学科课程标准的基本要求。	养成参与运动的兴趣和爱好,具有良好的运动习惯,形成健康的生活方式;掌握1—2项体育技能并懂得遵守运动规则。	遵守校规校纪和社会公德;爱祖国、爱家乡、爱科学;树立环保意识、积极参加劳动教育;尊敬师长、团结同学、融洽地与人相处;培养坚强的意志和良好的品行。
高年级	自身的艺术专业水平逐步精进,乐于展示;提高自身艺术方面的综合素养;积累丰厚的文化底蕴,持久保持对艺术学习的热爱之情;乐于发现生活中的真善美;有积极的生活情趣和业余爱好。	会学、乐学、好学。能够根据具体的学习任务选择、调整自己的学习策略;善于运用探究性学习方法,有运用多种方法解决问题的能力;能够达到高年级学科课程标准的基本要求。	积极参加体育活动,在个体或者团体运动中达到一定程度的协调性;拥有健康的生活方式以及较高的身体素质;掌握3—4项体育运动技能并成为特长项目;在各种体育项目中能够形成对人、对物、对事的敬畏之心。	初步具有爱祖国、爱人民、爱劳动、爱科学、爱社会主义的良好品德;遵守社会公德,养成文明习惯;为成为有理想、有道德、有文化、有纪律的社会主义公民打下良好基础。

总之,育人目标是学校生存与发展的灵魂。育人目标指导着学校管理系统、课程系统、教学系统和评价系统的工作,为它们的运行提供机制、方向。有着清晰育人目标的学校能够根据目标制定学校的管理制度,开发适宜的课程以及教学模式和方法。工二村小学依据学校办学理念,明晰了学校育人目标,并将之细化,使得学校课程目标具体可行,为学校课程的落地实施明确了方向。

第三节 挖掘民俗文化的精神内涵

一、学校课程逻辑

学校课程体系是一个学校课程实施的架构,只有学校课程体系的逻辑合理清晰,学校的课程建设才能顺利实施。工二村小学依托学校"传承民俗艺术之美"的办学特色,从"人文关怀,和雅温润"的校园文化体系着手,将工二村小学民俗特色与课程建设相结合,构建"多维思考、分层实践、学用结合、双翼齐飞"的"大巧课程"逻辑,具体如下。(见图 5-1)

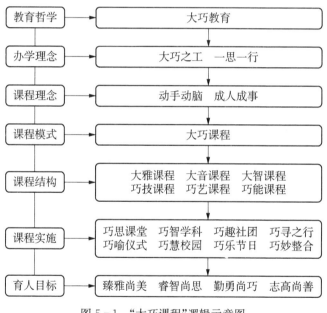

图 5-1 "大巧课程"逻辑示意图

二、学校课程结构

依据以上学校课程逻辑我们可以看出,工二村小学在"大巧教育"的教育哲学统领下,确定了"动手动脑,成人成事"的课程理念,在此基础上又将学校的课程模式规划为"大巧课程"。"大巧课程"模式总体可分为"大的人,巧的手"两大课程体系,分别设置了"大雅、大音、大智",以及"巧技、巧艺、巧能"六大系统课程。具体如下图。(见图5-2)

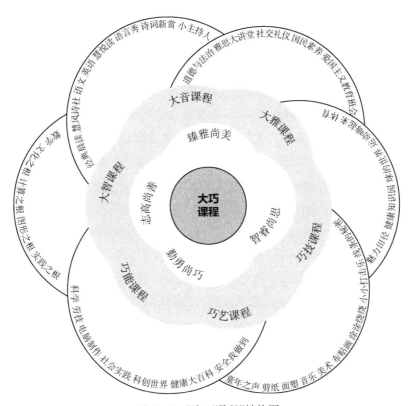

图5-2 "大巧课程"结构图

大雅课程,即品德与素养类课程,塑造学生高雅品格。雅思课程,是以道德与法治、班会课、心理健康等学科课程为基础,以"雅思大讲堂""国民素养""社交礼仪"为特色实践的课程。通过开展主题式学习与社会实践活动,培养学生良好习惯养成,树立大国公民意识,提升个人修养。大雅课程旨在通过德育教育,面向新时代培养大国公民的良好形象和公民意识,使学生努力成为符合国家发展和时代要求的合格公民。

大音课程,即语言与表达类课程,开启学生语音智慧源泉。慧思课程,以语文、英语等学科课程为依托,同时开设"经典晨读""诗词新赏""慧悦读"等课程,成立"小主持人""慧风诗社""语言秀"等延展性语言文学社团,内化学科知识的掌握,提高学生思维水平,启迪学生的心灵与智慧,通过传统文化与现代文化的相互融合和理解,让思考的头脑真正变成智慧的源泉。

大智课程,即逻辑与思维类课程,拓展学生创新思维。拓思课程以数学为课程基础,融入"数学思维拓展""棋思妙想"等特色课程,追求通过学科知识的"逻辑链"与学生头脑中的"思维链"的相互融合和提升,使学生通过逻辑分析、质疑探究、发散思维,获得多维度的创造性学习体验。

巧技课程,即运动与健康类课程,练就学生健康体能。巧技课程旨在培养强健体能,快乐成长的健康教育文化。以体育体能课程培养为基础,结合中国传统文化与现代舞蹈,具有浓厚的趣味性与文化性。通过"武术""毽子""绳舞韵律""民族舞蹈""街舞"等课程的实施,增强学生健身意识和能力,并掌握一定运动技能,理解健康体格与文化传承的内涵和感受。

巧艺课程,即艺术与审美类课程,陶冶学生尚美情趣。巧艺课程,以音乐、美术课程为依托,突出审美与技艺结合,开拓"手脑并用、美技结合"的文化艺术贯通性发展和综合跨界技能。社团课程以剪纸、茶艺、古琴、书法等为特色,打造以"古韵新趣"主题式艺术类课程、校园艺术节、才艺社团等为实施平台的课程种类,旨在培养学生理解传统文化、提高审美品位、陶冶艺术情操,为学生成长提供展示魅力的舞台。

巧能课程,即科学与探索类课程,增长学生生活经验。巧能课程主要包括科学、劳技、社会实践等内容为课程基础,以社会生活型课程"安全我做到""健康大百科""科创世界"等课程为特色,开展普及型社会教育、安全教育、健康教育,重在提升学生认识自己、认识社会,现象思辨以及团队意识的能力增强,强调将课堂性知识传授,转化到多样化的社会实践性学习,增强学生更好生活的综合能力与丰富生活经验。重视培养学生的劳动意识和劳动能力。把握劳动教育的基本内涵,学校有目的、有计划地组织学生参加日常生活劳动、生产劳动和服务性劳动。形成具有综合性、实践性、开放性、针对性的劳动教育课程体系。劳动教育课程每周1课时。

三、学校课程设置

依据学校的"大巧课程"结构划分,我校将1—6年级的课程做以下具体设置。(见表5-2)

表 5－2 "大巧课程"设置汇总表

课程 / 学期	大雅课程	大音课程	大智课程	巧技课程	巧艺课程	巧能课程
一年级上学期	我上学啦 校园生活真快乐 家中的安全与健康 新年礼仪	《弟子规》 拼音乐园 悦享图书 好朋友手拉手 我说我听 识字中的快乐	古人计数 有趣的数字 小小建筑师 游戏公平吗	体育与健康 走与游戏 认识篮球 投沙包游戏	认识打击乐 《小跳蛙》 感受旋律的魅力 随音乐进教室 绕绕涂涂 奇妙的撕纸添画 穿花衣的热带鱼	劳动 趣味折纸 快乐剪纸 瞧瞧我的小房间 水果聚会 趣味实验 昆虫世界百科 校园气象 豆子绘画
一年级下学期	我的好习惯 我和大自然 我爱我家 我们在一起	古诗十五首 识字集锦 《小鲤鱼跳龙门》 交际中的故事 书我所见 阅读小达人	人民币探趣 神奇的珠子 玩转七巧板 我会分扣子	安全运动 跑步与跳跃 篮球游戏 迎面接力跑	感受打击乐 声势、律动结合 体验音符的神奇 跟着音乐翩翩起舞 七彩飞虹 画画印印 由小变大的画	劳动 千姿百态话金鱼 菊花飘香 长脖子娃娃 美丽的木匣 趣味实验 植物观察日记 月相"变变变" 植物绘画
二年级上学期	我们的节假日 我们的班级 公共场所礼仪 我爱我的家乡	《日有所诵》 识字小助手 趣味童话 看图讲故事 我喜爱的玩具 动物找家	追溯测量 九九歌 小小角 小小设计师	正确着装 队列队形 学习排球 障碍跑练习	初步体验打击乐 我是小小演奏家 探索音符的奥秘 认识 do re mi 自画像 神奇的小画册	劳动 漂亮的手提袋 多变的纸三角 缝沙包 探寻磁力魔法 昆虫小标本

课程＼学期	大雅课程	大音课程	大智课程	巧技课程	巧艺课程	巧能课程
二年级下学期	挑战第一次 我会玩 绿色伴我行 学习有方法	《弟子规》 识字小达人 儿童故事 借书公约 我的愿望 我是小导游	质量的由来 认识算盘 魅力剪纸 小小统计员	热身活动 热身体操 排球与游戏 跳跃与游戏	捏泥动物 分角色体验打击乐 《小小少年》 辨别音符的高低 音符大PK 巧妙的组合 我爱我家 花儿遍地开	天气记录员 绘制游乐园 劳动 自行车养护 我做清洁工 学炒菜 做简易直流电动机 制作弓箭 植物小标本 四季气象写绘 手工造纸
三年级上学期	快乐学习 我爱我的学校 安全护我成长 爸爸妈妈在我心中	古诗二十首 据义定音 魅力童话 请教 这儿真美 秋天的图画 配音秀 小小演说家 书写之星 英语魔法秀	指南针 市制单位 巧量周长 珠算加法	营养与健康 快乐跳绳 魅力足球 投掷垒球	小组合作 欢乐四人组 认识节奏 做节奏的主人 卡通大亮堡 纸盒城堡 留住春天	劳动 包粽子 装点我们的家 家庭种植 探索声音之谜 培育植物 天气气象员 制作土琵琶
三年级下学期	我是独特的 我在这里长大	名言警句 猜字游戏	历史的奥秘 方田	用眼卫生 支撑跳跃	小组分声部 《铃儿响叮当》	劳动 学会使用体温表

（续表）

课程＼学期	大雅课程	大音课程	大智课程	巧技课程	巧艺课程	巧能课程
四年级上学期	生活离不开规则 万里一线牵 我爱我班 我的家庭贡献与责任 信息万花筒 低碳每一天	神话故事 身边的小事 趣闻日记 春天在哪里 我爱唱英语 口语小达人 我爱写单词 玩转英语 日有所诵（节选） 汉字的演变 初探神话奥秘 我讲历史人物故事 为你推荐好地方 植物生长我知道 配音秀 神奇拼读 单词消消乐 Movie Club	传统面积 更和时辰 古时测量法 商功 平行四边形和梯形 田忌赛马	五人制足球 50米快速跑 疾病预防 球性练习 篮球传球 投掷实心球	创编节奏 小组合作 森林王国 线条的秘密 彩墨游戏 全班合作 乐曲辨识 感受律动 跟着音乐做律动 线描写生 纸品乐陶陶 时间告诉我	合秤的使用 布贴盆花 点亮小灯泡 植物生长日记 地球"转转转" 建筑模型 劳动 螺丝刀的使用 简易灯笼的设计 立体插卡 装饰小屋 电器发明家 食物发现历险记 岩石小标本 电脑制作
四年级下学期	我们的好朋友 合理消费 美好生活在哪里 关心家乡发展	节气谚语 相似字"找别扭" 想象诗歌中的美景 课外读书我来演 写信说说心里话 环境知识大竞赛	几何纹样 有趣的24点 蒜苗节节高 鸡兔同笼	柔韧与协调 花样跳绳 排球垫球 4×50米接力跑	书画结合原创 《大王叫我来巡山》 声势体验 请你跟我做做…… 线描淡彩画 邮票设计	劳动 创意壁饰 空气动力车模的设计 百变吉祥花 力学实验室 金鱼成长写绘

课程\学期	大雅课程	大音课程	大智课程	巧技课程	巧艺课程	巧能课程
					一模不一样	科学幻想画 码衣乐园
五年级上学期	学会沟通交流 我是班级的主人 我们的国土 灿烂的文化	《论语》节选 小小书法家 《中国民间故事》 民间故事 我手写我心 强国梦 英语趣配音 悦读悦美 创意思维写作 西方文化百科	方程的起源 《方田章》之平面图形的面积 出入相补原理 生活中位置的确定	力量与速度 技巧竞技 球类竞技 跨越式跳高	尝试原创 乐句接龙创编歌曲 听旋律辨歌曲 辨曲大赛 水墨动物 布艺温馨 皮影	劳动 熨衣服 练手帕 包饺子 叠钱包 建造游乐场 绘制生命旅程 制作宇宙模型 3D打印
五年级下学期	诚信行 自信向上的我 爱护我们的家园 我是小卫士	优秀古诗词 汉字书写大赛 大话西游 神话故事 优秀作文选 走进信息时代 singing star 我是小书虫 我是小作家 show time	分数的产生 约分术 图形的变换与艺术 玩转七巧板	耐力素质 韵律舞蹈 比赛与规则 助跑投掷垒球	自由组合编创 《金蛇狂舞》 听歌曲唱旋律 模唱接龙 图画文章 快乐陶吧 团扇	劳动 插花 制作中国政区地图拼版 蝶式直升飞机模型 学做西菜 制作电动玩具 微生物标本 走进湿地公园 科学微电影

课程学期	大雅课程	大智课程	大智课程	巧技课程	巧艺课程	巧能课程
六年级上学期	我们的守护者 我们是公民 我们的国家机构 法律守护我成长	诗词三十首 遨游汉字王国 经历与成长 请你支持我 笔记流出的故事 轻叩诗歌大门 我爱叮诗单词 文化你我他 作文小能手 趣味英语	"圆"来如此 几点钟方向 "圆"远流长 判断、预测	迈入青春期 球类竞技对抗 排球比赛战术 400米跑	组建小型乐队 人人争当小乐手 为词谱曲 为古诗谱曲 祖国在我心 巧用肌理 唱大戏	劳动 纸作品设计——桥 修理水龙头 做校园模型 毛线编织 创思工坊 生态瓶 揭秘生活环境 制作科学乐器
六年级下学期	完善自我 爱护地球 多彩生活 让世界更美好	诗文选诵 汉字大王 论三国 以礼相待 我的第一本作文集 依依话别 迷你故事会 分级阅读 快乐写作 我型我秀	七桥问题 隐藏的比 负数 家庭开支	奥林匹克知识 团队比赛 篮球比赛战术 蹲踞式跳远	乐队表演 《水仙花圆舞曲》 为曲填美词 选好曲唱美果 瓶花与明天 走向明天 给文章配画	劳动 水培发豆芽 贴布绣 做布制斑马 科技论文 生态植物角 绿色社区 机械制造者

如果说课程目标是学校课程建设的灵魂,那么课程内容和结构就是学校课程的骨肉,只有课程结构安排合理,课程内容具体丰富,学校课程建设才能形成有血有肉有品质的可行方案。工二村小学的"大巧课程"体系框架的建构是在育人目标导向下,对课程目标体系、课程学习内容、学习内容组织方式和课程学习样态进行统筹考虑,形成相辅相成的跨学科课程框架,有利于实现学校的育人追求。

第四节　激活巧妙整合的评价体系

学校课程实施是课程理念落地的过程，也是师生共同成长的过程。学校从"巧思课堂""巧智学科""巧趣社团""巧寻之旅""巧喻仪式""巧慧校园""巧乐节日""巧妙探究"八个方面推进实施学校课程，践行"动手动脑，成人成事"的课程理念。

一、建构"巧思课堂"，提升课程实施品质

课堂是学校推进课程实施的主要渠道，是师生共同学习、共同成长的主要阵地，是学生生命成长的沃土。落实"大巧课程"的关键在课堂。"学而不思则罔"，课堂的学习应该是思维的碰撞、智慧的交融，因循守旧的课堂模式已不能适应当下的课程理念，被动的学习已不能培养新时代的少年，高品质的课堂应当是思维活跃、巧言善辩、灵动自由的发展空间。

（一）"巧思课堂"的内涵与实施

"巧思课堂"是教师运用巧妙的智慧和积极的情趣，以智启智、以情冶情，开发学生思维活力和情感潜能的课堂。学生能在巧妙的、思辨的学习氛围中，善思善言、敢思敢辩，乐于求知、乐于探索，实现师生的思维、情感和谐共生。"巧思课堂"带来的是学生智慧的碰撞、情感的愉悦、生命的浸润、心灵的洗礼。

"巧思课堂"是智慧的课堂。学生积极参与到"巧思课堂"之中，能思考、能动脑，能提出问题，阐述自己的观点，发表不同的意见，学生的发散思维和批判思维在思辨的氛围中得以发展，在师生的交流碰撞中生成智慧、共同成长。

"巧思课堂"是灵动的课堂。课堂上的学生对学习拥有浓厚的兴趣，渴求汲取知识的养分，学生会动手写、动脑想、动口说，会认真聆听、专注观赏、用心记忆，会认真思考、积极表达、踊跃发言。这样的课堂充满灵气。

"巧思课堂"是和谐的课堂。课堂上教师依据学生发展的心理特点，遵循学生成长的规律，本着对学生的尊重、理解和关注的原则，创设积极学习情境，引领带

动每一个学生充分展现自我、发展自我,创建良好的学习氛围,在平等、互助、开放、向上的环境中和谐发展。

学校为深化"巧思课堂"的建设,积极探索"巧思课堂"实施的策略,切实保障"巧思课堂"的高效运行。具体实施策略如下:

以校本教研为途径。学校建立健全校本教研制度,将每周三定为"教研日",每个教研组都有学科领导人负责,教研组长带领,深入教研组内,开展行之有效的教研活动。

以教科研为抓手。学校领导指导每位教师在自己的课堂教学实践中发现问题,将这些问题作为自己的教研专题,探索解决问题的方法,寻求今后努力的方向。

以科学评价为支撑。带领教师制定科学有效的评价体系,注重评价的多元化,改变教师的教学观,促进学生的成长。学校通过组织学生代表、家长委员会参与课堂评价,组织以校领导为主管的评价小组进课堂进行教学评价,提升教师的教学质量。

以教学反思为阶梯。反思才能进步,反思才能成长。学校教师积极进行教学反思,在每次教研过程中反思,以期科研项目精益求精;在每次教学活动中反思,以期教学效果趋向优秀;在每次的教学评价后反思,以期教学质量越来越高。教师锐意进取、不落窠臼,以教学反思为阶梯,使自身的教育素养更上一层楼,学校的"巧思课堂"呈现蓬勃发展的势态。

(二)"巧思课堂"的评价标准

根据"巧思课堂"的意涵,学校从学生"巧学"情况、教师"巧教"情况两方面制定"巧思课堂"评价的标准,具体如下。(见表5-3)

表5-3 "巧思课堂"评价表

讲课人:　　　　　讲课内容:　　　　　评课人:　　　　　年　月　日

评价指标	评价要素	评价标准	权重	得分
学生"巧学"情况(60分)	结构化预习(10分)	课任教师设计"主题",由学生借助已有知识、经验以及可利用资源,获取基础性知识,解决基本问题。	5	
		及时、自主地完成课前预习任务。	5	

评价 指标	评价 要素	评价标准	权重	得分
教师 "巧教" 情况 （40分）	学习 过程 （30分）	参与状态：精神饱满，兴趣浓厚，学习投入，状态良好。	5	
		思维状态：善于思考质疑，能提出个人观点，见解独到，有价值，并引发同学思考。	5	
		自主状态：能独立思考，探究问题有主见，能总结提炼学习所得。	5	
		合作状态：小组合作，在同伴互助、分享、交流中进行思维碰撞，解决导趣过程中产生的问题和疑惑，共同解决新问题。	5	
		展示状态：大胆自信，表达简洁，答疑解惑正确，征求意见谦虚。	5	
		交往状态：尊重同学和老师，清晰表达自己观点，耐心听取别人意见，质疑研讨诚恳，评价客观公正。	5	
	学习 效果 （20分）	知识掌握：快速掌握当堂知识，知识目标达成度好。	5	
		方法运用：学会解决问题的方法，形成有效的学习策略，养成良好的学习习惯。	5	
		能力形成：学生发现问题、表述问题、解决问题、综合运用等各方面的能力得到增强。	5	
		情感发展：学生学习过程快乐，思想情感积极向上。	5	
	导学 设计 （10分）	学习目标正确、重难点恰当，关键问题把握准确，能根据学习内容合理使用教学资源。	5	
		课堂问题设置有梯度，适合不同层次学生需求，评价及时、客观。	5	
	课堂 活动 （25分）	注重情境创设，兴趣激发，学习目标呈现清晰。	5	
		师生合作，教师在设疑、答疑、解疑的过程中引导学生深入思考问题。	5	
		指导学生当堂落实课堂问题，且学习效果良好。	5	
		课堂环节紧凑，时间调控合理，按时完成学习任务。	5	
		评价适时恰当，激励性、指导性强。	5	
	个人 素质 （5分）	教学基本功扎实，知识储备足； 能亲近学生，关爱、尊重学生，满足不同层次学生的学习需求；	5	

评价指标	评价要素	评价标准	权重	得分
		有一定的教学智慧。		
评课建议		分数合计	100	

二、建设"巧智学科"，丰富学科课程体系

"巧思课程"以"巧智学科"来推进学科课程的建设和实施。学科课程既有国家基础课程，也有在此基础上延伸的满足学生终身发展需求的校本课程。

建设"巧智学科"，学校从两个方面入手，一方面通过挖掘学科内部或学科之间的逻辑来建构专业的学科课程，另一方面充分利用地域学校特色来渗透多门学科。学校围绕学科素养目标，将基础课程与结合各类教育资源、学生学习需求开发的校本课程、微型课程、多样化体验活动等组合，统整建构学科课程群，并通过多样化的路径实施，不断提升学科课程品质。

（一）"巧智学科"的建设路径

工二村小学各学科教师基于学校课程特色追求，又根据对学科的独特理解，结合学科独特优势、独特资源，研发了丰富的学科延伸课程，形成独具特色的学科课程群。学校建设了"美慧语文""根性数学""活力英语""巧技体育""润然音乐""卓艺美术""巧探科学"七大课程群。每个课程群都提出鲜明的学科价值观和教学主张，并基于学科核心素养的全面达成开发了丰富多维的课程群。

以发扬"传统民俗文化"为特色，基于《义务教育语文课程标准（2022年版）》，以及学校关于国家课程进行的校本化实施方案，并结合我校历史文化、民俗特色、语文学科等实际情况，我们提出以"美慧语文"为核心的语文学科理念，并设置"美文慧语润童年"的语文系列课程，以"美慧汉字、美慧阅读、美慧习作、美慧口才、美慧实践"为主线贯穿，引导学生在生活中学习语文，理解语言文字，感受语文之美，学会语用表达，培养学生审美情趣。除基础课程外，校本课程具体设置如下。（见表5-4）

表5-4 "美慧语文"学科课程设置表

内容 年级		美慧汉字 （识字写字）	美慧阅读 （阅读）	美慧习作 （习作）	美慧口才 （口语交际）	美慧实践 （综合性学习）
一年级	上学期	拼音乐园	《弟子规》	好朋友手拉手	我说你听	识字中的快乐
	下学期	识字集锦	古诗十五首	书我所见	交际中的故事	阅读小达人
二年级	上学期	识字小助手	趣味童话	我喜爱的玩具	看图讲故事	动物找家
	下学期	识字小达人	儿童故事	我的愿望	借书公约	我是小导游
三年级	上学期	据义定音	魅力童话	这儿真美	请教	趣闻日记
	下学期	无处不在的汉字	我来说寓言	奇妙的想象	有趣的传统节日	春游去哪里
四年级	上学期	汉字的演变	初探神话奥秘	为你推荐好地方	我讲历史人物故事	植物生长我知道
	下学期	相似字"找别扭"	节气谚语	写信说说心里话	课外读书我来演	环境知识大竞赛
五年级	上学期	小小书法家	中国民间故事	我手写我心	民间故事	强国梦
	下学期	汉字书写大赛	大话西游	优秀作文选	神话故事	走进信息时代
六年级	上学期	遨游汉字王国	经历与成长	笔尖流出的故事	请你支持我	轻叩诗歌大门
	下学期	汉字大王	论三国	我的第一本作文集	以礼相待	依依话别

学校"根性数学"课程框架架构的依据是学校课程规划体系的总体框架,设立课程框架"鼎"式结构"1＋X"数学课程群,"1"指的是基础课程,为学生的未来生活、工作和学习奠定重要基础;"X"是依托基础课程学科特点,以及学生的学习需求,延伸开发的拓展课程,主要满足学生的个性化学习需求,让学生经历动手实践、自主探索与合作交流的学习过程,培养学生的应用意识和创新意识,基础课程和拓展课程都实行固定班级教学模式。学校倡导数学学习要追本溯源,探寻数学知识背后的文化渊源。一方面是用"数学是文化"的观点透视数学课堂,让数学课堂彰显文化的本性;另一方面则是揭示数学文化内涵,用数学的眼光观察现实,进行数学交流。与此同时还要以教材为载体,适时渗透数学文化,促进学生可持续

发展。因此我校小学数学学科的核心概念为"根性数学"。《义务教育小学数学课程标准(2022年版)》把课程分为"数与代数""图形与几何""统计与概率""综合与实践"四个领域。依据四个领域内容,把"根性数学"课程分为"文化之根""计算之根""图形之根""实践之根"四个部分。它不仅仅是数学基础知识,以及背后所蕴含的数学文化的讲解,更是一种数学思维的训练。从感性到理性,逐步理解和掌握新知识,并运用知识进一步拓展学生的思维。"根性数学"在认真执行人教版数学教材的基础上,开发设置了丰富的课程,具体如下。(见表5-5)

表5-5 "根性数学"学科课程设置表

内容 学期	文化之根	计算之根	图形之根	实践之根
一年级上学期	古人计数	有趣的数字	小小建筑师	游戏公平吗
一年级下学期	人民币探趣	神奇的珠子	玩转七巧板	我会分扣子
二年级上学期	追溯测量	九九歌	小小角	小小设计师
二年级下学期	质量的由来	认识算盘	魅力剪纸	小小统计员
三年级上学期	时间的秘密	珠算加法	巧量周长	我是程序员
三年级下学期	年月日	小数的产生	比比谁的面积大	生活中的统计
四年级上学期	数的由来	商功	平行四边形和梯形	田忌赛马
四年级下学期	位置的奥秘	有趣的24点	奇特的三角形	鸡兔同笼
五年级上学期	方程的起源	《方田章》之平面图形的面积	出入相补原理	生活中位置的确定
五年级下学期	分数的产生	约分术	图形的变换与艺术	揭秘七巧板
六年级上学期	大转盘的公平性	黄金比	《方田章》—圆田术	节约用水
六年级下学期	生活处处有统计	负数的产生	圆柱容球	七桥问题

基于英语学科的特点,围绕我校的"大巧"教育理念,我校英语教研组经过反复研讨推敲,创造性地制定出了具有工二村特色的"巧学、巧读、巧记"的英语课程结构,"巧学、巧读、巧记"的英语课程结构旨在教会学生如何巧妙地进行学习,帮助孩子们提高英语学习兴趣,树立英语学习信心。在快乐的学习氛围中,使学生

的各项能力(听、说、读、写能力)都得到实质性的增强。快乐学习,巧学巧记,这是我们的目标,也是我们的希冀。"巧学、巧读、巧记"课程分年级设置不同的主题,结合各年级主题设置具体内容,具体课程设置如下。(见表 5-6)

表 5-6 "活力英语"学科课程设置表

年级\课程		活力听说	活力阅读	活力书写	活力运用
三年级	上学期	小小歌唱家	书虫阅读	书写之星	小小艺术家
	下学期	模仿秀	我是故事王	我爱写单词	生活中的英语
四年级	上学期	配音秀	我是故事王	单词消消乐	Movie Club
	下学期	黄金搭档	我是小歌星	续写故事	文化小达人
五年级	上学期	英语趣配音	悦读悦美	我是小作家	西方文化百科
	下学期	我爱唱英语	小小演说家	创意思维写作	Show Time
六年级	上学期	我爱记单词	文化你我他	作文小能手	趣味英语
	下学期	迷你故事会	分级阅读	快乐写作	我型我秀

根据《义务教育体育与健康课程标准(2022 年版)》中"健康第一"的指导思想,与"终身体育"教育理念接轨,使学生在运动参与、运动技能、身心健康、心理健康和社会适应等各个方面得到锻炼和发展。在教学过程中坚持以学生为本,充分发挥教师的引导作用,通过各种趣味小游戏,培养学生体育意识,以教材难点与趣味点的结合设计练习内容。让学生在愉快地合作、探讨、竞争中逐步达到教学目标。结合学校的实际情况,因校制宜地构建"巧技体育"课程。一至二年级主要以小球类和小游戏为主要内容,培养学生对体育的兴趣。三至四年级主要以熟悉球性和基础田径运动为主,并增加基础体操类项目,提高学生身体素质,使其掌握基础的运动技能。五至六年级的课程设置以巩固与提高前一阶段所学内容为主,在熟练掌握各运动项目的基础上,能进一步提升学生的运动水平,培养学生团结协作和吃苦耐劳的精神。另外,开设篮球特色社团,三至六年级学生报名参加,训练时间为每周二至周四下午延时服务期间,各年级体育教师合理安排学生训练。特色跳绳训练安排在上午的 30 分钟阳光大课间,教师统一指导;排球社团在下午一个小时的时间里集中练习,形成篮球、排球和跳绳三项体育运动共同发展的多彩体育

课程。由此鼓励学生到阳光下,到操场上,到大自然中去锻炼身体,陶冶情操。具体课程设置如下。(见表5-7)

表5-7 "巧技体育"学科课程设置表

内容\学期	健康知识	运动技能	球类活动	魅力田径
一年级上学期	体育与健康	走与游戏	认识篮球	投沙包游戏
一年级下学期	安全运动	跑步与跳跃	篮球游戏	迎面接力跑
二年级上学期	正确着装	队列队形	学习排球	障碍跑练习
二年级下学期	热身活动	热身体操	排球游戏	跳跃与游戏
三年级上学期	营养与健康	快乐跳绳	魅力足球	投掷垒球
三年级下学期	用眼卫生	支撑跳跃	五人制足球	50米快速跑
四年级上学期	疾病预防	球性练习	篮球传球	投掷实心球
四年级下学期	柔韧与协调	花样跳绳	排球垫球	4×50米接力跑
五年级上学期	力量与速度	技巧体操	球类竞技	跨越式跳高
五年级下学期	耐力素质	韵律舞蹈	比赛与规则	助跑投掷垒球
六年级上学期	迈入青春期	球类竞技对抗	排球比赛战术	400米跑
六年级下学期	奥林匹克知识	团队比赛	篮球比赛战术	蹲踞式跳远

音乐是人类最古老、最具普遍性和感染力的艺术形式之一,是人类通过有组织的音响实现思想和感情的表现与交流必不可少的听觉艺术,是人类生活的有机组成部分。音乐课程的价值在于,为学生提供审美体验,陶冶情操,启迪智慧,开发创造性发展潜能,促进人际交往、情感沟通及和谐社会的构建。音乐作为一种特殊的艺术表现形式,想要表现得突出并具有感染力,节奏和旋律是贯穿始终的重要元素。音乐节奏是指音乐运动中音的长短和强弱,它作为音乐的枝干支撑着整个音乐顺利地进行。小学阶段是孩子接受音乐的重要阶段,是孩子认识音乐的阶段。依据"润然音乐"课程基本理念,在实施基础课程的同时,聚焦"润然"课程目标,开发、丰富音乐学科拓展课程,构建相互补充、相互促进的课程体系,适应学生个性发展的需求。"润然音乐"秉承学科课程哲学,结合学生发展特点,构建"润

心归然"的音乐学习图景,依据《义务教育音乐课程标准(2022年版)》学段目标中"感受与欣赏""表现""创造""音乐与相关文化"四部分内容,将音乐课程具体分为"'润然'鉴赏""'润然'表现""'润然'创造""'润然'文化"四大类。具体课程设置如下。(见表5-8)

表5-8 "润然音乐"学科课程设置表

内容\学期		"润然"鉴赏	"润然"表现	"润然"创造	"润然"文化
一年级	上学期	快乐的一天	咏鹅	柯达伊手势	活灵活现
	下学期	春晓	春晓	声势律动	载歌载舞
二年级	上学期	百鸟朝凤	打花巴掌	自制乐器	舞姿如梦
	下学期	吉祥三宝	猫虎歌	床边歌词	舞步轻快
三年级	上学期	浏阳河	四季童趣	樱花舞	戏曲进校园
	下学期	红旗颂	孤独的牧羊人	空山鸟语伴奏	小小花木兰
四年级	上学期	中华人民共和国国歌	让我们荡起双桨	幸福拍手歌游戏	走进五音鼓
	下学期	洪湖水浪打浪	小小少年	摇篮曲情景剧	最美鼓声
五年级	上学期	渔舟唱晚	外婆的澎湖湾	学吹竖笛	最美和声
	下学期	爱的奉献	小白船	人声分类	感心动耳
六年级	上学期	小河淌水	茉莉花	西洋管弦乐队演奏	余音绕梁
	下学期	欢乐颂	明天会更好	民族管弦乐队演奏	天籁之音

美术课程设置不只是简单的课程设置和安排,更是学习目标、学习内容和学习要求的体现。通过美术课程设置,合理安排美术课程结构和课程内容,使课程前后衔接有序,能够帮助学生更好地吸收新知识和巩固旧知识,获取相关的知识技能,提高审美的水平。遵循循序渐进的学习原则,是指学生按照一定步骤提高学习的水平,从简到繁,从易到难,从感知、理解到欣赏、评述等,帮助学生在不知不觉中进入美术课堂,愉悦地学习,鼓励学生在课堂中大胆地表现想象力和创造力,积极主动地参与美术课堂。根据我校实际情况,充分利用美术课堂及课后延时服务,分学段对学生进行美育知识的渗透,激发他们的创造精神,发挥他们的美术实践能力,形成基本的美术素养。第一学段(1—2年级),学生尝试不同的工具,

用纸以及身边容易找到的各种材料,通过看看、画画、做做等方法,大胆自由地把所见所闻,所感所想的事物表现出来,体验造型活动的乐趣。采用造型游戏的方式,进行无主题或有主题的想象、创作、表演和展示。第二学段(3—4年级),学生初步认识形、色、肌理等美术语言,学习使用各种美术工具,体验不同媒材的效果。学会简单的设计和装饰。第三学段(5—6年级),学生学会运用形、色、基本原理,了解肌理和空间等美术语言,初步掌握立体造型的方法,学习简单的透视原理以及素描的基本知识。通过由易到难、由浅到深的课程设置,使学生在生活中发现美、感受美、创造美。具体课程设置如下。(见表5-9)

表5-9 "卓艺美术"学科课程设置表

内容 学期		"卓艺"创绘 (造型·表现)	"卓艺"巧作 (设计·应用)	"卓艺"赏画 (欣赏·评述)	"卓艺"探索 (综合·探索)
一年级	上学期	自由撕纸添画	我型我塑	大家一起画	我当超市售货员
	下学期	颜色变变变	旧物品大变身	和大师对话	趣味剪贴画
二年级	上学期	彩绘童心	趣味折纸	请你告诉我	童话故事我来演
	下学期	听听画画	打扮相框	民间玩具交流会	童话故事我来演
三年级	上学期	线条与图形	染一抹童彩	匠心手作	秋游印象
	下学期	印象彩墨	棋盘设计师	民间习俗知多少	教室美化大赛
四年级	上学期	黑白之间	趣味纸艺	赏画中国	中国航天游
	下学期	画画我们的好日子	风筝四艺	赏画西方	庙会场地我布置
五年级	上学期	水墨动物	民俗布艺	寻古电影院	绘本电影院
	下学期	黑白之间	汉服小裁缝	跟着名画去旅行	中国航天
六年级	上学期	水彩舞韵	凝翠园林	画坛点匠	巧手编织
	下学期	淡彩流动	灵感火花	美术观察	千古传形

"巧探科学"。工二村小学科学学科依据《教育部关于全面深化课程改革落实立德树人根本任务的意见》的文件精神及《义务教育科学课程标准(2022年版)》的要求,围绕学校提倡的"大巧课程"来建构"巧能科学"课程群。开设实施"物理之秘""生命之乐""宇宙之探""技工之妙"四类课程。通过"做中学""学中做"引导学生积极参与,动脑思考,动手操作,积累经验,经历科学探究过程,最终学到科学知

识,领悟科学思想,学习科学方法,培养学生探究精神和探究能力。"物理之秘"属于物质科学领域,物质科学领域内容的学习将有助于增强学生探究物质世界奥秘的好奇心,帮助学生初步养成乐于观察、注重事实、勇于探索的科学品质。"生命之乐"属于生命科学领域,生命科学领域的学习有利于激发学生了解和认识自然世界的兴趣,形成热爱大自然、爱护生物的情感。"宇宙之探"属于地球与宇宙科学领域,地球与宇宙科学领域的学习有助于进一步激发学生对于地球和周围宇宙的科学探究热情,初步地建立起现代科学的人文宇宙观和人文自然观,以及与人地自然相协调的可持续发展观。"技工之妙"属于技术与工程领域,通过技术与科学工程相关领域实践与学习活动,可以使学生在实践中体会和感受到做的成功和学习的乐趣,并使学生养成通过动手做研究和解决实际问题的良好习惯。除基础课程外,校本课程具体设置具体如下。(见表5-10)

表5-10 "巧能科学"学科课程设置表

内容 \ 学期	物理之秘	生命之乐	宇宙之探	技工之妙
一年级	趣味实验	昆虫世界	月相"变变变"	豆子绘画
二年级	制作弓箭	校园植物	四季气象写绘	制作游乐场
三年级	探索声音之谜	植物生长日记	校园气象	制作科学乐器
四年级	力学实验室	食物历险记	科学幻想画	科技制作
五年级	创思工坊	绘制生命旅程	制作宇宙模型	电脑制作
六年级	科技论文	太空蔬菜种植	走进湿地公园	科学微电影

(二)"巧智学科"的评价要求

学科课程评价由课程中心负责,总体上评价指标指向学科建设方案、学科建设团队能力、学科建设改革目标、学科建设的质量及学科建设的形式等几个方面,要求"巧智学科"建设方案富有规划的科学性和时代性紧密结合,要求学科建设改革有鲜明的时代特征和学生发展本位理念,更是把学科建设的质量和形式作为重要的考核指标,关注个体差异,注重学科素养的全面提升。工二村小学"巧智学科"的具体评价表如下。(见表5-11)

表 5-11 "巧智学科"建设评价表

评价指标	评价内容	评价分值
学科建设方案 20%	方案设计主题鲜明,寓意深刻,立意新颖; 有针对性、教育性、科学性、时效性和时代性。	
学科建设开发 10%	课程开发的目标明确,定位准确,紧扣主题; 师生互动,充分体现学生主体、教师主导的理念。	
学科建设改革 20%	改革有鲜明的导向性和时代特点; 注重学生的实践和感悟; 能促进学生身心健康发展。	
学科建设质量 25%	情境设计合理,可操作性强; 注重培养学生实践能力; 层次清晰,重难点突出; 贴近学生生活实际。	
学科学习形式 25%	创设富有实效的氛围; 重视活动的群体性,引导学生合作学习; 形式新颖、独特、多样,让学生充分展示自我; 体现课程的实践性、自主性、综合性、创造性和趣味性。	

三、创设"巧趣社团",发展儿童兴趣爱好

作为学校"大巧课程"的延伸,我们引导学生以"兴趣"为导向,自主成立"巧趣社团",开展丰富多彩的社团活动,开阔学生视野,陶冶学生情操,启迪学生思维,发展学生个性特长。引导学生参加一个社团,培养一种兴趣;学会一门知识,练就一项技能;体会一次成功,享受一份快乐。全面提升学生的综合素养。

(一)"巧趣社团"的设计与实施

"巧趣社团"旨在丰富学生的校园生活,为学生提供成长的舞台,建设更加健康、活泼、有趣、有益的校园文化。社团的成立是通过自愿报名、师生双向选择形成的社团团队。工二村小学的"巧趣社团"以"巧工村社团"理念为依托,一共分为五大类,即"美德村社团""语艺村社团""智慧村社团""科创村社团""体艺村社团"。其中美德村社团类设有"雅思大讲堂、社交礼仪、爱国主义教育、国民素养、茶艺社"等社团,语艺村社团类设有"小主持人、慧悦读、经典诵读、惠风诗社、妙口

生花"等社团,智慧村社团类设有"数学思维拓展、棋思妙想、心理社团"等社团,科创村社团类设有"科创世界、创思工坊、电脑制作、巧手生活"等社团,体艺村社团类设有"篮球社、街舞、武术、绳舞韵律、古琴、篆刻、敲画"等社团。

在学校"巧趣社团"方案的统领下,每学年开学后的九月份,举行全校性的"巧趣社团招募会"。学校为每个社团搭建舞台,由社团骨干团员招募新成员,在规定时间内进行团员、辅导员之间的双向招募活动。招募活动结束后,对人数超过20人的社团启动成团仪式。成团后的社团活动程序分为三个阶段:

在社团活动的初期,社团辅导教师带领团员制定社团章程和活动计划,章程包括三个方面:一是社团提倡有特色、有亮点,有符合学校文化、社团特色、富有童趣的社团名称;二是有团训,有一句响亮的团训,以队员为本,突出社团丰富多彩的活动,积极向上的精神面貌;三是有要求,章程中要条目化地明确社团成员、辅导员的相关职责以及活动性质、活动内容等的具体要求。

在社团活动的中期,社团要有丰富的社团活动。每次活动有记录、有总结,有固定的活动时间、活动地点,有条件的成立后援基地。在开展常规活动的同时,能重视特色活动的开展。有明确的活动主题,社团在学校教导处和德育处指导管理下,开展有兴趣、有意义的主题体验活动。

在社团活动的末期,也就是每年六月和十二月,学校举行"大美社团成果展示会"。学校安排社团周,为优秀社团搭建"炫美舞台",在全校展示。

(二)"巧趣社团"的评价要求

为推动"巧趣社团"的蓬勃发展,促进师生共同成长,学校在每个学期对社团的运行情况和师生成长举行评价表彰活动。对社团学生和辅导教师分别进行评价。

每学年评选一次"最美团员"。学校制订整体的评价方案,每一门课程实施教师制定评价标准和评价量表,对社团团员进行过程性和综合性评价,通过评价量表、问卷反馈、成果展示等形式对团员进行多方面评价。评价量表主要包括团员日常学习中的表现,如考勤情况、学习态度、参与程度、合作能力等,以学生自评、小组评价及社团辅导员评价为主。学习成果的展示主要是作业作品、心得体会、学习报告等进行全班展示交流。通过展评,达到相互激励学习的目的,使团员体验成功,拥有自信,发挥特长。

每学年评选一次"最美社团"。各社团每学年结束前向学校领导小组提交相关的书面申请报告和相关活动材料,学校根据社团的申报材料和对该社团平时情况的掌握进行综合评定。获得"最美社团"称号的团体可增加"最美团员"的评选比例。学生评价合格可以选择另外一门课程或者继续这门课程的深入学习。

每学年评比表彰一次"最美社团辅导员"。由学校领导小组、社团成员、家长就社团活动成果等方面对社团辅导员进行综合考评,评选出"最美社团辅导员"进行公开表彰。

四、推行"巧寻之旅",落实研学旅行课程

学校本着"读万卷书,行万里路"的学习理念,把学校和社会、大自然联合在一起,将学校所在地——郑州市管城回族区这个融汇科学、人文、历史、艺术等各种优秀传统文化资源为一体的古老城区作为学习基地,开展研学旅行课程,丰富学生的经验,形成对自然、对社会、对自我的整体认识,发展创新精神、实践能力,以及良好的个性品质。让孩子在完整的时空中游历中国文化,感受文化之美,培育全人素养。

(一)"巧寻之旅"的课程设计与实施

学校根据学生身心发展特点,结合独特的地理人文优势,结合学校的办学理念和育人目标,制定了独具我校特色的"巧寻之旅"研学课程,包括:"巧寻自然之旅""巧寻家乡之旅""巧寻历史之旅""巧寻红色之旅""巧寻科技之旅"五个主题的内容。具体内容如下。(见表5-12)

表5-12 "巧寻之旅"研学课程内容设置表

主题	地点	目的
巧寻自然之旅	植物园、动物园、人民公园、紫荆山公园、绿博园	亲近大自然、热爱大自然
巧寻家乡之旅	走访社区、黄河游览区	增强热爱家乡、保护家乡生态环境的意识
巧寻历史之旅	河南博物院、郑州博物馆、金水河黄帝故里、商城遗址	了解商城文化,了解八大古都的悠久历史

主题	地点	目的
巧寻红色之旅	二七纪念塔、西堡红色街区、碧沙岗公园、管城回族区党员初心馆	学习党建历史,不忘初心、牢记使命,加强爱国主题教育
巧寻科技之旅	郑州市科技馆、河南省地质博物馆、中原福塔	享受科技的魅力,激发探索科学的兴趣

根据学校研学旅行课程安排,"巧寻之旅"的课程实施分为三个阶段进行:

研学旅行出行前,通过家长委员会、"致家长的一封信"或召开家长会等形式告知研学旅行的活动意义、时间安排、出行线路、费用、注意事项等信息,也可邀请少数家长作为志愿者陪同。学校要做好安全预案,了解学生的身体状况,明确学生要携带的物品,带好常备药物,要求学生统一着校服。同时,教师提醒学生在研学旅行中注意言行规范。

研学旅行过程中,严格按照学校制订的方案实施,由教师和家长志愿者带领学生对课程中设计的人文景观、自然景观等进行学习和探究。班主任老师要全面负责本班情况,确保每一名学生的安全。

研学旅行结束后,学校组织研学成果交流会。低年级以口头形式分享旅行收获、绘制旅行收获图等;高年级除口头形式分享外,以游记、制作 PPT、手抄报等形式分享旅行照片、旅行心得等。

（二）"巧寻之旅"的评价要求

"巧寻之旅"课程以实践性、活动性为主,引导学生在大自然中探寻、在社会生活中历练,从而获得知识。课程的评价内容从研学之前、研学之中、研学之后三个阶段设计评价标准,主要考查学生的态度、学生的体验方法和能力、学生的创新精神和实践能力的发展情况。具体内容如下。（见表 5 - 13）

表 5 - 13 "巧寻之旅"评价量表

评价内容	评价标准	评分
研学之前 20%	研学目标明确 学生的态度积极向上 物资准备充分	

评价内容	评价标准	评分
研学之中 60%	研学内容丰富 组织形式多样 学习过程重知识技能的应用、重亲身参与探索、全员参与 学生积极进取、勇于创新	
研学之后 20%	评价方式多样化 活动成果的展评 学生的体验方法和能力得到进一步培养 学生的创新精神和实践能力得到增强	

五、开设"巧喻仪式"，注重仪式教育

仪式是一种文化象征，有深远的寓意，要触及学生灵魂。仪式教育在学校教育中具有不可替代的教育效果。学生在学校生活的归属感很大程度上建立在仪式课程实施上。仪式课程的直接目的是通过营造隆重、庄严、神圣的环境氛围，产生强烈感染力以实现教育目的。仪式课程让学生的灵魂得以洗礼，精神得以成长。

（一）"巧喻仪式"的课程设计

工二村小学根据教育目的，结合本校实际，将仪式课程分为常规仪式、成长仪式、节日仪式。在实施上要整合多方之力，激励学生参与、互动、展示，将价值理念与情感交织、融合，以期对学生产生综合影响。具体安排如下。（见表5-14）

表5-14 "巧喻仪式"课程设置表

仪式课程	课程安排	仪式内容
常规仪式	升旗仪式	每周一举行庄严的升旗仪式、国旗下演讲
	入队仪式	每学期举行少先队员入队仪式
成长仪式	入学仪式	每学年一年级新生入学仪式
	毕业仪式	每学年策划毕业季系列活动
节日仪式	劳动节仪式	每学年举行"五一劳动节"主题教育活动
	国庆节仪式	每学年举行"十一国庆节"主题教育活动

（二）"巧喻仪式"的评价要求

仪式课程是全体师生共同参与的课程,在课程的评价上,我校依据"学生主体""主旨明确""程序严谨""形式庄严""方法创新""内容完整"的原则进行评价。具体评价量表如下。(见表5-15)

表5-15　"巧喻仪式"评价量表

评价内容	评价标准	评分
学生主体　20%	以学生为主体,学生积极参与	
主旨明确　10%	主旨明确,思想性强,有教育意义	
程序严谨　10%	程序严谨,有鲜明的政治属性	
形式庄严　20%	用庄严的仪式给学生使命感、责任感、荣誉感	
方法创新　20%	时代感强,有学生喜闻乐见的形式	
内容完整　20%	内容完整流畅,学生获得感强	
总分　100分		

六、建设"巧慧校园",推进校园文化课程

在校园文化课程设计中,找准课程与文化的结合点,用文化引领课程建设,用课程建设发展文化。我们需要向外展示自己的校园文化,我们更需要向内引力,让文化走进教室、走进课堂、走进学科,成为课程一部分的文化才有意义、有活力。

（一）"巧慧校园"文化建设

学校着力对校园文化、班级文化进行统一规划,在体现学校办学思想的指导下,凸显学校民俗文化特色,让每一面墙会说话,让每一处景有深意,创办智慧校园。

校园文化建设。完善校园文化民俗角建设,进行相关主题角的装修、改善与改造,使其独具艺术之美;完善各个功能室的主题装修,使其更符合本校的民俗特色与氛围;不断更新与维护校园文化长廊建设,使学生对传统文化以及寻根文化有所了解;维护中原民俗文化浮雕墙,使其成为学校独特的文化展示墙。

班级文化建设。注意班级内各种设施色素搭配、内容主题相得益彰,使教室

呈现出自然、平静、整洁的氛围,显现和谐之美;建立"班级公约",体现良好的班级管理理念;建立"书香满园"图书角,丰富学生知识内容;创办"主题板报",加强主题教育;开展系列主题班会,满足学生的发展需要。

(二)"巧慧校园"文化评价

评选"最美校园角"。校园文化体现在学校的每一个角落、每一处场景、每一间教室,学校基于既有的校园文化建设实景,设计调查问卷,倾听学生的心声。聆听教师的建议,思考家长的反馈,从这三个评价主体出发,更好地完善校园文化建设。

评选"最美班级"。班级是学校最为重要的集合单位,孩子们在学校的大部分时间都是在教室里度过的。为孩子们创设优美的学习环境,有助于学生心理健康和审美发展;为各班级制定班级公约,有助于学生养成良好的行为习惯;各班建立丰富的图书角,是学生汲取课外丰富知识的精神食粮;各班级创办独具特色的主题板报展示,有助于孩子们增强学习的成就感;丰富多彩的班级主题活动,有助于孩子们增强班级的凝聚力。因此,我们从以上四个方面对班级文化进行评价,每学期评选"最美班级",并在全校范围内分享交流。

七、创设"巧乐节日",彰显学校节庆文化

"巧乐节日"课程面向全体学生,采用喜闻乐见的活动形式,充分调动学生积极性,及时进行心灵的启迪和点拨。其目的是让学生在体验教育和实践活动的过程中丰富感性认知,提升理性认知,促使学生关注民俗风情、亲近传统文化、弘扬华夏文明,进而对学生的价值取向起到潜移默化的引领作用。

(一)"巧乐节日"的主要类型

工二村小学以"乐"为节日课程的核心目标,努力营造校园文化课程,为学生打通一个更为开放的、更为广阔的学习途径,强调学生在亲历实践中掌握新的学习方式,促进学生主动学习、综合学习、探究学习、实践学习。为此,学校将"巧乐节日"课程划分为"巧乐传统节日"课程、"巧乐现代节日"课程、"巧乐校园节日"课程三大主题课程类型,具体安排如下:

"巧乐传统节日"课程。传统的节日有着丰富的民俗文化内涵,民俗文化的精神通过课程系统的传递,使得传统民俗文化具体可感,我们以传统节日课程为依托,通过体验传统节日文化风俗,开展"精神寻根之旅"。学校"巧乐传统节日"课

程安排如下。（见表 5 - 16）

表 5 - 16 "巧乐传统节日"课程设置表

节日	主题	活动安排
春节	巧乐"亲情"	写对联、剪窗花、走亲访友拜大年
元宵节	巧乐"团圆"	逛庙会、赏花灯、猜灯谜、吃元宵
清明节	巧乐"怀人"	怀念亲人、缅怀英烈、踏青扫墓
端午节	巧乐"爱国"	吃粽子、赛龙舟、念屈原、爱国情
中秋节	巧乐"思乡"	赏圆月、吃月饼、讲故事、话团圆
重阳节	巧乐"敬老"	尊老、敬老、养老
冬至节	巧乐"温情"	吃饺子、御严寒
腊八节	巧乐"期盼"	喝腊八粥、讲腊八事、欢乐盼新年

课程的设置需要学生的参与感悟，传统节日课程可通过观看、组织、宣传等形式使得学生充分了解传统节日的相关知识，然后利用活动体验传统节日的风俗习惯，最后借助于手抄报、观后感、主题班会、文艺汇演等形式将节日体验成果进行充分展示，最后形成有形资源。

"巧乐现代节日"课程。现代节日包括人们对美好生活的向往与寄托，开展现代节日课程是为了引导学生关注生活，增强生活仪式感，践行"爱生活、有情趣"的育人目标。学校"巧乐现代节日"课程安排如下。（见表 5 - 17）

表 5 - 17 "巧乐现代节日"课程设置表

节日	主题	课程安排
元旦	欢度新年	总结一年来的成长，定下新年小目标，许下新年小愿望
母亲节	感恩母亲	为妈妈做一件事，给妈妈送一个小礼物
劳动节	劳动最光荣	致敬劳动模范，评选劳动小榜样，争做劳动小能手
儿童节	少年强则国强	少先队员入队仪式，欢欢乐乐庆六一，我的"才艺秀"
建党节	优秀少先队员	学习党的历史，我是时代好少年，五星红旗我爱你

节日	主题	课程安排
建军节	拥军爱军	讲革命故事,制作拥军大红花,走红色之旅
教师节	尊师重道	老师您辛苦了,为老师唱一首歌,为老师做一张"敬师卡"
国庆节	我爱你祖国	我会唱国歌,竞选国旗手,观看大阅兵

"巧乐现代节日"课程的实施。我们更应该开发丰富的社会资源,积极发挥家、校、社会团结协作的力量,结合具体的现代节日开展主题活动,通过家校互动、社会走访等形式落实活动,做好活动的宣传、组织进程和总结汇报。

"巧乐校园节日"课程。校园节日是以学生的校园生活为依托,由学生自主设计、自主实施、自主总结的校园文化课程,它丰富了学生的校园生活,增强了学生的校园活动体验,帮助孩子探寻更广阔的生命空间。学校的"巧乐校园节日"课程具体安排如下。(见表5-18)

表5-18　"巧乐校园节日"课程设置表

月份	节日	主题	课程安排
一月	心愿节	我有一个小心愿	制作心愿卡
二月	安全节	我是安全小卫士	安全小卫士主题学习,校园安全演练
三月	助人节	我来学雷锋	我是小雷锋,助人为乐我能行
四月	植树节	我是植树小能手	种下一棵小树苗,共同成长
五月	读书节	阅读越快乐	"书香满园"阅读角,经典诵读比赛
六月	艺术节	我是明日之星	校园才艺大赛
七、八月	生活节	校园是我家	亲子校园一日游
九月	敬老节	尊敬老人	尊老,爱老,敬老
十月	收获节	我是"小富翁"	分享种植经验,分享劳动成果
十一月	环保节	我是"环保达人"	垃圾分类我最行,节能减排我先行
十二月	法治节	我是小法官	普法宣传教育,模拟小法庭

校园节日是学校特有的节日,在实施中师生共同参与,营造了浓厚的节日氛围,丰富了校园文化生活。学校根据不同的节日,采取不同的活动方式,为广大师生搭建展示自我的大舞台,充分增强"人人有事做,事事有人做"的主人翁意识,节日之后的深情回顾,谈收获,谈体会,留下珍贵的美好经历,在欢乐中成长。

(二)"巧乐节日"课程的评价

以评价促提升,评价的重点不是学生,而是学生的行为表现和参与过程。无论是对节日的认知还是对文化的感悟,要以具体的、可操作的指标进行评价,具体评价表如下。(见表5-19)

表5-19 "巧乐节日"课程评价表

评价指标	评价内容	评价分值
主题 10%	主题鲜明,寓意深刻,立意新颖; 有针对性、教育性、科学性、时效性和时代性。	
目标 15%	目标明确,有鲜明的导向性和时代特点; 能促进学生身心健康发展。	
内容 30%	紧扣主题,定位准确,层次清晰,重难点突出; 贴近学生生活实际。	
实施 30%	呈现形式多样化;情境设计合理,可操作性强; 注重培养学生实践能力; 师生互动,充分体现学生主体、教师主导的理念; 体现课程的实践性、自主性、综合性、创造性和趣味性。	
形式 15%	注重学生的实践和感悟; 创设富有实效的氛围; 重视活动的群体性,引导学生合作学习; 形式新颖、独特、多样,让学生充分展示自我。	

八、推进"巧妙探究",做活主题课程

所谓"巧妙探究"就是在课程的开发过程中,以"基础性课程校本化"和"课程整合开发"为主题,筛选材料或改编已有的相关课程,构建具有校本特色的课程,通过改编、补充、拓展和新编等方式开发课程。

基础性课程校本化。在已有的国家级学科课程教学中开展"学科课程校本

化"探讨。加强课程的基础性,精简共性,增加可选择性,注重能力、方法和态度。以学科内的整合,学科间的整合为基础,以跨学科整合为目标,采取"主题教学"模式、"学科间互补"模式,通过加强教材整合、注重训练方式优化、强化实验教学改革、个别引领学生辅导、加强质量监控保障等措施,保障基础型课程的扎实推进。针对我校学生实际,进行学科模块设计和组合,同一科目课程有不同方式的教学内容与要求,培养、引导学生学会对学习的自主选择,使学生有选择、有层次地学习,满足不同学业基础与能力、潜质发展的差异性的学生的需要,从而使学生的个性特点、潜能得到不同程度的开发。

课程整合开发。在总结学校历史沉淀的基础上,结合学校实际,彰显我校的校园文化特色,推进学校"传承民俗文化 弘扬民族精神"课程的建设,在对学生、老师及家长调查了解的基础上,根据学生的兴趣和发展需求,开发课程。采取走班的形式,尊重学生爱好和选择,为学生搭建彰显兴趣和个性发展的空间与平台。

(一)"巧妙探究"的主要做法

学科内整合探究。学科内课程整合探究是为了重新塑造学科核心素养育人的功能。它强调学科的独特属性和学科价值,以主题整合学科内在的逻辑、关联,使之更好地发挥学科核心素养育人的功能。一直以来,学科课程以知识体系组元,依据知识点,教学内容过于碎片化。学生难以通过支离破碎的学科课程进行持续的、发展的深度学习,也就难以增强学科的核心能力。学科内整合通过一系列深度的、持续的、完整的课程链条发生连锁反应产生核心素养效能。在核心素养的导引下,学科内优化整合找到了原动力,找到了学科关键能力目标基础上核心素养达成的主题。以主题优化整合学科,通过整体制定目标,重组教学内容,有序开展教学,形成主题系列关系链条,让核心素养在链条式的课程群学习中生发意义。

学科间整合探究。学科间整合探究是在尊重学科基本属性和独特价值基础上的整合。模糊学科属性的整合是盲目的整合。如果盲目地进行学科间的整合,很可能造成知识的碎片与混淆,概念的模糊与不清。基于核心素养目标的达成,以主题整合多种学科,形成三种基本的课程整合类型。一是基于支撑性学科的多学科融合,即以某一学科作为支撑性学科,这一学科是整个教学过程中一以贯之的基本学科"经脉",其他学科作为辅助学科与支撑性学科交织融合,共同指向主题而构成了教学的"纬脉"。二是多学科并行关联融合,即学科之间相互独立,根据教学目标的相似或相近,形成互为补充,相辅相成的学科合作样态。三是多学科交叉融合,即围绕同一个主题,学生基于多学科的能力和方法,进行综合解决问题的过程和尝试,各学科没有主次之分,而是随即介入,随即运用。

超学科整合探究。超学科课程整合探究就是真实构建学生新常态的学习生活,超越学科边界,将学生的学习与其社会生活、实践打通,在实际生活情境下提升儿童发现问题、解决问题的综合实践创新水平。超学科整合课程,既是独立学科课程之外的课程,又是与学科课程形成关联的课程,是学科课程育人的补充和弥补。同时多学科整合尤其注重通过消弭式的教育路径,促进个体的必备品格与关键能力的整体发展。在核心素养的引导下,超学科整合注重面向个体的浸润式的、融通式的教育过程。也就是说,面向每个个体,尤其是有特别需求的儿童,超学科整合提供了突破学科教学、年级设置、学习环境等对个体成长观照的局限,作为学科教育的一种弥补、补充,回到儿童本身,寻找真实问题情境下,现实生活需求中儿童个体的教育供给。

(二)"巧妙探究"的评价要求

基于核心素养的"巧妙探究"有如下评价要求:

课程整合探究要有教育目的性。课程整合,不仅是方法而是教育目的。运用主题教学的思维方法,进行三种课程整合,是为了达成学生核心素养的整合。在探索的过程中,避免出现课程的简单叠加或拼凑,基于核心素养的课程整合,应当不断指向人的发展过程,形成日臻完善的系列课程群体系。

指向核心素养的课程整合探究应是一个动态的、发展的过程。课程整合是核心素养达成的重要路径之一,但也不全部覆盖。它既可以作为寻找学科间边界教育生长点的路径,又可以作为国家课程校本化过程中的有效补充。我们提出的学生核心素养的发展,不是一朝一夕的,更不是一蹴而就的,而是需要一个不断浸润的过程。

课程整合探究应当努力突破现有学科藩篱,实现学科的统筹育人。这首先对于学科教师的综合素养就有极高的要求。指向核心素养的课程整合让教师越来越关注学科的教育学特性,关注儿童本身的发展,这是课程整合带给教师自我提升和教育观念变革的思想力量。

《教育部关于全面深化课程改革落实立德树人根本任务的意见》和《中共中央国务院关于深化教育教学改革全面提高义务教育质量的意见》要求我们的义务教育必须走向课程改革之路，要求我们的课程必须落实立德树人的根本任务。工二村小学紧跟时代步伐，始终把文化建设、价值观引领作为课程建设的基础和核心，进一步继承与创新工二村小学的传统文化，努力形成有助于创新后备人才成长的学校课程文化，将社会主义核心价值观的要求落到实处。"大巧教育"理念渗透着"生活教育""生命教育"，通过"动手动脑"培养"臻雅尚美，睿智尚思，勤勇尚巧，志高尚善"的"巧思少年"，通过丰富多彩的民俗精粹课程，活跃了广大师生的创造思维，从而使他们的创新意识和综合实践能力不断得到增强。"大巧教育"理念将德育与教学巧妙地融为一体，内容涵盖全面、广泛，并且具有层次性，易于在教学中渗透，可以鲜明地体现以人为本、促进人全面发展的价值导向，它能具体指导我们落实社会主义核心价值观教育，是对以往教育教学传统的总结提升，也是未来素质教育的方向。我们要在课程改革的道路上继续前行，以期实现"课程育人"的终极目标。

　　　　　　　　（撰稿者：张玉红　朱桂梅　王俊霞　王肖华　郭萌萌　刘宇斌）

第六章
合宜性：学校课程评价的统整

  课程评价要融评于教，融评于学。在评价的过程中，要及时检查和反馈教师的发展情况，在激励的基础上进行相应的改进，也要以儿童为中心，遵循儿童的发展规律，坚持统整化走向，尊重儿童的个别差异，关注儿童的真实表现，捕捉其中的教育契机，设身处地站在儿童角度思考各项评价措施，并适时提出建议。通过课程合宜的评价，帮助儿童在真实的情境中探究和实践，使儿童进一步走向独立思考、心智自由。

慧成长课程：
让每一个孩子过和谐而智慧的生活

　　郑州市管城回族区回民第二小学原名为北大街清真寺小学，创建于 1908 年，是一所拥有百年历史的老校。学校地处管城回族区商城路，西边与管城区人民政府、法院、北大清真寺为邻，东边是历史悠久的城隍庙，南边是崇墉百雉的商代城墙遗址和古香古色的文庙，北边是风景秀丽、布局精美的紫荆山公园，文化底蕴深厚、环境安静优雅。学校配有多媒体教室、心理咨询室、录播室、舞蹈室、绘画室、报告厅等多种功能室。现有教学班 24 个，学生 1 275 名，专任教师 83 人。学校拥有一支业务精干、积极进取的教师队伍，其中省市区级骨干教师 8 人、区首席学科教师 1 人、区名师 1 人、高级职称 4 人、中级职称 32 人。学校先后获得全国首批足球特色学校、河南省民族团结教育先进单位、河南省教育系统家庭教育示范学校、郑州市中小学德育工作先进集体、郑州市教科研先进单位、郑州市红领巾示范标兵学校、管城回族区目标考核先进单位、管城回族区创新教育先进单位、管城回族区教育工作先进单位、管城回族区校本课程先进单位等荣誉称号。我校依据《教育部关于全面深化课程改革落实立德树人根本任务的意见》和《中共中央国务院关于深化教育教学改革全面提高义务教育质量的意见》等文件精神，按照管城回族区教育局品质提升课程的相关要求，结合学校的实际情况，不断探索适宜我校的课程内容和课程体系，取得了显著成效。

第一节　秉承和谐智慧的课程宗旨

我校属于管城回族区少有的民族特色学校之一,回族和其他少数民族学生较多,外来务工子女占学校总人数的78％,大部分学生的学习习惯和学习态度欠佳,家长缺乏基本的家庭教育理念和方法。因此,我校以教师团队建设为抓手,在多个领域开展丰富多彩的课程活动,用爱和责任滋养每个学子健康成长、智慧成长。

一、学校教育哲学

基于以上思考,我们将学校教育哲学确定为"和慧教育"。"和"是事物存在的最佳状态,是古往今来人类孜孜以求的美好理想和愿望。"慧"即是智、聪明、有才智。慧者,能心系于事,了解事物的一切道理。我们认为和能生慧,慧能促和。在学校教育中,教师不仅要教会学生学习知识,更要培养学生积极乐观、谦和宽厚的心理素质,引导班集体树立团结互助的精神风貌。而良好的班风校风则为课堂上知识的传授营造有利的氛围,使学生能够以最佳状态徜徉在知识的海洋中,逐渐成为爱学习、勤动脑的智慧型学生。因此,我们将中国传统文化中的"和""慧"二字相结合,提出"和慧教育"哲学,这是我校对教育本源的质朴追求。

"和慧教育"是自然的教育,是顺应儿童天性的教育。即从儿童的天性入手,遵循儿童生命成长的规律,培养儿童真、善、美的特质。儿童对世界充满好奇,喜欢探究,这是一种与生俱来的本能,我们要相信儿童、尊重儿童。

"和慧教育"是和谐的教育。我们在教学中选择合适的教学方法,制定适合学生发展的教学课程,这体现了因材施教的教学理念。我们国家是一个追求和谐的国家,学校更应该追求和谐发展。领导与教师的和谐、教师与学生的和谐、学校与家庭和社会的和谐,都是学校发展的关键因素。

"和慧教育"是智慧的教育。教师热爱儿童、尊重儿童。他们会用温情的话语与儿童建立平等和谐的关系,他们善于创设情境,因材施教,用巧妙的教育智慧引导学生发现自己的兴趣和才能。

"和慧教育"是合作的教育。合作体现在学校和上级部门之间、学校和家庭之间、领导和教师之间、教师和学生之间的合作。这样的多方面深层次合作能够逐渐形成合力,为"和慧教育"提供重要支撑。

"和慧教育"是完整的教育。"和慧教育"就是从满足社会发展需要和受教育者自身发展需要的统一出发,优化教育教学结构中的诸要素,促进学生德、智、体、美、劳全面发展的教育。

我们通过积极开发适合儿童的课程,在课程实践中顺应儿童身心发展的规律,激发儿童探索的求知欲望,探求激发学生潜能的方法。对于儿童成长过程出现的问题,我们会用巧妙的教育智慧来化解。

基于上述的教育哲学,我们将学校的办学理念确定为:让每一个孩子向着智慧生长。由此,我们确定了以下教育信条:

我们坚信,

和谐是智慧的音符;

我们坚信,

学校是和谐共生的智慧场;

我们坚信,

向着智慧生长是教育最美的姿态;

我们坚信,

教师是智慧的播种者和心灵的守望者;

我们坚信,

让每一个孩子过和谐而智慧的生活是教育的使命。

二、学校课程理念

基于此,我们确定学校课程理念是:让每一个孩子过和谐而智慧的生活。具体内涵如下:

(一) 课程即自然之道

自然之道,即客观规律。教师开发课程和实践课程,都要以学生的年龄特点和身心发展规律为基础,不能急功近利,不能揠苗助长,不能以牺牲学生的健康和天性为代价。

（二）课程即智慧相遇

课程不仅凝聚着教师的智慧,更要为学生的生命成长润色。所以我们不仅要用自己的智慧开发课程资源,还要建构灵动的课堂,激发学生的思维,关注学生的需求。当思想与思想交锋,智慧与智慧相遇,课程定会"无边光景一时新"。

（三）课程即和谐共美

和谐愉快的环境,民主宽松的氛围,是学生智慧生成的条件。我们的课程实践强调师生心灵的融通、情感的共振。教师率真,学生坦诚;教师风趣,学生机智。教师与学生是课程中最美好的遇见。

综上所述,我校将"和慧教育"下的课程模式确定为"慧成长课程"。无论是教师还是学生,都将在和谐而智慧的学习生活中快乐成长。对于孩子们来说,小学毕业后他们将再次成长为一个新的个体,迈入崭新的中学生活。

第二节　追求自然生长的生活样态

学校课程是为育人服务的,因此确立学校的课程目标必须明确学校的育人目标。

一、育人目标

我校根据国家对基础课程和当代学生核心素养发展框架的要求,结合学校的教育哲学,确定我校的育人目标,具体如下:

——向善:知礼明理,助人悦己;

——博学:博学睿智,融会贯通;

——尚美:兴趣广泛,独具慧心;

——悦动:热爱运动,朝气蓬勃。

二、课程目标

基于上述育人目标,我校形成了分年级的课程目标,具体如下。(见表6-1)

表6-1　"慧成长课程"分年级目标表

育人目标 年级	向善	博学	尚美	悦动
一年级	爱自己的爸爸妈妈,尊敬老师,友爱同学,遵守学校纪律,渐渐形成良好的行为习惯;初步了解少先队基础知识和基本礼仪,会认国旗国徽、会唱国歌队歌,知道中华民族重要的传统节日;走出校园,简单了解学校周边的文化环境,初步形成保护环境、爱惜	乐于学习,能掌握汉字的基本笔画,养成良好的书写习惯、学习习惯。增强阅读兴趣。能够用科学的眼光观察物体的基本特征;认识周边常见动、植物,知道生物体的生命活动和主要特征。	大胆、自由地表现所见所闻,培养对音乐、美术的喜爱,学会基本的音乐美术知识与技能。	参与体育学习与锻炼,体验运动乐趣与成功;塑造良好体型和身体姿态,培养坚强意志品质;会玩1—2项体育运动游戏;达到国家体质健康测试标准。

育人目标 年级	向善	博学	尚美	悦动
	资源的意识；初步形成自信向上、诚实勇敢、有责任心等良好品质。			
二年级	进一步形成爱父母、爱家庭、尊敬老师、友爱同学的思想情感，养成基本的文明行为习惯；熟悉少先队的基础知识和基本礼仪，简单了解党和国家的相关知识，初步了解中华民族的传统节日，会讲一两个成语小故事；走出校园，简单了解管城区周边地区的文化环境和文化底蕴，初步了解生活中的自然、社会常识，形成保护环境、爱惜资源的意识；形成自信向上、诚实勇敢、有责任心等良好品质。	乐于学习，初步感受学习汉字的乐趣；通过阅读学习积累，理解词语；初步练习提取信息的能力；阅读浅显的寓言故事，乐于与人交流；理解时分秒的实际意义；了解宇宙科学的基本常识，认识一些简单的自然现象；认识身边的人工世界，了解常见的工具，能利用工具完成一些简单的任务。	增加口风琴教学，喜欢艺术活动，感受艺术活动带来的愉悦，能够自然、有表情地演唱。	参与体育学习与锻炼，体验运动乐趣与成功；塑造良好体型和身体姿态，培养坚强意志品质；初步掌握简单的体育运动技术动作；达到国家体质健康测试标准。
三年级	初步形成热爱家庭、热爱家乡、热爱祖国的思想情感；能自觉遵守学校纪律，初步理解日常生活的道德规范和文明礼貌；简单了解中华优秀传统文化和党的光荣革命传统，熟悉了解中华民族的传统节日，会讲一两个红色小故事，认识党和国家历代领导人；走出校园，简单了解郑州市的历史文化，初步形成保护生态环境的意识；学会赞美别人，能欣赏他人的优点长处，初步形成诚实守信、友爱宽容等良好品质。	乐于学习，有主动学习的愿望；在阅读过程中，注意情感体验，初步养成主动阅读课外书的习惯，乐于与人交流；能初步进行简单的分数计算，认识身边不同的力及其产生的来源；了解动植物的主要结构和生命周期。	增加口风琴和合唱的教学，重视学生形象思维能力的培养，发挥艺术想象力和创新意识。	增强基本身体活动和自主完成体育游戏的能力；基本掌握 1—2 项体育技能；增强安全意识和防范能力；学会调控情绪的方法；达到国家体质健康测试标准。

育人目标 年级	向善	博学	尚美	悦动
四年级	形成热爱祖国、热爱家乡、热爱校园、热爱家庭的思想情感,初步形成自尊自律的品质,遵守日常生活的道德规范和文明礼貌,初步形成集体思想、组织观念;热爱中华优秀传统文化,熟悉中华民族的传统节日和简单的传统习俗,了解党的光荣革命传统,能简单介绍一些经典的革命志士为国家统一、民族团结作出的牺牲和贡献,认识党和国家历代领导人;走出校园,进行简单的职业体验和实践活动,具有参与志愿者服务活动的意愿,了解河南省的历史文化,形成保护生态环境的意识;能够有一个简单的自我评估,了解到自己的缺点和不足,初步形成诚实守信、友善宽容、自尊自律等良好品质。	乐于学习,有主动学习的愿望;乐于阅读,能感受作品中生动的语言,基本养成良好的阅读习惯;能对整数和四则运算有系统的理解和认识;经历数据的收集、整理和分析的过程;初步了解太阳、地球、月球的运动特性,以及对人类社会的影响;知道日常生活中精确、便利的工具制作和使用对人类活动的影响。	体会中国传统绘画的魅力。增加口风琴教学,尝试运用喜爱的艺术形式表达情感,发挥艺术想象力和创新意识。	初步掌握多种体育活动方法;能够熟练掌握1—2项体育技能;掌握基本保健知识和方法;形成合作意识和能力;达到国家体质健康测试标准。
五年级	培养拥护中国共产党的朴素感情,为自己是中国人感到自豪,理解并遵守公共空间的基本行为规范,初步形成集体思想、组织观念;初步了解家乡发展变化和国家历史常识,进一步了解中华优秀传统文化和党的光荣革命传统,初步形成规则意识和民主法治观念;走进社会,积极参与一些简单的职业体	乐于学习,形成一定的独立学习的能力;乐于阅读,能初步掌握基本的阅读方法;具有一定的提取信息的能力;能用方程表示简单的数量关系,养成良好的学习习惯;培养平面几何图形面积计算能力;认识	培养音乐感受与欣赏的能力,养成良好的音乐欣赏习惯,乐于参与演奏及其他音乐表现、创造活动。发挥艺术想象力和创新意识。	掌握一定难度的基本身体活动方法;熟练掌握3—4项体育技能,发展一项特长项目;了解卫生防病的知识;具有坚强的意志品质及良好的体育道德;达到国家体质健康测试标准。

年级 \ 育人目标	向善	博学	尚美	悦动
	验和实践活动，具有参与学校和社区志愿者服务的意愿，热爱自然，具备保护生态环境的意识；能在教师的引导下，结合学校、家庭生活中的现象，发现并提出自己感兴趣的问题。	人体的活动和人体的健康，增强学生对自身身体的认识。		
六年级	热爱中国共产党、热爱祖国、热爱人民，初步形成集体思想、组织观念，为自己是中国人感到自豪；深入了解家乡发展变化和国家历史常识，熟悉中华优秀传统文化和党的光荣革命传统，理解并遵守公共空间的基本行为规范，理解日常生活的道德规范和文明礼貌，初步形成规则意识和民主法治观念；能够围绕日常生活开展服务活动，能处理生活中的基本事务，具有积极参与学校和社区生活的意愿，具备相对成熟的保护生态环境的意识；能在教师的引导下，结合学校、家庭生活中的现象，发现并提出自己感兴趣的问题。能将问题转化为研究小课题，体验课题研究的过程与方法，提出自己的想法，形成对问题的初步解释；初步养成自理能力、自立精神、热爱生活的态度，形成诚实守信、友爱宽容、自尊自律、乐观向上等良好品质。	乐于学习，有明确的学习目标，强烈的学习愿望；具有一定的独立思考、自主学习能力；具有搜集、整合信息并与他人开展研究性学习的能力；能为解决学习和生活中的实际问题，利用书籍、网络等信息渠道获取资料的能力；能基于所学知识，利用现有技术解决日常生活中的问题；可以制作一些有意义有影响的小发明、小制作。	感受民族艺术的丰富表现形式和特点，尝试运用喜爱的艺术形式表达情感，发挥艺术想象力和创新意识。	掌握运动项目技术动作组合；熟练掌握3—4项体育技能，发展一项特长项目；初步掌握青春期生长发育特点与保健知识；具有坚强的意志品质及良好的体育道德；达到国家体质健康测试标准。

学校课程的价值在于让学生追本溯源地学习,课堂教学的价值在于师生教学样态的自然生长,只有自然生长的学习样态才是有效的。我校的育人目标和课程目标关注学生的主动探究和真切体验,努力做到让学生在自然生长的学习样态中持续发展提升。

第三节　创设智慧灵动的学习资源

　　课程内容是实现课程目标的载体。为了实现上述课程目标的要求,我校建立了"慧成长课程"体系。

一、学校课程逻辑

　　基于"和慧教育"哲学以及学校的课程目标,学校建立"慧成长课程"体系,包括慧心课程、慧语课程、慧思课程、慧美课程、慧健课程五大类课程。(见图6-1)

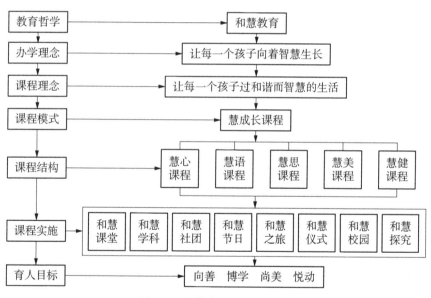

图6-1　"慧成长课程"逻辑图

二、课程结构

　　我校"慧成长课程"涵盖品德与修养、语言与表达、科学与思维、艺术与审美、

运动与健康五大类,融入学校特色,分别为慧心课程、慧语课程、慧思课程、慧美课程和慧健课程。(见图 6-2)

图 6-2 "慧成长课程"结构图

上图中,各板块课程具体表述如下:

慧心课程是自我与社会类课程,通过丰富的少先队课程以及班队会课程,组织学生参与各种实践活动,培养学生良好的文明行为习惯和高尚的道德品质。

慧语课程是语言与表达类课程,通过语文、英语等语言类课程的开发与实施,培养学生语言文字的运用能力、人际沟通的能力和社会交往的能力,提升学生的综合素养。

慧思课程是科学与思维类课程,通过数学、科学等课程的开发与实施,激发学生对数学、科学的热爱,培养学生的观察、比较、分析能力及严谨务实的求知态度。

慧美课程是艺术与审美类课程,通过音乐、美术、书法等艺术课程,培养学生的审美能力和创造能力,陶冶学生的情感,让学生在潜移默化中树立良好的审美观、人生观。

慧健课程是运动与健康类课程,通过心理健康活动、体育活动、足球特色活动的实施,让学生掌握各种运动技能,促进学生身心发展,培养学生坚强的意志品质、乐观开朗的生活态度,提高团队协作的水平。

三、课程设置

除了基础课程之外,我校"慧成长课程"设置如下。(见表6-2)

表6-2 "慧成长课程"设置表

课程\年级		慧心课程	慧语课程	慧思课程	慧美课程	慧健课程
一年级	上学期	做好接班人 社会志愿者 家庭小主人 管好我自己	诵读之声 阅享经典 书写达人 分享天地 拼音城堡 绘本情景剧 动感字母操 儿歌 Super Simple Songs 超级拼读	钟表的奥秘 数学游戏——搭图形 分扣子游戏 寻宝大闯关 吹泡泡,学科学 认识小动物 我在哪里 磁铁"魔法"城堡	撕纸添画 快乐的节奏	队列队形 走与跑的游戏
	下学期	做好接班人 社会志愿者 家庭小主人 管好我自己	诵读之声 阅享经典 书写达人 分享天地 拼音城堡 绘本情景剧 动感字母操 儿歌 Super Simple Songs 超级拼读	圆片与数学——摆一摆 巧用七巧板 整理书包 跳蚤市场 水与溶解 植物"保育员" 太阳与月亮 空气	会飞的翅膀 我爱我家 律动游戏	跳绳 广播体操
二年级	上学期	做好接班人 家乡讲解员 社会志愿者 家庭小主人 管好我自己	诵读之声 阅享经典 分享天地 汉字探秘 绘写古韵 绘本情景剧 动感字母操 儿歌 Super Simple Songs 超级拼读	乘法口诀 PK 大赛 无处不在的角 看图讲故事 身体中的尺子 变幻的天气 小小游乐园 磁针与南北 动物的生活	三个好伙伴 口风琴 歌曲演唱	队列队形 广播体操 跳跃游戏

课程\年级		慧心课程	慧语课程	慧思课程	慧美课程	慧健课程
三年级	下学期	做好接班人 社会志愿者 家庭小主人 管好我自己	诵读之声 阅享经典 分享天地 汉字探秘 下笔有神 绘本情景剧 动感字母操 儿歌 Super Simple Songs 超级拼读	除法训练营 小小设计师 你能跳多远 剪一剪 我的气垫船模型 我们的家园 四季与生物 力和形变	动物聚会 彩点点 口风琴 歌词创编	障碍跑 游戏 基本身体活动
三年级	上学期	做好接班人 家乡讲解员 社会志愿者 家庭小主人 管好我自己	诵读之声 阅享经典 分享天地 课本情景剧 慧眼识谜底 模仿小达人 阶梯阅读 影视鉴赏 词汇大比拼 声情朗读	慧眼识数学 巧算争霸 思维导图 家庭中的四边形 溶解的秘密 保护动物 小小气象员 奇妙的声音	花手帕 盘泥条 口风琴 合唱	跳跃 基本体操 投掷
三年级	下学期	做好接班人 家乡讲解员 社会志愿者 管好我自己	诵读之声 阅享经典 分享天地 绘本情景剧 慧眼识谜底 模仿小达人 阶梯阅读 影视鉴赏 词汇大比拼 声情朗读	找方向 巧求面积 合理搭配 除法技巧 电与生活 植物的一生 土壤,生命的家园 小小建筑师	彩墨游戏 口风琴 合唱	跳跃 跳长绳 50米快速跑
四年级	上学期	做好接班人 家乡讲解员 社会志愿者 家庭小主人 管好我自己	诗词诵读 书童阅读 翰墨书法 奇思妙想 畅游诗海 模仿小达人 阶梯阅读 影视鉴赏 词汇大比拼 声情朗读	相遇追击 看角识大小 一亿有多大 我家的旅游方案 我是赛车手 和动物做朋友 小小宇航员 饮料瓶大危害	纸品乐陶陶 一模不一样 口风琴 舞蹈	基本体操 耐久跑 投掷

课程 年级		慧心课程	慧语课程	慧思课程	慧美课程	慧健课程
	下学期	做好接班人 家乡讲解员 家庭小主人 管好我自己	诗词诵读 书童阅读 翰墨书法 奇思妙想 畅游诗海 模仿小达人 阶梯阅读 影视鉴赏 词汇大比拼 声情朗读	算"二十四"游戏 有意思的图形 从统计讲安全 图形动一动 小小消防员 呼吸的秘密 太阳知识我知道 大力士选手	我爱校园 口风琴 舞蹈	投掷 技巧 乒乓球
五年级	上学期	做好接班人 家乡讲解员 社会志愿者 家庭小主人 管好我自己	诵读之声 阅享经典 分享天地 古韵乐园 墨香书社 小小作家 阶梯阅读 English Show 世界之窗 词汇大比拼 声情朗读	解救未知数 组合图形变变变 神奇的骰子 一片树叶的面积 时间的脚步 热能考察之旅 开心游乐场 地球在变脸	水墨动物 水墨风景 歌曲演唱 合唱 舞蹈	跳绳 篮球 足球
	下学期	做好接班人 家乡讲解员 社会志愿者 家庭小主人 管好我自己	诵读之声 阅享经典 分享天地 古韵乐园 墨香书社 小小作家 阶梯阅读 English Show 世界之窗 词汇大比拼 声情朗读	探索数的奥秘 美丽的包装 跳跃的折线 神奇的图形变换 变幻的天气 变废为宝 像不像 形形色色的微生物	同一幅画 歌曲演唱 合唱 舞蹈	足球 篮球
六年级	上学期	做好接班人 家乡讲解员 社会志愿者 家庭小主人 管好我自己	古语魔法 阅读悦美 书香剧场 笔墨留香 诗词飞花令 小小作家	计算我最棒 确定起跑线 扇形一家亲 知识竞答 植物角里的科学 让生活充满阳光	小小园艺师 歌曲演唱 合唱 京剧	跳绳 篮球 足球

课程\年级	慧心课程	慧语课程	慧思课程	慧美课程	慧健课程
		阶梯阅读 English Show 世界之窗 词汇大比拼 声情朗读	大家动手做乐器 登上健康快车		
下学期	做好接班人 社会志愿者 家庭小主人 管好我自己	古语魔法 阅读悦美 书香剧场 笔墨留香 诗词飞花令 小小作家 阶梯阅读 English Show 世界之窗 词汇大比拼 声情朗读	购物中的折扣 设计图纸的绘制 思维导图 自行车里的数学 绿色社区调查 养好小金鱼 雨具的改进 追寻人类祖先的 足迹	形色协奏曲 歌曲演唱 舞台剧 京剧	跳绳 篮球 武术

我校的"慧成长课程"融"智慧"和"成长"两大主题,旨在通过逻辑清晰的课程结构和完整灵动的课程设置,为学生提供丰富的学习资源,让学生获得广博的知识,享受学习的快乐。

第四节　营造和谐共美的体验场域

　　课程实施是将课程内容付诸实践的过程,是能否实现预期课程目标的关键因素。课程评价是对课程实施的监管和反馈,决定了课程内容的质量和课程实施的效果。我校从"和慧课堂""和慧学科""和慧社团""和慧节日""和慧之旅""和慧仪式""和慧校园""和慧探究"八个方面对学校课程进行设计和实施,真正做到让课程在每个师生心中"慧成长"。

一、构建"和慧课堂",提升课程品质

　　"和慧课堂"是保障学校课程实施的主要途径,一方面体现了我校的课程文化,另一方面在每个学科的实际教学中,"和""慧"体现了学科的融合和补充,使我校的课程更加充实和丰盈。

(一)"和慧课堂"的实施

　　"和慧课堂"是我校在长期的课堂教学实践中生成的一种课堂教学形态,兼顾趣味性、整体性、参与性、发展性和创新性,让学生在智慧中发展,在快乐中成长。根据学生的特点和知识螺旋式上升的规律,"和慧课堂"包含课前调研、情境导入、问题引领、合作探究和情智共生五个要素,通过开展目的明确、形式多样、课堂气氛活跃的课堂学习活动,不断提高学生的学科核心素养。

　　课前调研,把握学情。备课不仅要备教材、教法,还要备学生。教师不仅要了解学生已有的知识储备,还要明晰学生现在需要的是什么。因此对每个单元的新知识,要从学生已有的知识入手,通过多种形式的课前测了解学生的需求,做到有的放矢。

　　情境导入,循序渐进。了解了学生的需求以后,教师需要在设计教学时有针对性地导入,形式要新颖,能牢牢吸引住学生,让学生在情境中不知不觉地进入学习状态。

　　问题引领,思维深入。课堂上教师不仅要注重问题设计的有效性,更要注重

引导学生发现问题、提出问题并解决问题。因此教师要鼓励学生敢问想问、会学会思,在思考分析和解决问题中,自然转变学习态度,进而内化为习惯。

合作探究,主体参与。内驱力及明确的目标能更好地促进学生进行合作探究。在合作探究环节,学生在教师的引导下经历观察、猜想、推理、实验、合作、验证等活动过程,学生的学习意志得到了锻炼,学习品格也得以提升。

情智共生,全人发展。通过课程中的交流展示活动,学生与同伴产生思维共鸣、智慧碰撞;通过知识梳理,进行内部吸收;通过体系构建,学生的知识技能、思想方法、问题解决和情感态度价值观等都得到了全面提升。

(二)"和慧课堂"的评价要求

评价的主要目的是通过观察教师的教学过程全面了解学生学习的过程和效果,进而改进教师教学。"和慧课堂"采取过程性和终结性评价相结合的方式,对教师的评价主要通过平时的备课、上课、听课、教研、作业批改、辅导等方面进行每月一次的过程性评价。终结性评价以每学期学生期末考试的成绩来评定。其中课堂的评价如下。(见表6-3)

表6-3 "和慧课堂"教师课堂评价表

评价维度	评价角度	评价标准	分值	评分
学生学习 (30分)	学习习惯	注意力集中、兴趣浓厚、乐于参与; 倾听和发言时,能关注发言者,边听边想,适时回应,积极思考,思维跟进; 表达清晰、完整。	10	
	课堂参与	学生热情参与,课堂气氛热烈; 学生能科学、合理地支配学习时间。	10	
	学习效果	目标明确,有效达成; 回答、练习、检测等反馈信息及时有效; 能灵活运用所学知识,拓展延伸适度。	10	
教师教学 (30分)	教学结构	层次清晰,比例适当,结构严谨,过渡自然; 教学情境导入有效、适当; 时间分配科学、合理。	15	
	课堂实施	师生互动有效,能及时评价; 教学媒体设计简洁明了、重点突出、美观大方; 教学方法灵活多样,能提供动脑、动手活动。	15	

评价维度	评价角度	评价标准	分值	评分
课程资源 （20分）	资源整合	教材整合科学，内容适量； 课堂评价及时、全面，能发挥激励作用； 能合理、恰当使用预设及生成的教学资源。	20	
课堂文化 （20分）	教学特色	能发挥个人特色风格，促进学生学习。	20	
	师生关系	师生平等交流，情感交融。		
	学科思想	体现学科核心价值，促进学生知识整体建构，对学生后续学习提供帮助。		
评语： 　　　　　　　　　　　　　　　　　评价人：			总评分	

二、建设"和慧学科"，丰富学科课程体系

我校"和慧学科"在立足本学科特点的基础上，紧紧围绕学校的课程规划有序实施。我校从两方面创建"和慧学科"：一是整合，二是重构。教师依据对学科的理解、依托我校及周边的独特资源设计课程，形成了丰富的学科课程体系。

（一）"和慧学科"的建设路径

目前，我校的"和慧学科"已经形成"悦读语文""和慧数学""NICE英语""奇趣科学""乐之美""慧之美""超能体育"共七个学科，七个学科既相互独立又自成体系。

"悦读语文"课程。"悦读语文"课程以阅读为主线，分为四大模块：感读之趣、悟读之慧、品读之韵、爱读之心。课程秉承"阅读书、悦开心"的理念，教师有计划、有目的地进行课外阅读指导，带领学生潜心阅读经典美文，领略中外名著，吟诵古今诗文，在课堂上通过大量的阅读实践，培养学生良好的阅读习惯，提高阅读质量和增加效果。

"和慧数学"课程。"和慧数学"课程以课程理念、课程目标、学科核心素养为标尺，既重视直观过程，又重视效果反馈。在课程实施中注重为学生创造足够的时间和空间去经历观察、猜想、推理、实验、合作、验证等活动过程。以思维训练为主线，以趣味数学为支撑点，从计算之慧、图形之慧、统计之慧、实践之慧四个方面

构建我校"和慧数学"课程体系。在课程实施中,从构建"和慧课堂"、搭建"和慧社团"、设立"和慧游戏"、开展"和慧作业"、建设"和慧课程"五个方面进行实施。这些课程的实施,激发了学生学习数学的兴趣和潜能,提升了学生的数学核心素养。

"NICE英语"课程。"NICE英语"的内涵是Novelty(新颖)、Interest(兴趣)、Cross culture(跨文化)、Efficiency(效率)。"NICE"是这些单词的首字母,也是对我校英语课堂的最好诠释。我校从一年级起开设英语课,选取人教(PEP)新起点和人教(PEP)2011课标版三年级起点(吴欣主编)作为学习教材,同时整合一至六年级课程,依据《义务教育英语课程标准(2022年版)》,每一学年提炼四类拓展课程,并将其嵌入到英语课堂中。学校根据每月的英语课程开设情况,开展"Nice English Day"校园英语主题活动,营造英语课程氛围。同时组建"Nice English Club"英语社团,挖掘学生的英语学习潜能。

"奇趣科学"课程。我校一、二年级以阅读科学绘本和实体参观体验为主,三到六年级以动手实验操作为主,学练结合,层层深入。课程内容分为"物质之谜""生命至美""神奇星球""学以致用"四部分。课程以小制作、小发明和科学实验为主要活动形式,创设有利于学生自由发挥的学习环境,为学生提供更多自主选择的空间和充分探究的学习机会,强调做中学和学中思。通过开展"奇趣种植园""奇趣知识讲座""奇趣小发明制作""奇趣研学"等活动,丰富学生的学习生活,拓宽学生的视野,培养学生的科学探究精神。

"乐之美"课程。我校音乐学科从"赏析乐之美""表现乐之美""创造乐之美""实践乐之美"四个方面进行课程构建,设置丰富多彩的课程内容,让学生在课堂上陶醉于优美的旋律之中。通过"乐之美课堂""乐之美延伸""乐之美社团""乐之美实践""乐之美民族特色"等多种途径,由浅入深,分年级分学期推进音乐课程的实施。同时,学校成立"童韵清籁"合唱团和"雏鹰"舞蹈团,丰富学生的学习生活。

"慧之美"课程。"慧之美"课程依据《义务教育美术课程标准(2022年版)》,将现行美术课程内容和学校实际相结合,为学生搭建丰富的艺术展示平台。通过开设儿童画、水粉画和国画三大社团及艺术节现场展示活动,激发学生美术学习的兴趣,培养学生的想象力、创造力,使学生形成基本的美术素养,陶冶其高尚的审美情操。

"超能体育"课程。"超能体育"课程,以人民教育出版社《小学体育与健康》课本资源为基础,以增强学生体能、培养健康的行为习惯、养成乐观开朗的人生态度为目标,围绕"乐体能""享健康""磨品质"三大类别构建体育学科课程。我校开展了足球、篮球、乒乓球等特色学生社团,丰富学生的课余生活;大课间主要以足球操为主,穿插有舞蹈和第九套广播体操,让学生的大课间充满活力,朝气蓬勃。通过"超能课堂""超能社团""阳光大课间""超能运动会""超能赛事"五方面进行课程实施。

(二)"和慧学科"的评价要求

"和慧学科"的评价从学科建设、开发、实施以及改良四个方面进行。在评价过程中,重点从学科理念、建设方案、课程内容、课堂教学和学科教研这五个方面进行具体评价。这种评价方式不仅关注到了学科本身的特点,也关注到了学科之外的拓展性,对学生的知识水平和整体素养的提升起到良好的补充作用,满足学生的多元发展。(见表6-4)

表6-4 "和慧学科"评价表

评价项目	评价标准	分值	得分
学科理念	基于小学生的需求,指向学科核心素养,突出学科特点,注重融合生活。	15分	
学科方案	基于学科特色,具有时代性、科学性、针对性,撰写方案有自己的学科哲学,逻辑性强,内容翔实,可操作性强。	20分	
学科课程	围绕学科核心素养进行准确定位,突出重点,内容丰富。能满足学生多元发展需求,充实学生的学习生活,丰富学生的学习体验。	20分	
学科教学	有正确的教学目标,丰富的课堂教学活动;教师要有意识地进行学科学习及学法指导,重点放在培养学生良好的学习习惯上,注意课内课外结合,并注重学科的融合。	20分	
学科教研	有一个团结务实的学科团队,建立常态有效的教学研究制度,进行深度的课后反思与学科课程开发实施评价。	25分	
合计得分		100分	

三、成立"和慧社团",提升学生的综合素养

社团作为学校课程文化的补充,有着非常重要的文化引领作用。我校社团是

在学生自愿报名的基础上形成的小团体,每个社团不分年级,由全校兴趣爱好相近的同学组成,在保证学生完成学习任务和不影响学校正常教学秩序的前提下开展各种活动。社团一方面可以丰富学生的校园文化生活,持续培养学生的兴趣和能力,让学生在社团活动中交流思想、切磋技艺、相互启迪、增进友谊,另一方面也是课程规划实施的重要途径,可以让课程更好地落地。

(一)"和慧社团"的内容和实施

我校根据学校特色和实际情况分别开设了"英语社团""科学社团""足球社团""合唱社团""舞蹈社团""电子琴社团""儿童画社团""水粉社团""国画社团""书法社团""编程社团"共 11 个社团,目前主要在每天下午课后延时期间有序开展。后期将扩招社团成员,增加社团类型,不断丰富学生的课后学习生活。

"英语社团"开设在二年级,重点以学习英语绘本为主,结合我校的英语特色课程,培养学生对英语学习的兴趣,兼顾学生语文拼音学习的同时,训练学生的发音。

"科学社团"以三至六年级学生为主,以培养学生科学的探索精神为主,重点以实验探究的形式进行课堂知识的拓展和延伸,让学生养成持续探究的好习惯,为学生中学的学习奠定基础。

"足球社团"一直是我校的特色,我校从一年级开始选拔队员,分为男子组和女子组,每天下午两节课后集中训练,平时以足球训练和外出比赛为主,学生在训练中养成努力拼搏的精神和团队合作的精神,在市级和区级比赛中取得了优异的成绩。

"合唱社团"以三、四、五年级学生为主,重点训练学生的声音、节奏和音准,培养学生欣赏音乐美、感受歌唱美的能力。

"舞蹈社团"以一至五年级学生为主,重点训练学生的形体、基本功、小组合舞蹈,培养学生的肢体协调能力和音乐表达能力。

"电子琴社团"以二至五年级学生为主,重点培养学生掌握基本的乐理知识和指法,让学生学会基本的器乐演奏,提高学生的审美水平。

"绘画社团"分为三类:儿童画、水粉画和国画,以一至六年级学生为主,重点训练学生的艺术创作思维、色彩搭配感觉、传统艺术的传承,让学生在绘画和创作中学会欣赏美、感受美、创造美、延续美。

"书法社团"以二至六年级学生为主,重点培养学生沉稳大气的风范、规范个性的书写,力争每个学期都能呈现出学生的优秀作品。

"编程社团"以五、六年级学生为主,重点进行电脑编程训练,培养学生的电脑制作能力和设计能力。

(二)"和慧社团"的评价要求

我校要求每个社团都有完善的组织机构和管理制度,每周在规定时间开展社团活动,活动内容要丰富多彩,能满足学生的需要,不断提高学生的综合素质,同时要求各个社团每学期结束进行社团汇报,取得家长的认可与支持,吸引更多的孩子积极参与。我校从社团机构与管理、活动组织与开展、成果交流展示这三个方面对"和慧社团"进行评价,具体评价标准如下。(见表6-5)

表6-5 "和慧社团"评价表

项目	评价标准	得分	评估方法
社团机构与管理	1. 社团管理体制完善,机构设置合理,有符合学生实际的社团组织、方案、课时教案。(10分)		1. 实地查看 2. 材料核实 3. 师生座谈 4. 成果展示 5. 活动巡查
	2. 有完善的社团规章制度,并能严格执行。(5分)		
	3. 社团人数适合,规模适度,成员资料档案齐全。(5分)		
	4. 社团辅导教师按时上课,对学生认真负责。(10分)		
	5. 社团要突出学生的主体性和创造性,学生在社团活动中能自治自理、个性发展。(5分)		
	6. 社团活动空间和时间固定,能根据社团特色布置社团教室环境。(5分)		
活动组织和开展	7. 定期开展社团活动,及时发布活动照片,组织有序、记录完善。(20分)		
	8. 社团活动内容丰富,形式多样,体现实践性和综合性,有利于培养和锻炼学生多方面的素质。(10分)		
成果汇报	9. 社团成员或集体活动成果显著。(20分)		
	10. 在学期末社团展示汇报活动中表现突出,对学生有一定的吸引力。(5分)		
	11. 每学期集中展示一学期作品,收到良好效果。(5分)		
合计得分			

四、创设"和慧节日",营造学校课程氛围

节日是文化的一种体现,承载着丰厚的文化知识,蕴藏着宝贵的教育资源,节日文化可以为学生情感、态度与行为的发展提供充足的养料,学生的成长也需要丰富多彩的节日和仪式来展现。因此,我校既考虑以节日文化为基点的核心课程,又兼顾为促进学生全面发展而设置的补充课程,"和慧节日"课程应运而生。"和慧节日"课程的开发与实施有利于学生主体性的发挥、推动学生各领域的资源整合及各种教育资源的综合利用。

(一)"和慧节日"的课程设计

学校以传统节日课程、现代节日课程、特色节日课程为主题,构建"和慧节日"课程,努力营造浓郁的校园课程文化,为学生成长搭建展示平台。

传统节日课程。在中华民族的历史发展进程中,传统节日以其丰富的文化内涵和周期性、民族性、群众性的特点,深深融入人们的日常生活和精神世界,滋养着民族的生命力、创造力和凝聚力,推动着中华文化历久弥新、不断发展壮大。我校以传统文化节日为依托,鼓励学生学习中国传统节日文化,传承中华优秀传统文化。(见表6-6)

表6-6　传统节日课程实施内容

月份	节日	主题	活动
一月	春节	我们的节日——春节之庆	剪窗花、写对联、拜年话
二月	元宵节	我们的节日——元宵之乐	赏花灯、猜灯谜、吃元宵
四月	清明节	我们的节日——清明之思	忆先烈故事、制作思念花、扫墓
六月	端午节	我们的节日——端午之忆	包粽子、念屈原
九月	中秋节	我们的节日——中秋之韵	做月饼、绘月亮、讲故事
十月	重阳节	我们的节日——重阳之孝	敬老人、献孝心
十二月	腊八节	我们的节日——腊八之味	包饺子、讲故事、盼过年

我校利用班队会活动课及各学科拓展课程,深化传统节日课程主题活动,将传统节日课程做活、做系统、做扎实。

现代节日课程。我校以现代节日为抓手,利用关键时间节点为载体,培育和

践行社会主义核心价值观,增进广大少先队员爱国、爱党、爱社会主义的情感,具体内容如下。（见表6-7）

表6-7 现代节日课程实施内容

月份	节日	主题	活动
一月	元旦	喜迎新年	元旦联欢会
三月	学雷锋纪念日	向雷锋叔叔学习	1. 我是小小志愿者 2. 我身边的好人好事
五月	劳动节	劳动最光荣	1. 我是班级卫生员 2. 我身边的劳动模范
六月	"六一"儿童节	争做新时代好队员	1. 我的节日我做主 2. 一年级第一批入队
七月	建党节	红领巾心向党	1. 红歌献给党 2. 走访老党员
十月	国庆节	我和我的祖国	1. 学唱国歌、学画国旗 2. 分享国旗的故事 3. 新队员入队
十二月	国家公祭日	勿忘国耻,振兴中华	观看央视特别节目

全校开展,全员参与。在特殊时间节点进行的节日课程中体验、锻炼、感恩、成长。学校利用班队会活动课、国旗下演讲、各学科拓展课程,深化现代节日课程主题活动,加深学生爱国、爱党、爱社会主义的情感,将爱国的种子埋在每个孩子的心灵深处。

校园特色节日课程。学校作为民族特色学校、足球特色学校,特设置"民族团结进步教育月""足球文化节""电影艺术节"等校园节日课程,与传统节日课程、现代节日课程之间主题互动、相互渗透,共同构建完整统一的"和慧节日"课程。

民族团结进步教育活动是我校节日课程中的一大特色,作为一个拥有百年办学历史的民族学校,我校深度挖掘民族团结进步教育,并将每年的五月定为学校民族团结进步教育月。在这个月中,学校开展主题升旗活动、民族团结观影活动、趣味民族运动会、手抄报绘画评比等一系列深受师生喜爱的活动,旨在将民族团结进步思想,深植在每个师生的心中。

足球节是我校的另一项特色节日课程,我校足球队成绩斐然,多次获得省市区校园足球比赛奖项。学校以校园足球新理念"阳光体育,快乐足球"为指导,于每年 10 月底组织开展"足球文化节",围绕足球文化,展开系列活动及班级足球联赛,浓郁足球文化,让学生在体育中感受阳光,在足球中感受快乐,在快乐中得到教育。

电影艺术节是我校新近探索的一项学校特色节日活动,利用学校报告厅,每学期组织每个班级至少进行两次观影体验活动,通过对"红色经典电影""高评分教育电影"等优秀电影的欣赏,提高少先队员的审美水平,增进少先队员热爱党、热爱祖国、感恩父母、感恩老师的思想感情。

(二)"和慧节日"的课程评价

"和慧节日"课程从课程活动方案设计、活动实施、活动效果等方面进行评价,活动方案的设计要切实可行,符合学生的年龄特点,能调动学生的学习主动性,在实施过程中教师要能挖掘节日中所包含的各种美育、德育等要素开展活动,从而使学生受到传统文化的教育,形成良好的道德品质。其评价内容如下。(见表 6-8)

表 6-8 "和慧节日"评价表

评价内容	评价标准	权重分	得分
活动方案	1. 内容选择恰当并与节日主题相对应。 2. 创意新颖,符合学生身心发展特点。 3. 活动设计有特色有创意,体现课程的实践性、自主性、综合性、创造性和趣味性。	30 分	
活动实施	1. 教师在活动过程中全面地把握目标,为学生的自主学习和生动活泼的发展提供充分的空间。 2. 学生能充分展现自我,在活动探究中能发现和解决问题。教师要引导学生得出有价值的观点或结论。 3. 师生互动,师生共同完成活动课程。	50 分	
活动效果	1. 学生在活动中参与率高。 2. 学生在活动过程中态度积极。 3. 活动设置中体现合作精神。 4. 活动秩序井然,安全性高。 5. 活动扎实创新,达成预设目标。	20 分	
合计得分		100 分	

五、开展"和慧之旅",落实研学旅行课程

"以万物为教材,以世界为课堂",怎样把学校与社会和大自然联合在一起,是学校"和慧之旅"一直以来在不断探索、实践的方向,学校根据学校区域特色、学生年龄特点和各学科教学内容需要,组织学生通过集体研学的方式走出校园,拓展视野、丰富知识,亲近自然,不断体验集体生活、乡土风情和社会公共道德。

(一)"和慧之旅"的课程设计

我校根据学生身心发展特点,结合独特的地理人文优势、学校的办学理念和育人目标,制定了独具特色的"和慧之旅"——"寻美之旅"研学课程,包括:"寻芳自然之旅""寻胜家乡之旅""寻鼎历史之旅""寻味书香之旅""寻探科技之旅"五个主题内容。(见表6-9)

表6-9 "和慧研学"课程设置

年级	主题	地点	目的
一年级	寻芳自然之旅	商城遗址公园、紫荆山公园、人民公园	了解大自然、亲近大自然、热爱大自然。
二年级	寻芳自然之旅	商城遗址公园、紫荆山公园、人民公园、动物园	了解大自然、亲近大自然、热爱大自然。
三年级	寻胜家乡之旅	二七纪念塔	增强热爱家乡、保护家乡自然生态环境的意识,弘扬传统文化。
四年级	寻鼎历史之旅	商城遗址博物馆、河南博物院、郑州博物馆	学习鼎的知识以及商代文化,了解八大古都的悠久历史。
五年级	寻味书香之旅	回声馆、中原图书大厦	爱读书、会读书、享读书。
六年级	寻探科技之旅	郑州市科技馆、河南省气象局气象馆、河南地质博物馆	享受科学的魅力,激发探索科学的兴趣,让未来充满想象。

在课时安排方面,小学1—2年级,平均每学期不少于1课时;小学3—6年级,平均每学期不少于2课时。研学旅行出行前,学校会通过家长委员会、致家长的一封信或召开家长会等形式告知家长研学旅行的活动意义、时间安排、出行线路、费用收支、注意事项等信息,也会邀请少数家长作为志愿者陪同。在研学旅行前,学校会做好安全预案,了解学生的身体状况,明确学生要携带的物品,带好常备药

物,要求学生统一穿着校服,注意言行规范。

　　研学旅行过程中,严格按照学校制订的方案实施,由教师和家长志愿者带领学生对课程中设计的人文景观进行学习和探究。班主任老师要全面负责本班情况,确保每一名学生的安全。研学旅行结束后,学校组织研学成果交流会。低年级以口头形式分享旅行收获、绘制旅行收获图等;高年级学生除口头形式分享外,以游记、制作 PPT、手抄报等形式分享旅行照片、旅行心得等。

　　（二）"和慧之旅"的课程评价

　　"和慧之旅"是以实践性、活动性为主,引导学生在大自然中探寻、在社会生活中历练,从而获得知识的一种学习方式。

　　对学生的评价重学习过程、重知识技能的应用、重亲身参与探索、重全员参与。评价内容从研学之前、研学之中、研学之后三个阶段设计评价量表,主要考查学生的态度、体验、方法、能力、创新精神和实践能力的发展情况,具体评价标准如下。（见表 6 - 10）

表 6 - 10　研学旅行小组成员评价表

组长　　　　　　　　　　姓名　　　　　　　　　　　第　　小组

评价内容		评价标准	自评	组评	师评
研学前	计划准备	是否充分准备、有计划			
研学中	守时守纪	是否遵守时间和纪律要求			
	文明交往	能否与同伴文明交往			
	积极参与	是否积极参与各项活动			
	资料收集	能否积极查阅资料			
	合作互助	是否能与同伴合作学习、互帮互助			
	创新精神	活动中是否善于发现,有创新精神			
研学后	成果展示	活动结束是否能进行学习成果展示			
	学习收获	学习收获是否多多			

六、举行"和慧仪式",推进仪式教育课程实施

　　仪式在人类生活中有着非常重要的位置,仪式承载着深厚的文化与历史,更

蕴含着丰富的德育内容。仪式教育活动因其庄严神圣的特征和思想政治引领与道德价值引领的丰富内涵，可以有效促进学生价值观的形成与行为养成，在深入践行社会主义核心价值观的时代背景下，我校以仪式教育为主要抓手，通过强化仪式教育的全程性、育人性、实践性、创新性、实效性，丰富仪式教育内涵，凸显德育实效，构建学生的成长体系，为学生的终身发展奠基。

根据我校实际，学校对德育体系进行了架构，以"仪式教育"主题活动为载体，促进社会主义核心价值观落地生根，同时有效落实德育任务。结合仪式教育的实践，学校把一个个仪式串联起来，形成仪式教育的长效机制，贯穿于学生小学生活成长的全过程，突出仪式教育的计划性、系统性、全程性、渗透性。充分发挥仪式教育的德育功能，让每一次仪式都成为学生每一个发展阶段达到顶峰的激发点，让每一个仪式都成为学生身心发展的里程碑。

（一）"和慧仪式"的课程实施

校园生活中有着多姿多彩的仪式，蕴含着丰富多元的教育契机。我校把学生喜闻乐见的六大仪式整理编订为"和慧仪式"课程。通过隆重庄严的仪式课程，为学生养成良好习惯奠定坚实基础，具体课程内容如下。（见表 6-11）

表 6-11 "和慧仪式"课程设置表

课程名称		课程内容	课程实施
和慧仪式课程	开学典礼	假期成长秀风采、崭新计划发布会	全校师生全员参与，在隆重活泼的仪式中实践锻炼，智慧成长。
	散学典礼	总结学习成果、表彰优秀、鼓励进步	
	入学仪式	学习小学生活好习惯、尽快适应新生活	
	入队仪式	学习入队十项仪式、光荣加入少先队	
	毕业仪式	毕业生形象展示、多元呈现六年学习成果	
	每周升旗仪式	升旗仪式每周进行，主题可按实际更换	

（二）"和慧仪式"的课程评价

"和慧仪式"课程是全校师生共同参与的课程，在课程的评价上，我校依据"学生主体""主旨明确""程序严谨""形式庄严""方法创新""内容完整"的原则进行评价，具体评价量表见表 6-12 所示。

表 6-12 "和慧仪式"课程评价表

评价内容	评价标准	评分
学生主体	以学生为主体贯穿整个仪式,学生积极参与。(20分)	
主旨明确	仪式主旨明确,思想性强,有良好的教育意义。(10分)	
程序严谨	仪式的程序严谨,有着鲜明的政治属性。(10分)	
形式庄严	用庄严的仪式给学生使命感、责任感、荣誉感。(20分)	
方法创新	时代感强,结合学生喜闻乐见的形式开展仪式活动。(20分)	
内容完整	仪式内容完整流畅,学生获得感强。(20分)	
总评得分		
备注	A 等级 90—100 分 B 等级 75—89 分 C 等级 60—74 分	

七、激活"和慧校园",打造校园文化新亮点

校园环境建设是学校的隐性课程,一所学校只有上升到精神文化层面,校园环境的隐形魅力才能彰显出来。因此,校园环境是无形的教育、无字的教科书,是校园内看得见的文化形态,也是学校综合实力的反映,不仅对校园内的每一个成员都起着潜移默化的熏陶和启迪作用,还能促进师生科学文化素质和思想道德素质的不断提升,塑造良好的师生道德情操。我们根据"让每个孩子向着智慧生长"的教育理念,充分挖掘校园环境文化,从校园景观、绿化美化的物化形态到学校传统、校风学风及规章制度和行为准则的精神文化,都进行开发落实,努力开发校园环境课程,提升学校的文化品位,打造校园文化的新亮点。

(一)"和慧校园"的课程设计

我们从改造校园环境和提升学生的素质出发,挖掘校园文化墙、操场、楼梯间、廊道、班级等处的资源,开发建设"和慧校园"课程,让校园环境文化融入校园各个角落,让每一寸空间都发挥它的教育价值。主题文化墙与廊道文化的课程整合到社团活动或学科拓展课程群教学活动中,班级文化课程可以与班队会课整合实施,争取活用每一项课程资源,开展丰富多彩的活动。(见表 6-13)

表 6-13 校园环境课程设置表

地点	课程目标	课程资源	活动设计
"和慧校园"主题文化墙	利用校园文化墙,结合活动开展,让孩子们感受校园环境的魅力,增强文化自信心	1. 民族团结文化浮雕和展示墙 2. 课程理念雕塑 3. 大门口文化展示墙 4. 楼梯间展示墙 ……	1. 一年级新生入学仪式在主题墙旁边设立"签名墙",让孩子感受校园文化的魅力 2. 民族团结教育活动月,组织学生观文化墙,了解少数民族的特色和民族英雄的事迹 3. 毕业合影,在校园每个角落留下纪念
"和慧校园"廊道	将阅读名言警句、英雄人物的事迹与学生作品结合布置廊道,结合开展相应的活动,让学生把阅读的理念铭记心间	1. 读书的名言警句 2. 英雄人物的事迹 3. 学生学习成果 4. 班级绿植 ……	1. 经典诵读会 2. 读书分享会 3. 各种社团展示 4. 绿植评比 ……
"和慧班级"	以学校特色和校园文化创设各具特色的班级氛围,开展合适的班级活动,陶冶学生情操,增强班级凝聚力	1. 特色班牌 2. 学生各类作品秀 3. 黑板报 4. 图书角 ……	1. 教室环境布置 2. 设计班级口号 3. 好人故事会 4. 评选展示学生各类作品 ……

(二)"和慧校园"的评价要求

我们根据"和慧校园"隐性课程的内涵,要求各个班级打造"最美廊道"和"最美班级"的活动,评价廊道和班级内部的布置情况。廊道和班级的布置要充分考虑育人因素,同时要求外观新颖美观、主题突出,根据班级特点、节日等定期进行更换,达到给学生以潜移默化的影响,具体评价标准如下。(见表 6-14)

表 6-14 "和慧校园"课程评价量表

评价内容	评价标准	分值	得分
校园环境布置	1. 各版块主题鲜明,突出学校文化内涵,陶冶师生情操。	10	
	2. 宣传栏(版块)内容更新及时,体现时代感。	10	
	3. 墙面(地面)干净整洁,无卫生死角。	10	
	4. 文字内容无错别字。	10	

评价内容	评价标准	分值	得分
教室布置	1. 简洁大方，设有团队角、图书角、荣誉栏、作品展示栏。	5	
	2. 教室门口制作有本班简介、班级宣言、班主任和辅导老师寄语等个性化内容。	5	
	3. 桌椅摆放整齐、物品放置整齐、室内无乱涂乱画痕迹。	5	
	4. 教室外绿植摆放整齐、漂亮美观，及时浇水呵护。	5	
活动开展	1. 主题鲜明，形式新颖，效果良好。	10	
	2. 教师组织有序，学生积极性高。	10	
	3. 与学科教学、班队会活动有机整合，每月至少开展一次主题活动。	10	
	4. 活动展示时，能清晰流利地进行解说。	10	
合计得分		100	

八、创意"和慧探究"，落实项目学习课程

我校在保证基础课程和丰富社团活动的基础上，以让学生养成良好的学习探究习惯为目标，创意"和慧探究"，分别从"小乐器进课堂""集体生日会""揭开零食的神秘面纱""争做小小理财师"等项目学习课程，以问题引领和任务驱动的形式，让学生在项目学习中充分发挥自己的才智和创意，不断提高学科核心素养和知识在生活中的应用水平。

（一）"和慧探究"的课程设计

项目学习课程要关注三点：一是学生是自己学习的决策者。学生直接参与学习过程：从收集信息、制订计划、选择方案、实现目标、反馈信息到评价成果，通过问题的解决和任务的完成，主动构建自己的知识。二是团队协作是项目成功的关键。项目式学习要求团队成员取长补短，在互相帮助和共同分享中完成多样化的学习，为了共同的目标协同努力，既分享自己的智慧，贡献自己独立学习所得，又能在合作中汲取营养，完善自己的知识体系，形成知识建构。三是要强调学生的个性化学习。项目式学习必须充分考虑学生的兴趣、特长，只有当学习的话题、内容与学生的实际生活和兴趣点相契合，才能促进真实学习的发生。

基于我校是外来务工子女学校,家长大多忙于生计和工作,无暇顾及孩子,对孩子的学习和心理关注不够,孩子缺乏必备的生活常识,眼界不够开阔,艺术素养亟需提升,基于此,我们设计了以下项目学习课程。(见表6-15)

表6-15 "和慧探究"课程设置表

项目名称	课程目标	课程资源	活动设计
小乐器进课堂	在学会基本音乐理论常识的基础上,让学生掌握一项专门的器乐,进一步提高学生的音准,增强学生探究同类器乐的兴趣和能力。	1. 合唱和舞蹈社团已经成立,可将器乐融入进去。 2. 有专业的器乐老师。 3. 有专业的器乐设备。	1. 每周上一次口风琴音乐课,专门训练。 2. 学期末进行口风琴集体展演。 3. 进一步探究电子琴的使用,进行专业训练。
集体生日会	每个班级每年筹备一次集体生日会,培养集体协作意识,通过活动策划和预算,弘扬节约的传统美德。	1. 师生配合。 2. 家长支持。	每学年举行一次集体生日会,由班主任组织,各班自定主题和时间,自主策划活动流程、动手制作礼物和食物,控制成本,厉行节约。
揭开零食的神秘面纱	通过对同学们喜欢零食的调研和评分,多角度分辨零食的"红绿灯",学会智慧健康地生活,培养学生发现问题、分析问题和解决问题的能力及小组合作探究能力。	1. 有活动场地。 2. 有学科融合。 3. 有其他社团的理论和实践支持。	各年级组成探究小组,由科学老师带领学生,对零食进行分类,并给出建议,提示大家如何补充营养,增强免疫力。
争做小小理财师	通过对零花钱的认识和管理,结合学习与生活实际需求签订零花钱合同,加强学生对平等、尊重、契约、合作精神的理解,锻炼理解和沟通能力,并锻炼合同行文编制的能力。	1. 有零花钱和班费。 2. 有数学和电脑知识作为理论基础。	各班由数学老师带领,成立探究小组,认识人民币、管理零花钱、征集班费、制定零花钱合同、争当小小理财师,开展活动。

上述项目学习课程分别由对应活动的学科老师具体设计、策划,活动于开学初制定到学校工作历中,可与社团或其他活动进行整合。

（二）"和慧探究"的评价要求

项目学习课程是在教师指导下,以学生为中心,通过问题驱动完成一个完整的实践性项目而进行的教学活动。因此结合课程实际,我们主要从项目学习课程方案的制订与计划、探究与实践、交流与分享、成果与反馈这几方面进行评价。(见表6-16)

表6-16 "和慧探究"课程评价量表

评价内容	评价标准	分值	得分
制订与计划	1. 项目要对学生分组,注意男女生搭配,有小组负责人。	10	
	2. 教师要组织成员集体讨论,整理意见,制订科学的计划。	10	
	3. 要人人参与。	10	
探究与实践	1. 学生要根据分工独立完成各自任务,同时要兼顾小组合作。	10	
	2. 教师要适当引导、鼓励学生大胆创新。	10	
	3. 学生要对探究和实践进行归纳总结,梳理项目实施的思路。	10	
交流与分享	1. 每个小组进行交流分享,其他组同学先聆听再补充。	10	
	2. 教师要集中进行总结,并提出进一步的探究思考。	10	
	3. 学生自评、小组互评和教师评价相结合,综合评价。	10	
成果与反馈	每次活动后,收集资料,并发送美篇。	10	
合计得分		100	

总之,我校秉承"和慧教育"的哲学理念,坚持以学生的发展为本,优化课程结构,整合各类课程资源,调动师生积极性,构建适切的课程体系,立志实现"让每一个孩子向着智慧生长"的课程目标,将课程理念融入课程建设的各个方面,为培养"向善、博学、尚美、悦动"的回二少年而不懈奋斗。

(撰稿者:崔庆中 李存 李淑英 王博文 马腾 荆超)

第七章

嵌入性：学校课程管理的统整

学校课程管理应注意协调课程主体间的关系，将课程管理嵌入整个课程体系中，确保课程目标的落实。在课程统整理念下，增强资源统整意识，采取人本化管理，注重制度建设。在保证校长、教导处的领导核心地位的前提下，依托教研组良好的教研氛围优势，家长学生积极配合，让教师、家长也参与到管理体系中来，达到用课程管理规范课程，用课程实施让课程管理更好地嵌入课程体系的效果。"悦之城"课程就是以发挥多方资源为保障，注重幼儿、教师、家长的参与合作，统整教育资源，规范课程管理，确保幼儿园课程建设的科学、有效、可持续。

悦之城课程：
让每一个孩子生活在快乐城堡

　　郑州市管城回族区商城幼儿园是一所隶属于管城回族区教育局的公办性幼儿园，始建于 1983 年。2005 年幼儿园易地重建，2008 年 9 月新园开园。现园区占地面积 2 022 平方米，建筑面积 3 700 平方米，共 12 个教学班，396 名幼儿，教职员工 70 人。幼儿园办园历史悠久，教育文化积淀深厚，2011 年 3 月被评为管城区第一所"河南省示范性幼儿园"。为发挥优质教育资源作用，扩大教育辐射，2020 年 10 月商城幼儿园附属长江东路园区开园，幼儿园进入集团化发展新模式。幼儿园依据 2016 版《幼儿园工作规程》、2001 版《幼儿园教育指导纲要（试行）》、2012 版《3—6 岁儿童学习与发展指南》，制订我园"悦之城"课程规划，实现让每一个孩子生活在快乐城堡。在不断推进幼儿园课程建设的过程中，促进了师幼的共同成长，增强了课程团队的领导力，取得了显著成效。

第一节　奔向自由自在的快乐城堡

一、教育哲学

我园的教育哲学是"悦教育"。英国著名哲学家、社会学家和教育理论家赫·斯宾塞(Herbert Spencer)在 19 世纪便以"快乐"二字作为教育哲学的中心思想,他提出"教育应该是快乐的,孩子在快乐状态下的学习最有效"。

"悦教育"是快乐的教育。追求幸福快乐是人与生俱来的本能需求,每个人只有一次童年,童年经历对人的一生至关重要。我们认为,幼儿心灵生长重于知识,每个孩子都是快乐的天使,快乐赋予幼儿积极、顽强的生命力,快乐是儿童最伟大的事情。

"悦教育"是尊重的教育。瑞吉欧学前教育系统创始人马拉古兹提出:"儿童有强大的不可估的力量,儿童应受到绝对的尊重。"《幼儿园教育指导纲要(试行)》中指出:"幼儿园教育应尊重幼儿的人格和权利,尊重幼儿身心发展的规律和学习特点。"[①]教师要尊重儿童的人格、能力,欣赏儿童的天性、潜力。珍视儿童成长中的每一个时刻,用发展的眼光,尊重、理解、支持他们茁壮成长。

"悦教育"是和谐的教育。和谐是一种关系状态、一种价值取向,更是一种精神境界。教师从创设和谐的情境入手,协调各种教育力量,以儿童为中心,达到全面和谐发展的目标,培养出与自然、与社会、与儿童自身身心发展相和谐的人才。

"悦教育"是创新的教育。教师在教育教学实践中,创新的意识、能力不断增强。教师用专业智慧培养幼儿的创新意识,启迪幼儿的创新思维,利用多种途径优化传统的教学模式,注重在生活中、游戏中激发幼儿的想象力、创造力,丰富他们的视野,开拓创造性思维。

"悦教育"是美好的教育。美好的教育是基于美好体验的教育,是多元共生、美美与共的教育。教师创设愉快的教育环境、教育内容和教育方式去激活幼儿的

---

① 中华人民共和国教育部. 幼儿园教育指导纲要(试行)[M].北京:北京师范大学出版社,2001:1.

求知欲,让他们在学习过程中得到满足,体验成长的快乐,奏响教育的美好之音。

基于上述教育哲学,幼儿园确立了"向着快乐出发"的办园理念。我们努力做快乐的教育,精心把幼儿园打造为教师热爱、幼儿喜爱的"快乐城堡"。

我们的教育信条:

我们坚信,

快乐是儿童的天性;

我们坚信,

快乐是人生最伟大的事;

我们坚信,

向着快乐出发是教育最舒展的姿态;

我们坚信,

把快乐带给每一个孩子是教师的专业智慧;

我们坚信,

让每一个孩子生活在快乐城堡是教育的神圣使命。

二、课程理念

基于"悦教育"之哲学,我园提出了"让每一个孩子生活在快乐城堡"的课程理念,具体内涵如下:

课程即快乐体验。快乐是一种感觉,是一种心情。我们要为幼儿营造一种温馨和谐、轻松愉悦的教育环境,将快乐融入教育活动中,让幼儿在教育过程中感受到快乐,进而在快乐学习、快乐生活中获得有益于身心发展的经验。

课程即个性生长。每一个幼儿都是独一无二的,都有自己的独特性。我们要遵循教育规律和幼儿的身心发展特点,关注孩子的内心需要和个体差异,为其提供适合发展的教育,促进幼儿个性健康成长。

课程即友好交往。交往是人类生存的基本需要。良好的同伴交往有利于幼儿身心健康发展,促进幼儿的社会性交往能力,是幼儿社会化的重要途径,为幼儿营造积极健康的精神环境,使他们在平等和谐、互相信任、互相接纳的环境中懂得尊重、理解、体谅、包容……

课程即美好生活。幼儿园是幼儿集体生活的开始,是他们成长的乐园。我们成人要言传身教、以身作则,共同为他们创造温馨、有爱、平等、自由的家园氛围,使幼儿在成长中收获自尊、自信,树立正确的人生观和价值观,学会亲临美好、拥抱美好、创造美好。

总之,我们将商城幼儿园课程模式命名为"悦之城"课程,让孩子们在"快乐城堡"感受生命的美好,体验成长的快乐,身心愉悦全面和谐地发展。

第二节　培养身心愉悦的快乐儿童

幼儿园课程是为育人目标服务的。因此,确立幼儿园的课程目标,必须首先明晰幼儿园的育人目标。

一、育人目标

我园培养"有爱心、懂礼貌,爱动脑、善表达,乐生活、会玩耍"的"悦宝贝"。

有爱心、懂礼貌:热情礼貌、尊敬长辈、爱人爱己、乐于助人,萌发爱集体、爱家乡、爱祖国的情感,为自己是中国人感到自豪。

爱动脑、善表达:对生活中的事物感兴趣,善于发现、积极动脑、勇于探究、乐于表达,用心灵感受美,用行动创造美,形成受益终身的学习态度和能力。

乐生活、会玩耍:热爱运动、强健体魄,形成良好的生活、卫生习惯,学会遵守规则,与同伴友好玩耍,产生归属感、认同感,建立良好的亲子、师幼、同伴关系。

二、课程目标

我园在《3—6岁儿童学习与发展指南》的基础上,将育人目标进一步细化和总结,并明确了小班、中班、大班的具体课程目标要求。（见表7-1）

表7-1　"悦之城"课程目标表

年龄段	有爱心 懂礼貌	爱动脑 善表达	乐生活 会玩耍
小班	1. 能感受到家庭生活的温暖,爱父母,亲近与信赖长辈。 2. 身边的人生病或不开心时表示同情。	1. 喜欢接触大自然,对周围的很多事物和现象感兴趣。 2. 经常问各种问题,或好奇地摆弄物品。	1. 对幼儿园的生活好奇,喜欢上幼儿园。 2. 对群体生活有兴趣。 3. 情绪比较稳定,很少因一点小事哭闹不止。

年龄段	有爱心 懂礼貌	爱动脑 善表达	乐生活 会玩耍
	3. 在成人提醒下,爱护玩具和其他物品。 4. 爱护图书,知道不乱撕、乱扔。 5. 认识国旗,知道国歌。 6. 长辈讲话时能认真听,并能听从长辈的要求。 7. 愿意在熟悉的人面前说话,能大方地与人打招呼。 8. 能在成人的提醒下使用恰当的礼貌用语。 9. 知道不经允许不能拿别人东西,借别人的东西要归还。	3. 对感兴趣的事物能仔细观察,发现其明显特征。 4. 能用多种感官或动作去探索物体,关注动作所产生的结果。 5. 愿意表达自己的需要和想法,必要时能配以手势动作。 6. 经常自哼自唱或模仿有趣的动作、表情和声调。 7. 能用声音、动作、姿态模拟自然界的事物和生活情景。 8. 能用简单的线条和色彩大体画出自己想画的人或事物。	4. 在教师帮助下能较快适应集体生活。 5. 愿意饮用白开水,不贪喝饮料。 6. 在提醒下,按时睡觉和起床并能坚持午睡。 7. 在提醒下,能遵守游戏和公共场所的规则。 8. 能根据自己的兴趣选择游戏或其他活动。 9. 愿意和小朋友一起游戏。 10. 与同伴发生冲突时,能听从成人的劝解。 11. 想要加入同伴的游戏时,能友好地提出请求。 12. 喜欢户外活动,能在较热或较冷的户外环境中活动。
中班	1. 爱父母长辈、老师和同伴。 2. 理解并遵守生活中基本的社会行为规则。 3. 不欺负弱小。 4. 能注意到别人的情绪,并有关心、体贴的表现。 5. 知道自己是中国人。 6. 升国旗、奏国歌时能主动站好。 7. 别人对自己讲话时能回应。 8. 能主动使用礼貌用语,不说脏话、粗话。 9. 不私自拿不属于自己的东西。	1. 喜欢接触新事物,经常问一些与新事物有关的问题。 2. 常常动手动脑探索物体和材料,并乐在其中。 3. 能对事物或现象进行观察比较,发现其相同与不同。 4. 能根据观察结果提出问题,并大胆猜测答案。 5. 能通过简单的调查收集信息。 6. 能用图画或其他符号进行记录。 7. 愿意与他人交谈,喜欢谈论自己感兴趣的话题。 8. 喜欢把听过的故事或看过的图书讲给别人听。 9. 能通过即兴哼唱、即兴表演或给熟悉的歌曲编词来表达自己的心情。	1. 经常保持愉快的情绪,不高兴时能较快缓解。 2. 喜欢自己所在的幼儿园和班级,积极参加集体活动。 3. 有比较强烈情绪反应时,能在成人提醒下逐渐平静下来。 4. 愿意把自己的情绪告诉亲近的人,一起分享快乐或求得安慰。 5. 常喝白开水,不贪喝饮料。 6. 每天按时睡觉和起床,并能坚持午睡。 7. 与同伴发生冲突时,能在他人帮助下和平解决。 8. 知道接受了的任务要努力完成。 9. 喜欢和小朋友一起游戏,有经常一起玩的小伙伴。 10. 会运用介绍自己、交换玩具等简单技巧加入同伴游戏。 11. 对大家都喜欢的东西能轮流使用、分享。

年龄段	有爱心 懂礼貌	爱动脑 善表达	乐生活 会玩耍
大班	1. 学习互助、合作、分享。 2. 爱集体、爱家乡、爱祖国。 3. 爱惜物品，用别人的东西时也知道爱护。 4. 爱护身边的环境，注意节约资源。 5. 知道自己的民族，知道中国是一个多民族的大家庭，各民族之间要互相尊重、团结友爱。 6. 知道国家的一些重大成就，爱祖国，为自己是中国人感到骄傲。 7. 能有礼貌地与人交谈。 8. 能关注别人的情绪和需要，并能给予力所能及的帮助。 9. 接纳、尊重与自己生活方式或习惯不同的人。 10. 尊重为大家提供服务的人，珍惜他们的劳动成果。	1. 对自己感兴趣的问题总是刨根问底。 2. 能经常动手动脑寻找问题的答案。 3. 探索中有所发现时感到兴奋和满足。 4. 能通过观察、比较与分析，发现并描述不同种类物体的特征或某个事物前后的变化。 5. 能用一定的方法验证自己的猜测。 6. 能用数字、图画、图表或其他符号记录。 7. 探究中能与他人合作与交流。 8. 愿意与他人讨论问题，敢在众人面前说话。 9. 愿意和别人分享、交流自己喜爱的艺术作品和美感体验。 10. 能用多种工具、材料或不同的表现手法表达自己的感受和想法。	1. 在群体活动中积极、快乐。 2. 能随着活动的需要转换情绪和注意力。 3. 积极参与艺术活动，有自己比较喜欢的活动形式。 4. 能用自己制作的美术作品布置环境、美化生活。 5. 能熟练使用筷子。 6. 能使用简单的劳动工具或用具。 7. 主动饮用白开水，不贪喝饮料。 8. 养成每天按时睡觉和起床的习惯。 9. 有自己的好朋友，也喜欢结交新朋友。 10. 能想办法吸引同伴和自己一起游戏。 11. 活动时能与同伴分工合作，遇到困难能一起克服。 12. 与同伴发生冲突时能自己协商解决。

每一个儿童都是独立发展的个体，"悦之城"课程顺应儿童自然成长规律，从他们的兴趣需求出发，支持幼儿在轻松愉悦的游戏氛围中构建知识、习得经验，促进每个儿童从原有水平向更高水平发展，培养身心愉悦的快乐儿童。

第三节 探寻生活美好的多彩课程

依据幼儿园"悦教育"哲学,以及"让每一个孩子生活在快乐城堡"的课程理念,我们整体建构了幼儿园"悦之城"课程体系,实现"有爱心、懂礼貌,爱动脑、善表达,乐生活、会玩耍"的育人目标。

一、幼儿园课程逻辑

幼儿园课程是一个完整的体系,根据幼儿园课程理念及育人目标,形成"悦之城"课程。以下是"悦之城"课程逻辑图。(见图 7-1)

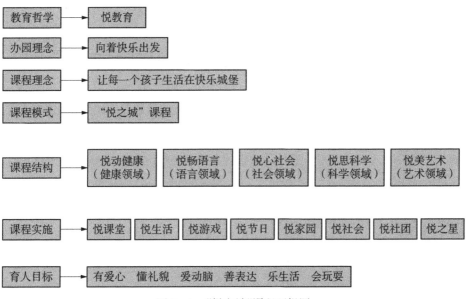

图 7-1 "悦之城"课程逻辑图

二、幼儿园课程结构

"悦之城"课程由悦动课程(健康领域)、悦畅课程(语言领域)、悦心课程(社会

领域)、悦思课程(科学领域)、悦美课程(艺术领域)五大快乐城堡的学科内容组成,结构如下。(见图7-2)

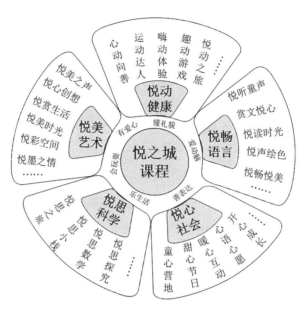

图7-2 "悦之城"课程结构图

悦动课程以《3—6岁儿童学习与发展指南》健康领域幼儿发展的目标为依据,建构了"心动向善""运动达人""嗨动体验"三个课程板块,在各种游戏活动中促进幼儿身体和心理良好发展。通过多种形式的亲子活动,实现愉悦动情,让幼儿的心灵充满阳光。

悦畅课程以《3—6岁儿童学习与发展指南》语言领域幼儿发展的目标为依据,我园设置了悦畅悦美、悦声绘色、悦读时光、赏文悦心、悦听童声五大板块的语言课程。从倾听与表达、阅读与书写准备这两方面目标,采用趣味游戏、亲子阅读、经典悦畅绘本馆欣赏等形式,使他们在活动中感受语言的魅力,从而实现想说、敢说、喜欢说。

幼儿的社会认知能力是在亲身参与和体验中建构起来的。悦心课程以《3—6岁儿童学习与发展指南》社会领域幼儿发展的目标为依据,渗透在游戏、学习和幼儿一日生活的各个环节之中,设置了开心成长、心语心愿、暖心互动、甜心节日、童心营地等,通过集体教学、趣味游戏、亲子互动、节日教育、社会实践等途径促进幼儿的社会性发展。

悦思课程以《3—6岁儿童学习与发展指南》科学领域幼儿发展的目标为依据,我园设置了悦思课堂、悦思植物乐园、悦思大发现、悦思宝宝玩科学、悦思亲子活动五大板块实施悦思课程,师幼不断发现、探索生活中的科学,使之形成关注自然、积极主动、大胆探究、同伴互助的良好学习品质。

悦美课程以《3—6岁儿童学习与发展指南》艺术领域幼儿发展的目标为依据,我园设置了悦美之声、悦心创想、悦美时光、悦赏生活、悦彩空间等。顺应幼儿个性、自由、本真的特质,尊重幼儿的年龄发展特点,遵循艺术领域的发展规律,教师和家长充分创造条件和机会,助力他们在生活中发现美、感受美、表现美和创造美。

三、幼儿园课程设置

根据"悦之城"课程,立足幼儿需求,结合幼儿园课程资源,对课程的内容体系进行系统设置。(见表7-2)

表7-2 "悦之城"课程设置表

		悦动课程	悦畅课程	悦心课程	悦思课程	悦美课程
小班	上学期	快乐上幼儿园 病菌躲猫猫 礼貌小天使 红绿灯眨眼睛 ……	小兔上幼儿园 水果宝宝去旅行 小叶子的话 妈妈抱抱我 漂亮的雪人朋友 祝你新年快乐 ……	爱的甜甜话 甜甜的微笑 抱一抱 欢喜过大年 ……	我的身体 橘子的秘密 糖宝变身记 神秘光影 ……	爱上幼儿园 好朋友做游戏 挠挠小怪物 小熊吹泡泡 雪人之家 太阳娃娃的新发型 ……
		小白兔种萝卜 小袋鼠回家 ……	森林书院 手偶表演 悦畅绘本馆 电视机 ……	娃娃家 宝贝甜品店 汽车餐厅 宝宝小医院 ……	母鸡生蛋 糖葫芦 松鼠的家 送糖宝回家 ……	我和纸球做游戏 笑脸娃娃 毛毛虫的聚会 妙妙饼干屋 甜甜的糖葫芦 水墨游戏 ……

		悦动 课程	悦畅 课程	悦心 课程	悦思 课程	悦美 课程
		帮农民伯伯收 果实 捕鱼达人 ……	睡前小故事 宝贝阅读日 图书换一换 ……	爸爸的胡子 奇怪的名字 冬日暖身操 仰脸搭高楼 忙年谣 ……	水果宝宝上 火车 动物找影子 小动物的晚餐 飞得更远 ……	世界名钢琴曲 纯音乐： 《卡农》 《童年》 《摇篮曲》 认识笔、墨 ……
		抬花轿 阳光小天使 ……	我的爸爸 我喜欢的水果 小白兔吃青菜 山上有个木 头人 欢迎来做客 ……	老师,辛苦了 中秋节 认识国旗 品尝饺子 庆元旦,迎 新年 ……	动物好朋友 秋天的果实 冬宝宝 叶子变了 ……	什么乐器在 唱歌 小小手大本领 一起玩水墨 水墨彩趣
下学期		长大笑哈哈 小宝贝去医院 清凉的夏天 我会安全捉 迷藏 ……	小雨和小草 玩具火车轰隆 轰隆 挤啊挤 云朵棉花糖 ……	寻找春天 爱心花园 去春游 好朋友 ……	我的五官 动物找尾巴 跳舞的纸屑 开心垂钓 ……	小朋友,想一想 可爱的小动物 大雨小雨 柳树 花儿一朵朵 米罗烈日当空 ……
		枪林弹雨 小蚂蚁搬家 ……	我爱阅读 故事盒子 小书虫 ……	小小建筑师 明星小舞台 贝贝超市 爱心鲜花店 ……	数量密码 疯狂打地鼠 饼干专卖店 玩具在哪里 ……	小斑马的床单 彩虹滑滑梯 可爱的小熊 棒棒糖 我和线条玩 游戏
		超人大战蜘 蛛侠 椅子好朋友 ……	图书漂流站 好书推荐箱 亲子童话剧 ……	厨房里的镜子 苹果皮变变变 身边的多米诺 骨牌 气球喷泉 ……	送小动物回家 找椅子 谁和我在一起 红黄蓝手拉手 垫上舞者 ……	世界名钢琴曲 纯音乐： 《蓝色多瑙河》 《秋日私语》 《天鹅湖》 ……

		悦动课程	悦畅课程	悦心课程	悦思课程	悦美课程
		纸盒变变 快乐小健将 ……	春天来了 小手真能干 我喜欢的玩具 甜甜的糖果 神奇口袋宝 贝多 ……	妈妈,我爱你 踏青记 感恩的心 童乐六一 戴香包 品甜粽 ……	春天来报到 青蛙变变变 雨天的宝贝 我和水宝宝 ……	小小园艺师 闪亮小舞台 ……
中班	上学期	妮妮的粉红裙 清洁小天使 洗手好习惯 会咬人的电 老虎 ……	秋天到处走走 动物好朋友 我想帮忙 雪人不见了 ……	我爱我的家 感恩的笑脸 秋天的水果 兔子先生去 散步 过个开心年 ……	我长高了 吃植物的哪 部分 米中寻宝 会唱歌的瓶子 会跳的蛋 神奇的分层 ……	小树叶的旅行 小熊吃蜂蜜 小兔和狼 欢乐舞曲 美丽的菊花 梵·高《星空》 ……
		勇敢的小兵 飞快的小猎豹 ……	气象播报站 图书吧 你说我猜 ……	乐乐医院 梦想小舞台 美美理发店 小飞侠邮递员 ……	美丽的花园 送糖宝宝回家 节日的气球 小飞鸟 ……	帅气的达达 可爱的蜗牛 泥碗 美丽的蝴蝶 ……
		百变长绳 采蜂蜜 ……	图书漂流 阅读小达人 世界读书日 宝贝故事沙龙 ……	一起去看流 星雨 吸管魔力转圈 "橘花"朵朵开 我想飞得更高 玩转报纸 ……	插花 小树叶回家 小狗糖果店 神奇的磁铁画 ……	儿童剧音乐: 《天鹅湖序曲》 《孤独的牧 羊人》 交响乐: 《贝多芬第九 交响曲》 ……
		心心相印 我运动我快乐 ……	暑假趣事 我的一家人 欢乐国庆节 有趣的传话 小小邮递员 我来说你来猜 ……	教师节 我会做月饼 手工《五彩缤 纷的菊花》 亲子包饺子 元旦联欢会	小麦生长记 美丽的花儿 树叶宝宝集合 雪娃娃 ……	童真墨趣 童声畅响 ……

		悦动课程	悦畅课程	悦心课程	悦思课程	悦美课程
下学期		小熊感冒了 小猴学本领 爱它就不要伤害它 饮食安全我知道 ……	春雨 蘑菇房子 小兔子找太阳 小猪嘟嘟的故事 ……	我长大了 分享真快乐 自己的事情自己做 赶走坏心情 ……	牙齿的秘密 小种子大集合 漂浮的小球 神奇的密写术 ……	大花猫和小老鼠 郊游 夏天的雷雨 帽子舞 梵·高《向日葵》 微笑的向日葵 ……
		奔跑吧,宝贝 星球大碰撞 ……	金话筒广播站 图书剧场 你问我答 图书编辑部 ……	欢乐玩具城 香香奶茶店 重庆火锅 旺仔剧场 ……	蝴蝶穿花衣 比一比 寻宝记 合唱团 ……	星空 拼拼乐 小兔真可爱 卷筒小人 ……
		青蛙王子 水果沙拉 ……	悦畅绘本馆 书香宝贝 悦畅绘本剧表演 ……	爱5分钟 躲进你的影子里 纽扣大布阵 看我的"流星剑" 有趣的东南西北 ……	抢阵地 欢乐城堡 图形宝宝变变变 数字补丁 ……	小提琴名曲: 《回忆》 竹笛名曲: 《喜相逢》 二胡名曲: 《二泉映月》 ……
		彩虹的尽头 创意游戏大集合 ……	长大做什么 端午节习俗 我喜欢的海洋动物 水可以用来…… 开火车 照相馆 ……	我给妈妈献枝花 清明节 趣玩六一 做香包,庆端午 ……	夏天,我想和你吹泡泡 光的颜色 巧取瓶中水 垃圾桶的愿望 ……	商幼好声音 我型我秀 ……
大班	上学期	五个好帮手 只爱吃肉的球球 心情大不同 我会注意	丰收的秋天 小松树访友 小猪变形记 新年礼物 ……	国旗多美丽 民族大家庭 冬天里的动物 垃圾桶的愿望 年画和春联	食物的旅行 动物是怎样过冬的 弹力大发现 空气变变变	《十二生肖歌》 《木瓜恰恰恰》 《彩绸舞》 《窗花》 《虎头帽》 河南烩面 莫奈《睡莲》 ……

		悦动课程	悦畅课程	悦心课程	悦思课程	悦美课程
		小马过河 虎口拔牙 ……	有趣的皮影戏 我是小导游 这样做图书 悦畅绘本馆 小剧场 ……	小小导游 亮亮烧烤店 送垃圾宝宝回家 创意空间 ……	恐龙下蛋 我是谁 捡珍珠 漂亮的马甲 ……	变麻花 我给瓶子穿衣裳 拉坯笔筒 拉坯罐子
		探险花果山 下雪了 ……	好书推荐 阅读打卡 故事小书签 ……	气球不落地 谁先数到底 葵花籽，摆一摆 仔细想想再出手 抢夺三角阵地 ……	破译电话号码 漂亮的贝壳 翻牌游戏 动物列车 ……	民族音乐： 蒙古：《森吉德玛》 新疆：《阿拉木汗》 傣族：《月光下的凤尾竹》 ……
		旋转的风火轮 飞龙过江 ……	我升大班了 我去过的地方 晴天好还是雨天好 奇怪汽车我来答 句子美容师 有用的绳子 ……	巧手绘画好老师 月亮的秘密 观看国庆阅兵 我会包饺子 新年游园会 ……	蚂蚁去哪了 植物的生长条件 我来照顾你 水变干净了 ……	小小演奏家 化装舞会 家园合唱团 ……
下学期		食物的旅行 小天使与小魔鬼 我换牙了 守护健康小卫士 ……	我要上小学啦 祖国，祖国，幸福的摇篮 我想摸摸天空 王婆卖瓜 ……	我要上小学啦 我会整理小书包 妙用一分钟 小小闪光点 ……	指纹档案 我从哪里来 果实长在哪里呢？ 奇妙的盐 会跳舞的铅笔 气压的秘密 ……	我们毕业了 森林音乐会 花之舞 幼儿园的美好时光 毕加索的梦
		我是跳远小健将 士兵训练营	草莓电视台 小小辩论赛 创意书签	今天我主持 晨光文具店 阳光花坊 茶馆棋社 ……	孔雀开屏 音乐会 符号大集合	蚂蚁兄弟 鳄鱼多多 我设计的花瓶 拉坯机真有趣 ……

		悦动课程	悦畅课程	悦心课程	悦思课程	悦美课程
		好玩的身体 神枪手 ……	古诗诵读 制作绘本小书 ……	纸币"背后"的秘密 西瓜棋 找找三点水 油珠水珠来赛跑 数字画画 ……	小蛇出洞 一寸虫 平衡小站 旋转乐园 ……	戏曲国粹： 京剧:《说唱脸谱》《智取威虎山》 豫剧:《穆桂英挂帅》 ……
		椅子瑜伽 悦动梦想,健康成长 ……	我知道的学习用品 红领巾的故事 我的梦想 不一样的词语接龙 我给故事改结局 ……	最美妈妈展 缅怀先烈 六一舞蹈汇演 创意香包秀 ……	土培和水培 春笋来报到 开心菜园 蚕宝宝成长记 会变色的房子 ……	明星小舞台 童年艺术展 商幼庙会 ……

　　"悦之城"课程是有趣的、多彩的课程,紧密围绕五大领域,注重各领域之间的相互渗透、融合。课程贴近幼儿实际生活,能够激发幼儿的参与性,唤醒幼儿的已有经验,使他们在直接感知、亲身体验、实际操作中增长知识,探寻生活的美好。

第四节　描绘天真童年的美丽画卷

课程实施是为每一位儿童创设快乐成长的过程，让教师体验教育幸福的历程，让园所彰显育人特色的进程。幼儿园通过"悦课堂""悦生活""悦游戏""悦节日""悦家园""悦社会""悦社团""悦之星"八个方面践行"悦教育"，实施"悦之城"课程。

一、构建"悦课堂"，激发兴趣之花

"悦课堂"是凝聚教师的教育智慧，以幼儿为中心，将兴趣、需要、能力发展作为课程实施的前提和基础，并随幼儿能力提升和兴趣需要不断变化、调整，做幼儿的支持者、合作者、引导者，实施快乐的教育。

（一）"悦课堂"的实践操作

幼儿园依据《3—6岁儿童学习与发展指南》，结合幼儿年龄特点和发展目标，研讨细化各领域核心经验，深耕细作，构建商城幼儿园"悦课堂"主题教学内容，为幼儿的学习与发展提供更丰富的资源和广阔的空间。

关注幼儿身心健康。《3—6岁儿童学习与发展指南》中指出："发育良好的身体、愉快的情绪、强健的体质、协调的动作、良好的生活习惯和基本生活能力是幼儿身心健康的重要标志，也是其他领域学习与发展的基础。"[1]借助生动有趣的课堂，促进幼儿身心健康发展，如健康活动"心情大不同""我换牙了"等。

关注幼儿语言表达。为幼儿创设自由、宽松的语言交往环境，鼓励和支持幼儿与成人、同伴交流，让幼儿想说、敢说、喜欢说并能得到积极回应的语言环境。如语言活动"小兔上幼儿园""动物好朋友""我要上小学啦"等。

关注幼儿社会性发展。人际交往和社会适应是幼儿社会学习的主要内容，也是其社会性发展的基本途径。营造情景式、游戏式的活动氛围，引导幼儿与成人

---

[1]　中华人民共和国教育部.3—6岁儿童学习与发展指南[M].北京:首都师范大学出版社,2012:1.

和同伴的交往过程中,学习如何与人友好相处,不断发挥适应社会生活的能力。如社会活动"爱的甜甜话""分享真快乐""合作力量大"等。

关注幼儿科学探索兴趣。保护幼儿的好奇心,利用自然和实际生活机会,引导幼儿通过观察、比较、操作、试验等方法,学习发现问题、分析问题和解决问题。如科学活动"橘子的秘密""漂浮的小球""弹力大发现"等。

关注幼儿艺术创造力。为幼儿创造条件和机会,在大自然和社会文化生活中萌发幼儿对美的感受和体验,丰富幼儿想象力和创造力,并鼓励幼儿用自己喜欢的方式去表现美和创造美。如艺术活动"小熊吹泡泡""微笑的向日葵""森林音乐会"等。

(二)"悦课堂"的评价标准

"悦课堂"评价以促进每个幼儿发展,促进教师自我成长来展开,主要围绕课程是否达到预期目标、课程实施过程中存在的问题、课程是否对幼儿具有吸引力、课程的后续发展等方面进行评价,特制定管城回族区商城幼儿园"悦课堂"评价表。(见表7-3)

表7-3 "悦课堂"评价表

项目	评价要点	一级 10分	二级 8分	三级 6分
目标与内容	1. 目标细化分解明确、具体,符合幼儿发展水平和实际活动。			
	2. 内容选择适合幼儿年龄特点和认知水平。			
结构与过程	3. 结构合理,层次清楚,环节过渡科学、自然、有序。重点突出、难易得当,体现综合性、渗透性。			
	4. 教学组织形式恰当,活动过程注意面向全体,体现幼儿的主动参与和能力培养。			
学法与教法	5. 注重幼儿的参与感知、探索操作等实践活动,提高幼儿的创造思维水平。			
	6. 以幼儿为主体,方法灵活、恰当。			
教学基本功	7. 教态亲切自然,语言准确规范,富有感染力,教育机制灵活(能根据幼儿活动中的反应及时调整教育行为)。			
	8. 教具设计科学、运用恰当。			

项目	评价要点	一级 10分	二级 8分	三级 6分
活动效果	9. 幼儿主动学习,思维活跃,动手动脑。			
	10. 活动中表现出一定的想象、创造、操作、交流及合作,活动效果较好。			
评价周期	月	评价	教学负责人(签字)	

二、共享"悦生活",感受生活之美

陶行知提出:"生活即教育,一日生活皆课程。"教师要珍视生活的独特价值,将幼儿生活需要和兴趣需求作为重要的出发点,设计贴近幼儿生活的教育内容,使幼儿在愉悦的氛围中潜移默化地学会遵守规则与秩序,促进幼儿良好行为习惯,身心健康和谐发展。

(一)"悦生活"的课程设计

教师依据《3—6岁儿童学习与发展指南》,创设健康、温馨、有趣的生活环境。通过合理安排幼儿一日生活环节,开展科学、有序的生活活动,形成动静交替、有张有弛的生活节奏,做到生活教育化、教育生活化,助力幼儿建立新经验,养成好习惯。

聚焦幼儿生活中的习惯养成。发挥一日环节的教育价值,引导幼儿养成良好的规则意识和习惯。教师要把握生活活动中的个别化指导,使幼儿最大限度地发挥学习的主动性,获得自我管理的经验。如开展文明礼仪、午后时光等活动环节,教师通过与幼儿进行积极的互动,丰富幼儿餐桌礼仪、规则养成的相关经验,使幼儿感受到作为班集体中"社会成员"的归属感。

聚焦幼儿生活中的情感熏陶。一日生活中组织欣赏活动,如餐前前奏、甜蜜时刻、午睡唤醒等,让生活伴随着美妙的旋律,幼儿在温馨、融洽的氛围中愉快地进餐、安心地入睡,在生活活动中欣赏美、感受美,丰富幼儿生活中的情感熏陶。

聚焦幼儿生活中的能力发展。儿童有强大的不可估的力量。《幼儿园教育指导纲要(试行)》中指出:"幼儿园教育应尊重幼儿的人格和权利,尊重幼儿身心发展的规律和学习特点。"①我们坚信幼儿能力的提高是一个不断发展的过程,是在生活实践中积累起来的,通过为他们提供多种机会、时间和空间,以尊重、发展的眼光理解、支持幼儿,实现让每一个幼儿从原有水平向更高水平的发展。

(二)"悦生活"的课程评价

"悦生活"开展一个月,同年级教师进行分组和集体教研,根据评价表汇总开展情况,及时调整内容,优化下一阶段实施计划。(见表7-4)

表7-4 "悦生活"课程评价表

序号	评价内容	评价标准		评价等级 (ABC)
1	活动准备	准备充分,有目的、有计划。		
2	内容选取	符合幼儿的年龄阶段,多样、有欣赏价值。		
3	幼儿表现	是否愿意参加活动,是否有热情。		
4	评价反思	有目的、有计划,及时调整、提升。		
5	评价周期	月	评价	教学负责人(签字)

三、创设"悦游戏",点燃生命之花

"悦游戏"以幼儿为中心,顺应幼儿的学习规律和年龄特点,注重幼儿在游戏过程中的主动探索与积极表现,珍视游戏的独特价值,使幼儿能够在愉快的游戏中自主交往、主动探索获得经验,真正成为游戏的主人。

(一)"悦游戏"的课程设计

"悦游戏"的课程涵盖区域游戏、角色游戏、户外游戏和功能室游戏四大类型,又分为班级式、年级式和全园式三种形式。班级区域游戏,能够满足不同能力水平的幼儿进行个别化的学习;年级式的游戏形式,在同年龄班联合开展户外游戏,为幼儿创设互动、交往、学习的平台。全园式的游戏形式,打破班级、区域,让幼儿自主选择场地、同伴进行游戏,能够帮助幼儿产生爱玩、想说、积极交朋友的美好情感,促进幼儿之间的社会交往和经验学习。

---

① 中华人民共和国教育部.幼儿园教育指导纲要(试行)[M].北京:北京师范大学出版社,2001:1.

区域游戏:幼儿的学习特点是以直接经验为主,为满足幼儿直接经验的积累,幼儿园提供充足的操作材料,使幼儿通过"直接感知、实际操作、亲身体验"获得直接经验。幼儿园区域游戏是根据小、中、大幼儿的年龄特点,提供难易程度不同的游戏材料,满足幼儿全面发展和个性化发展的需要。每周一至周五下午开展区域游戏。

角色游戏:幼儿通过扮演角色,运用模仿、想象,创造性地反映现实生活的一种游戏。各班级根据幼儿的兴趣,创设生动形象的游戏环境及道具,如娃娃家、小超市、美发店等,在游戏中提高幼儿社会交往水平。

户外游戏:利用户外游戏器械,有计划地组织户外游戏,每天至少1—2个小时户外游戏时间。在游戏中,锻炼幼儿走、跑、跳、攀爬等综合能力的发挥,获得良好的意志品质。

功能室游戏:为幼儿营造自然、自主、自由的游戏环境,让他们在活动中逐步养成积极主动、认真专注、不怕困难、敢于探究等良好的学习品质,有效促进幼儿身心全面和谐发展。每周一至周五小、中、大班分时间段进行游戏。

(二)"悦游戏"的课程评价

教师通过观察幼儿游戏时的反应、与材料的互动等情况,撰写观察记录,月末结合"悦游戏"课程评价表进行研讨,及时调整游戏内容,确保游戏的可持续性。(见表7-5)

表7-5 "悦游戏"课程评价表

评价内容	评价标准	一级 20分	二级 15分	三级 10分
材料准备	开放适度、支持跟进有效。			
儿童游戏	自主投入充分、想象创造、学有所获。			
观察指导	观察解读判断到位、介入支持互动有效。			
师幼关系	儿童充分自发、教师专业引发,融洽、和谐。			
开启和评价	有目的、有计划、有提升。			
优点及建议				
评价周期	月	评价	教师(签字)	

四、做活"悦节日",感受文化之韵

"悦节日"凝结中华民族精神,承载中华民族文化血脉和思想精华,集中体现中华民族勤劳勇敢、尊老爱幼、追求和平、团结合作等优秀品质和精神。"悦节日"以幼儿生活经验为基础,挖掘幼儿园、家庭和社会的有效资源,根据节日类型,设计适宜幼儿参与的活动方案,通过多种活动方式帮助幼儿了解不同节日的风俗习惯和节日文化,注重幼儿的情感体验,引导幼儿感受中国节日的文化,增强生活仪式感。

(一)"悦节日"的课程设计

我园从中国传统节日、现代节日、园定节日实施节日教育,通过环境创设、集体活动、家园共育等形式,使幼儿感受节日的意义与内涵,体会传统节日的魅力。(见表7-6)

表7-6 "悦节日"课程设置表

时间	节日	主题	内容
一月	元旦	庆元旦	亲子元旦联欢活动、元旦画展、亲子游戏、汇报演出
	春节	欢欢喜喜过大年	赏年画、剪窗花、贴对联、拜年送祝福、我的新年愿望
	元宵节	点灯笼、闹元宵	甜甜的元宵、DIY亲子灯笼、赏灯猜谜
	腊八节	甜甜腊八节	唱歌谣、喝腊八粥、念儿歌、腌制腊八蒜
三月	清明节	清明拜祖	蛋宝宝站起来、祭奠先烈、踏青赏春、放风筝
	植树节	绿书签活动	制作树叶书签、种植园地、社区宣传
	艺术表演节	亲子阅读 我是小演员	亲子阅读打卡分享 亲子原创悦畅绘本馆大赛
五月	劳动节	劳动最光荣	争当劳动标兵、爸爸妈妈辛苦了、各行各业工作的人们
	端午节	浓情端午	包粽子、吃粽子、编五色线、做香囊
	母亲节	妈妈我爱你	最美妈妈、给妈妈送祝福、夸夸我妈妈、采访妈妈、送给妈妈的礼物
六月	儿童节	欢乐庆六一	游园乐翻天、"六一"童话剧、"六一"汇演
	毕业欢乐节	商幼毕业季	大带小我真棒活动、毕业晚会、童心画祖国、萤火虫之夜、毕业典礼
九月	中秋节	团圆中秋	制作月饼、探秘月亮、大家来赏月
	教师节	感恩教师节	老师谢谢您、老师我想对你说、我和老师的秘密

时间	节日	主题	内容
十月	国庆节	祖国妈妈我爱您	红歌传唱、红色情景剧、伟大的四大发明、美丽中国
十一月	水墨艺术节	笔情墨韵	水墨画展、大手拉小手、共筑水墨情
十二月	冬至	暖暖冬至情	包饺子、二十四节气歌、亲子活动

（二）"悦节日"的课程评价

根据"悦节日"的课程意义和内容，结合每个节日的方案设计、实施过程、效果呈现等方面进行评价。（见表 7-7）

表 7-7 "悦节日"课程评价表

对象	评价内容	评价标准	分值	评价
幼儿	活动过程	1. 兴趣浓厚，积极参与，主动操作、感知。 2. 能积极表现动手、动脑。 3. 大胆回答问题，有探索精神。	25	
	学习效果	1. 认真听取同伴意见，发表不同见解。 2. 善于质疑问难，体验学习成功的乐趣。 3. 能在活动中都有不同程度的收获，多数幼儿能够完成活动目标要求。	20	
教师	主题方案	1. 活动设计思路、脉络、主线清晰，紧密地围绕节日活动目标进行。 2. 节日活动结构安排合理，主次分明，重难点突出，时间安排合理，环节紧凑流畅。	15	
	活动实施	1. 节日教育方法、手段灵活多样，勇于改革和创新。 2. 在节日活动实施中及时发现幼儿需求，面向全体的同时关注个体差异，体现因人施教。	20	
	活动效果	1. 节日活动关注生成，能灵活调整计划。 2. 节日活动体现幼儿的主体地位和教师的主导地位。 3. 节日教育过程中注重幼儿学习习惯、良好行为习惯的培养。	20	
总分			100	
评价周期	半学期	评价	教学负责人（签字）	

五、实施"悦家园",共奏和谐之音

《幼儿园教育指导纲要(试行)》中指出:"家庭是幼儿园重要的合作伙伴。"①幼儿园和家庭两者必须同向、同步形成教育合力,本着尊重、平等、合作的原则,通过家园沟通交流、支持合作、资源共享达到家园共育的目的,促进幼儿、教师、家长同步和谐发展、共同成长。

(一)"悦家园"的课程设计

家园是密切的合作伙伴,幼儿园根据课程目标,建立家长学校、家长委员会、家长志愿者、家长助教团等组织,使家长能够有更多的机会参与到幼儿园活动和课程实施中,达到家园共育携手共同实现"悦教育"。

家长是幼儿园重要的教育资源,深入挖掘家长资源,利用家长会、家长助教团、家长委员会、家长开放日等形式,开展多元化教育活动,如"警察叔叔来了""安全标兵""妈妈讲故事""爷爷打太极""奶奶教我包饺子""医生走进幼儿园"等活动。

(二)"悦家园"的课程评价

注重家园合作,通过评价进一步指导家长参与教育活动,增进亲子良好关系,实现快乐的家庭教育,促进"悦家园"课程的实效性。(见表 7-8)

表 7-8 "悦家园"评价表

评价内容	评价标准	分值	评价
幼儿参与	幼儿是否对亲子活动有浓厚兴趣。	20	
家长参与	家长是否积极陪伴幼儿进行亲子活动,并积极主动参与系列活动。	30	
坚持性	是否每周坚持亲子活动。	10	
活动效果	幼儿在活动中收获如何,是否积极表达自己的想法。	20	
生成活动	家长是否与幼儿一起探索感兴趣的事情,满足幼儿探究欲望,促进亲子关系,增进亲子感情。	20	
评价周期	月	评价	班主任(签字)

---

① 中华人民共和国教育部.幼儿园教育指导纲要(试行)[M].北京:北京师范大学出版社,2001:10.

六、亲历"悦社会",绽放悦之花

社会生活是宝贵的教育资源,为幼儿交往互助、协商合作、遵守规则等社会性发展提供实践机会,深入挖掘幼儿园周边资源,通过社会实践、实地参观等形式,实施"悦社会"课程。

(一)"悦社会"的课程设计

根据小、中、大不同年龄段幼儿的特点,组织幼儿走出幼儿园,广泛接触社会活动,提高认识,开阔视野,增长见识。

"悦之行"实践活动。根据小、中、大班幼儿认知特点,分年龄段实施实践活动,满足他们强烈的好奇心和求知欲。教师带领小班幼儿走进社区、参观图书馆等,组织中、大班幼儿参观科技馆、消防队、小学等,让他们在亲身体验中愉悦身心,在实践活动中不断积累社会经验,展现美好品德,绽放悦之花。

"悦之旅"亲子实践活动。立足幼儿能力发展需求,引导家长带领幼儿在欢度假期的同时,欣赏祖国各地的自然风光、特色美食、特色建筑等,直观了解中国的历史人文、风光景致。

(二)"悦社会"的课程评价

"悦社会"从幼儿对活动是否感兴趣,知识经验是否得到提升,家长的反馈等方面进行评价。(见表7-9)

表7-9 "悦社会"家长问卷调查表

1. 您的孩子今年参加了几次社会实践活动?
2. 请您推荐一个您的孩子喜欢的社会实践活动。
3. 您认为您的孩子在社会实践活动中得到了哪些发展和提高?
4. 请您简要写出参加活动后的感想与建议。

七、创设"悦社团",激发兴趣爱好

依据《3—6岁儿童学习与发展指南》精神,促进幼儿全面而有个性地发展,打造丰富多彩的社团活动,为幼儿提供全面、自主、富有个性的发展平台,在活动中锻炼幼儿的技能,增强幼儿的能力,使每一位幼儿都更加自信和阳光。

(一)"悦社团"的课程设计

根据各年龄段幼儿身心发展特点及兴趣爱好,开设多个社团:商幼小主播、创意美术、阳光舞蹈、趣味建构等,满足幼儿自主选择和个性发展的需求。每周二至周四下午为社团活动日,幼儿自主选择社团。

商幼小主播:根据幼儿语言发展特点,选择适宜的内容,通过绕口令、儿歌、快板等形式,促进幼儿语言表达能力的发挥。

创意美术:教师引导幼儿感受、欣赏多种艺术作品,分层次提供低结构材料,支持他们自主表现与创作,制作自己喜欢的作品,发挥想象创造力。

阳光舞蹈:根据幼儿年龄特点,提供旋律优美的音乐,创设生动的故事情景和游戏,引导幼儿积极感受欣赏、表达表现,增强幼儿肢体协调能力、表现力与创造力。

趣味建构:创设主题式的建构活动,提供丰富的建构材料,激发幼儿自主协商、合作建构意识,增强幼儿空间感、想象力、创造力及交往能力。

(二)"悦社团"的课程评价

为保障"悦社团"的有效实施,建立社团动态循环发展机制,从"社团管理、活动开展、活动效果"三个方面对各个社团进行评价。(见表7-10)

表7-10 "悦社团"评价表

评价项目	评价内容	评价形式	得分
社团管理 (30分)	社团要有规范的名称、制度、章程并及时完善执行。	查看资料	
	指导老师引导得当,社团活动场地及设施使用制度规范。	实地查看	
	按时上交学期方案计划、活动记录和学期总结。	查看资料	
活动开展 (40分)	活动期间工作安排到位,整个活动井然有序。	查看方案	
	活动有创意并能体现社团特色,积极向上、文明健康、符合幼儿发展特点。	查看方案	
	活动有计划、方案以及文字资料及活动图片。	查看资料	

评价项目	评价内容	评价形式	得分
活动效果 （30分）	社团在学期末进行展示汇报,取得良好效果。	现场观看	
	以家园联系、调查问卷等形式了解家长对社团活动的反馈。	查看资料	

八、评选"悦之星",树立好榜样

"悦之星"以激励幼儿向好、向善、向美发展为出发点,通过每学年制订"悦之星"活动方案,评选"悦之星",树立好榜样,有效利用微信、美篇等多种方式宣传,从而形成家园、师幼的密切互动,使幼儿养成良好的生活、学习习惯,争当"文明之星""劳动之星""阅读之星"等。

（一）"悦之星"的课程设计

根据小、中、大年龄特点及发展需要,以年级为单位,激发幼儿争当班级小模范。小班组开展"文明之星"评选,培养幼儿讲文明、有礼貌;中班组评选"劳动之星",激发幼儿劳动意识和基本的劳动能力;大班组设置"阅读之星"评选,培养幼儿良好的阅读习惯,在阅读中发挥幼儿想象和表达的能力。

文明之星:加强文明礼仪教育,塑造幼儿健全人格,培养幼儿良好行为习惯,争当"文明之星"。开展"我会问好""请你来我家""我来帮助你"等活动,利用照片、视频等形式记录,通过班级推荐、集体展评的方式评选。

劳动之星:激发幼儿劳动热情,培养幼儿热爱劳动、尊重劳动、珍惜劳动成果的良好品质,体验劳动生活的乐趣。开展值日生、劳动小能手等活动,幼儿与家长共同制订家务劳动计划,使幼儿体验劳动乐趣,学习劳动技能。

阅读之星:以激励幼儿阅读兴趣,培养幼儿阅读习惯为目标,通过开展自主阅读、亲子共读等活动,促进幼儿良好阅读习惯的形成,提高家长亲子陪伴的质量,使幼儿体验阅读的快乐。

（二）"悦之星"的课程评价

"悦之星"遵循幼儿年龄特点及发展需要,激发幼儿争当小模范,从幼儿的模范意识是否增强,教师、家长的反馈等方面进行评价。（见表7-11）

表 7-11 "悦之星"评价表

	评价标准	★★★★★	★★★★	★★★
文明之星	会使用"请、你好、谢谢、对不起"等礼貌用语。			
	同伴间以礼相待,互相帮助,懂得谦让友爱,遵守规则。			
	知道必要的交流礼节。如对长辈说话要有礼貌,客人来访时要打招呼等。			
劳动之星	主动做自己力所能及的事情,不依赖家长。			
	游戏后,能将玩具、图书、材料等物品放回原位。			
	积极参与各种劳动,有一定的劳动技能。			
阅读之星	喜欢听故事,看图书。			
	坚持每天自主或亲子阅读。			
	有良好的阅读习惯。			

幼儿园通过"悦课堂""悦生活""悦游戏""悦节日""悦家园""悦社会""悦社团""悦之星"的实施,给幼儿提供探究自身、社会和自然的条件,注重幼儿多元化、立体化的参与和感知,发挥课程实施的价值和意义,使儿童在学习中构建属于自己的知识和能力,并内化成其精神和价值品质。

第五节　嵌入人本管理的课程保障

一、思想领导

商城幼儿园全面贯彻党的教育方针,认真落实《幼儿园工作规程》《幼儿园教育指导纲要(试行)》和《3—6 岁儿童学习与发展指南》精神,秉承"悦教育"的哲学思想,实施"悦之城"课程,联合家庭、社区携手描绘出教育的美好蓝图,实现"让每一个孩子生活在快乐城堡"的课程理念,培养有爱心、懂礼貌、爱动脑、善表达、乐生活、会玩耍的"悦宝贝"。坚持幼儿发展为本,在课题组成员的反复研究、思考、学习、梳理中,整理出适合孩子发展、适合我园幼儿的课程体系。

二、组织建设

为加强"悦之城"课程的管理与研究,我园成立了以园长为组长的课程领导小组,确保课程研究的顺利推进。课程小组成员学习先进理念,注重实践与理论的有效结合,同时带领其他教师科学实施"悦之城"课程。课程小组成员主要负责课程的常规管理,领导小组直接参与研究,并对课程开发进行全程督导。

组长:李晓静

副组长:芦钦霞、史新枝、王莹莹

成员:张晓、邱小姣、田瑞霞、郭彩卫、王丽霞、郭旭阳、孙琳

课程小组共有成员 11 名,其中省级骨干教师 4 名,市级骨干教师 5 名,教研组长 2 名。

同时构建"悦之城"课程管理实施小组。管理实施小组对课程小组成员目标责任达成情况实施监督、评定,奖优惩劣,对完不成目标任务的成员责其写出整改措施,并在限期内修补完善,确保本学年所分担部分的课改成果,将走向学科深处的变革有条不紊、卓有成效地进行下去。

三、制度建构

为了保证幼儿园"悦之城"课程研究扎实有效地开展,商城幼儿园建立健全了以下四项基本制度:

(一)审议制度

教师提出课程申请,提交课程纲要。课程小组民主审议并填写审议表,然后向申报人反馈审议结果并跟踪指导。申报者修改完善后进行二次申报,二审后公布结果。审议通过的课程,才能进行实施。

(二)考核制度

将每位教师对"悦之城"课程的开发和实施过程中的定期评价、汇总性评价作为幼儿园绩效考核的内容之一,教师课程开发和课程实施情况在绩效工资中体现。

(三)课程成果展示制度

幼儿园每学年开展一次"悦之城"课程成果展示活动,展示幼儿在课程中的收获、体验和成长。

(四)推广制度

定期评选的优秀课程要通过园内推广、园报宣传、参加评选等形式进行展示交流,更好地积累经验,从而提升课程品质。

四、评价导航

课程评价实施中淡化评价的鉴定功能,实施动态、过程性的评价,质量评价包含幼儿发展、教师发展和课程实施三个部分,使评价工作成为提高和促进幼儿园保教质量的有效平台。

(一)幼儿发展的评价

参照《3—6岁儿童学习与发展指南》各年龄段幼儿发展指标,采取动态监测,教师在"悦之城"课程实施中,以《幼儿发展评价》《幼儿行为观察记录》《幼儿发展的成长档案》为基础,每学期分为前、中、后期三次测查,分析幼儿在该项目的发展情况,教师调整相应的教育策略,测查重个体发展、纵向比较,不做横向对比。

(二)教师发展的评价

开展对教师专业能力的评价,包括创设教育环境、设计教育教学活动、组织与实施、与幼儿的互动等;开展对教师专业素养的评价,包括教师是否了解 3—6 岁幼儿的发展需要,是否能客观正确评估幼儿的活动等。

(三) 对课程实施的评价

在"悦之城"课程实施的过程中,发挥评价的反馈调节功能。采用他评和自我评价相结合,由幼儿园业务负责人、教师、家长一起参与课程实施评价工作,针对问题寻找改进对策,注重补充课程资源库,并请有关专家对课程实施后的实际效果进行评估。

五、安全保障

建立课程专项基金,专款专用。建立资源保障部,及时提供课程所需要的相关资料,完善教学资源,建立网络资源库。形成课程开发激励机制,对课程开发做出贡献的教师给予适当奖励,并作为评优、评先、晋级的依据。

六、课程研修

(一) 加强教师队伍建设,确保课程建设可持续发展

鼓励教师进行短期进修和申请攻读研究生、硕士学位,不断提高教学科研水平;充分开发利用园内教学资源,加强对青年教师的指导和帮助,迅速提高青年教师的教学水平;巩固现代教育技术,全面增强教师运用现代教育技术改革教学方法、手段的能力。

(二) 建立科学合理的管理机制,确保各领域课程质量

幼儿园定期组织课程纲要、主题活动的鉴定评选活动,对通过鉴定的各领域课程进行检查、指导和评估。通过监督检查,及时对各类课程的建设提出相应的改进意见和建议,使教师在教学实施过程中不断完善和提高。

七、课程聚焦

幼儿园教师秉承"悦教育"哲学思想,以快乐的理念引领幼儿,以积极健康的情绪感染幼儿,以丰富的内容启迪幼儿,以有效的方法培养幼儿,赋予课程灵魂,开展"悦之城"课程,建构大课程观。教师遵循幼儿的发展规律和学习特点,充分尊重个体差异,把课程实施真正化为自己的行动,转化为幼儿的发展,用美构建园

所环境,用爱贯穿一日生活,用趣激发幼儿探索,最终实现让每一个孩子生活在快乐城堡,体验成长的快乐。

八、资源挖掘

（一）创设温馨和谐、润物无声的环境文化

幼儿园根据幼儿发展的需要和课程规划建设,对园所进行整体规划与布局。坚持艺术性、趣味性、安全性于一体的原则,结合生活化、游戏化、自然化元素,将快乐教育理念融入环境,形成整洁优美、温馨和谐、健康向上的育人环境。

幼儿园班级环境的打造,教师本着环境创设必须引发、支持幼儿学习,呈现、展示幼儿发展的原则,基于幼儿兴趣和能力,有效利用现有空间,创设不同区域,投放适宜的材料,为幼儿提供快乐游戏的自由空间。

（二）实现理解支持、信任互助的家园关系

家庭是幼儿园重要的合作伙伴。创造条件为家长提供深入幼儿园、了解幼儿一日生活和学习的机会,学会赏识孩子、调整心情,保持乐观、快乐的生活态度,积极配合幼儿园实施"悦教育",让每一个孩子都生活在"快乐城堡",体验成长的快乐与美好。

总之,"悦之城"课程的实施,符合教育规律,顺应幼儿天性,能够基于幼儿的经验与发展,保护幼儿的好奇心和求知欲,支持他们在课堂、游戏、生活中积极投入、深度学习,积累丰富的经验,获得快乐的体验,形成良好的意志品质,为幼儿终身学习和发展打下良好的基础。

（撰稿者:李晓静　芦钦霞　史新枝　王莹莹　张晓　邱小姣）

统整：学校课程变革的智慧

在一派欢乐祥和的新年氛围中，《学校课程的统整之道》的编写顺利完成。回顾本书的编写过程，其间的艰辛与我们为此书付出的心血自不必多言。但"不经一番寒彻骨，怎得梅花扑鼻香"，通过编写此书，我们也收获了许多美好的回忆。

课程的统整是一种有别于分科教学的课程观，相较于分科教学，课程统整更符合国家"培养全面发展的社会主义建设者和接班人"的育人目标。通过本书，我们向大家介绍与分享郑州市管城回族区七所优秀的品质课程实验校关于课程统整的经验与思考。

本书的编写，端赖上海市教育科学研究院杨四耕教授的悉心指导，让我们在理论层面上有了极大的提升；感谢管城区教育局领导的关心与支持，使我们在编书过程中能够克服诸多困难。更要感谢参与编写本书的各校教师，没有你们的参与就没有本书的问世。还要感谢这七所学校许许多多在教育一线奋力拼搏的诸位同仁，本书记录的就是你们的故事。

通过课程的统整，各学校的校本课程更加丰富、合理，对课程统整的理念也有了更深入的认识。教师的课程开发水平有了很大的提升，学校的课程管理水平更加灵活，趋于精细化。但是我们深知，课程的统整之路不是一蹴而就的，它应是一个动态的过程。在课程统整的实践中，我们要不断调整思路与策略，使课程统整的步伐行稳致远。

由于水平有限，在编写过程中若有不当之处，敬请批评指正。

最后，借用《礼记·中庸》中"博学之，审问之，慎思之，明辨之，笃行之"这句话，与关心课程变革的各位共勉。